로컬
콘텐츠와
지역재생

지역창생 전략, 콘텐츠산업에서 답을 찾다

KB072427

본 서는 2019년도 건국대학교 KU학술연구비 지원에 의한 저역서입니다.

로컬 콘텐츠와 지역재생

지역창생 전략, 콘텐츠산업에서 답을 찾다

增淵 敏之 저
정수희, 이병민 역

씨아이알

일러두기

1. 단행본, 신문, 잡지 등의 간행물은 겹화살괄호(《 》), TV 프로그램, 영화, 음악, 지역 간행물, 유튜브 콘텐츠, 게임 등은 홑화살괄호(〈 〉), 논문, 보고서는 홑낫표(「 」)로 표기했다.

2. 일본 인명, 지명, 서명 등의 외래어 표기는 한글 맞춤법의 일본어 표기에 따랐으나, 외래어처럼 굳어져 널리 사용되고 있는 용어나 기업명, 출간·개봉된 작품 등은 원어 발음을 그대로 살려 적고 원저의 표기와 동일한 원문을 병기하였다.

3. 본문에서 언급하는 단행본, 영화, TV 프로그램 등이 국내에서 출간되거나 개봉, 방영된 경우 국역본 제목으로 표기하였고, 그렇지 않은 경우 최대한 원서에 가깝게 번역하고 원제를 병기하였다.

4. 원주의 각주는 표기 없이, 옮긴이가 추가한 각주는 (옮긴이)로 표기했다.

5. 원문의 연도 표기 중 일본식 연도는 서력으로 바꾸었다.

한국 독자들을 위한 글

이 책은 2018년 일본에서 출간되었다. 세월이 조금 흐르긴 했지만, 한국 연구자들의 노력으로 이번에 한국어판이 나오게 되었다.

일본에서는 만화·애니메이션·영화·게임 등 콘텐츠가 오랫동안 도쿄를 중심으로 성장해왔다. 아티스트나 창작자가 되고 싶은 젊은 이들은 지역을 떠나 도쿄로 가기를 바랐다. 나는 이 점에 늘 의문이 들었다. 일본의 콘텐츠산업이 도쿄에 집중되어 있다 보니 아티스트나 창작자도 도쿄를 거점으로 활동하는 것이 일반적이었고, 이로 인해 일본의 콘텐츠는 도쿄에서 만들어져왔다. 이 배경에는 중앙주권 국가인 일본의 특징이 나타난 것이기도 하다. 그러나 이러한 도쿄로의 집중은 지역에서 창의적인 인재들이 사라지는 결과를 초래했다.

일본의 지역은 현재 인구 감소, 저출산·고령화가 진행되며 쇠퇴가 시작되고 있다. 도쿄와 지역의 소득 격차, 학력 격차 등 여러 문제가 불거지면서 정부도 '지방창생'의 시책을 펴고 있지만 좀처럼 효과를 보지 못하고 있다. 정주인구의 증가는 아니더라도 지역을 방문하는 집객인구를 늘리겠다며 '관계인구' 등의 논의가 활발해지고 있기는 하다. 그러나 이 역시 최근 몇 년간 코로나-19 사태로 주목할 만한 성과를 내지 못하고 있다.

이 책은 현재의 일본이 안고 있는 여러 사회문제를 배경으로 지역활성화를 위한 콘텐츠의 활용 방안에 주목했다. 우선, 지역에서의 '창조산업'을 만들어내는 방안이다. 본문에서 몇 가지 사례를 들어 소개했는데, 인터넷의 보급, 디지털화가 일반화되며 기대 이상의 성공 사례들도 생겨나고 있다. 일본에서 이 책이 간행된 이후에도 이러한 움직임들은 계속되고 있다. 지역 내 미디어의 발행이나 정보 플랫폼 구축 등이 활발해지고 있다. 드디어 지역이 스스로 달리기 시작했다고 할까. 실제로 필자 역시 많은 지역들의 정책 사업에 여러 형태로 참여하고 있다.

이 책에서 다루는 다음 방안은 콘텐츠를 활용한 투어리즘을 만들어내는 것이다. 이는 지역 경제를 살리기 위한 지역 방문자를 늘리기 위한 시도이다. 즉, '콘텐츠 투어리즘'에 대한 내용이다. 일본에서는 2010년 이후 콘텐츠 투어리즘이 활발해지면서 지역관광 정책사업으로 도입되는 사례들이 늘어났다. 이 책에서는 이와 관련하여 일본의 콘텐츠 투어리즘 현황과 미래에 대해서도 언급하고자 했다.

필자는 최근 이러한 관점에서 한국 콘텐츠에 관심을 기울이고 있다. 마침, 2023년 1월에 《한국 콘텐츠는 왜 세계를 휩쓸고 있을까: 드라마부터 영화, K팝까지 알려지지 않은 최강 전략韓国コンテンツはなぜ世界を席巻するのか: ドラマから映画, K-POPまで知られざる最強戦略》이 출간되었다. 이를 위해 2022년에 두 차례 정도 취재차 서울과 몇몇 도시들을 둘러보기도 했다. 한국 콘텐츠는 매력적이고, 세계적인 경쟁력도 갖기 시작했다. 일본 콘텐츠가 배워야 할 부분도 꽤나 많다. 아마도 필자는 앞으로도 꾸준히 한국을 찾을 것이다. 일본과 한국이 서로의 문화를 존중하고, 함께 발전할 수 있는 방안에 대한 연구들을 더 활발히 진행할 생각이기 때문이다.

마지막으로 이 책을 읽어주신 한국 독자들에게 감사드린다. 또, 한국의 독자분들이 일본 콘텐츠에 더욱 많은 관심을 가져주셨으면 하는 마음을 전해본다.

2023년 2월

마스부치 토시유키(増淵敏之) 드림

콘텐츠 투어리즘이라는 단어를 처음 접한 것은 2014년 무렵, 연구와 업무 등으로 일본을 자주 드나들던 때다. 당시 일본에서는 쿨재팬 전략과 함께 애니메이션 등 일본을 대표하는 콘텐츠를 연계한 콘텐츠 투어리즘에 대한 관심이 한참 높아지고 있었다. 좋은 기회로 관련 연구자들을 만나고, 행사들에 참여할 수 있었다. '성지순례'라는 별칭의 콘텐츠 투어리즘은 분명 흥미롭고 새로웠다. 그렇지만, 콘텐츠와 지역재생이라니 일본에서나 가능한 일 아닐까 부럽지만, 재미있는 타국의 사례 정도로 생각되기도 했다.

어느덧 콘텐츠 투어리즘 연구와 조사를 진행한지 10년 가까운 시간이 흘렀다. 다행히 관련 연구자들뿐만 아니라 여러 지자체나 현장에서도 이 주제에 흥미를 보였다. 그 사이 한국은 K-콘텐츠의 성장, OTT서비스의 보급 등과 함께 세계적인 콘텐츠 강국으로 성장했다.

이제, 세계가 한국의 콘텐츠를 통해 한국을 그리고 콘텐츠 속 한국을 방문하고자 한다.

지난 10년을 뒤돌아 볼 때, 한국 콘텐츠시장의 성장은 문화콘텐츠와 콘텐츠 투어리즘의 연구자로서 긍정적인 변화의 시기였다. 하지만, 지역 연구자의 입장에서는 지역의 위기를 직접적으로 체감하며 고민해야 하는 시기였다. 인구고령화와 출산율 저하로 인구는 감소했고, 대도시로의 인구집중은 심화되었다. 서울과 지방의 소득, 학력의 격차는 더욱 벌어지고 있다. 이제 지방 중소도시들은 불과 수년 내 '소멸'을 걱정하는 수준에 이르렀다. 한편으로, 이 시기 '로컬'에 대한 관심은 증가했다. 소멸되기 직전의 지방도시들을 살리기 위한 마지막 남은 방편으로서 로컬을 강조하나보다 라고 치부하기에는 그 양상이 심상치 않다. 로컬을 기반으로 사람들이 모여들고, 로컬다움에 대한 고민들이 이어지며, 로컬이 하나의 브랜드로 정착되어 가고 있다. 지역은 외면하지만, 로컬에는 열광적이다. 아이러니하다.

이러한 상황 속에서 지방도시들은 '지방'이 아닌 '로컬'을 보여주기 위한 노력을 진행 중이다. 지역이 가진 저마다의 색깔을 발굴하고 강조하기 위한 노력과 더불어, 지금까지와는 다른 '로컬'로서의 탈바꿈을 꾀하고 있다. 또한, 각각의 도시들은 다양한 형태로 사람을 불러 모으기 위해 고심 중이다. 한달살기, 청년마을, 로컬크리에이터, 고향사랑기부제, 관계인구에 이르기까지 지역으로 사람들을 부르고 연결하고자 한다.

이러한 상황 속에서 로컬의 시각으로 콘텐츠를 이해하는 것은 꽤나 의미 있어 보인다. 물론, 지금의 K-콘텐츠는 한국이라는 대표성 안에서 인식되고 있지만, 콘텐츠에 대한 관심이 높아지면서 그 관심의 깊이와 저변은 다양화되고 있다. 콘텐츠에 대한 관심이 한국을 넘어 로컬로까지 이어질 수 있기를 기대할 수 있기 때문이다. 실제로 2022년 정부에서 발표한 '6차관광진흥계획'은 이러한 가능성과 기대를 담고 있다. K-컬처를 무기로 관광대국으로의 입지를 다지겠다는 포부 아래 한국형 콘텐츠 관광과 지역관광의 활성화를 강화하기 위한 사업들을 추진할 예정이라고 한다. 이 과정에서 영화·드라마뿐만 아니라 K-POP과 게임과 같은 한국을 대표하는 콘텐츠들은 지역과 국내외 관광객을 연결하는 한국형 콘텐츠 투어리즘의 주요한 매개체가 될 것이다. 물론, 아직까지는 콘텐츠산업의 구조상 지역과 콘텐츠 생태계가 다소 분리되어 있다는 한계가 남아있다.

이 책은 지금 우리가 고민하고 있는 이러한 로컬과 콘텐츠의 결합을 통한 지역활성화의 문제들을 다루고 있다. 국내에서 콘텐츠 투어리즘을 다루는 서적으로는 처음으로 생각된다. 원서는 2018년에 출간되었다. 국가적 차이로 인한 몇몇 생소함이 있다고는 해도 지금 우리가 처한 문제들과 연결하여 여러 시사점을 주는 내용들을 담고 있어 주목된다. 저자는 이 책을 단순히 콘텐츠 투어리즘에 한정지어 접근하고 있는 것만은 아니다. 지역활성화의 구체적인 도구로서 콘텐츠 투어리즘을 소개하지만, 한편으로는 지역에서의 콘텐츠 생태계 구축의 다양한 측면을 통해 다양한 규모의 지역기반 콘텐츠산업의 발굴과 확장 방안에 대해서도 다루고 있다. 일본의 콘텐츠산업이 우리에게 꽤 알려졌다고 생각했는데, 이 책을 통해 접한 일본의 로컬콘텐츠 시장은 새롭고 흥미롭게 다가온다.

'코로나-19' 상황 등으로 책이 나오기까지 생각보다 오랜 시간이 걸렸다. 전문 번역자가 아니기에 역자들의 미숙함이 가장 큰 요인이었다. 그럼에도 이제껏 접하지 못했던 일본 현지의 상황과 다양한 콘텐츠 용어들로 인한 고민이 있었기 때문이라고 포장해본다. 이 과정에서 묵묵히 역자들을 기다려주시고 꼼꼼하게 마무리해주신 도서출판 씨아이알의 최장미 과장님과 김성배 대표님께 진심으로 감사드린다. 또, 미숙한 초고를 함께 고민하며 수정해 준 건국대 문화콘텐츠학과 대학원의 김이나, 송주연, 장은영, 정나은, 최세희, 최여정, 최원정과 덕성여대 미술사학과 대학원생 김서란, 노혜정의 도움도 큰 힘이 되었다.

2023년 이른 겨울 방문한 도쿄의 서점의 한 켠에는 한국 드라마 성지순례 가이드북이 자리 잡고 있었다. 이제 K-콘텐츠에 빠진 전 세계의 팬들이 한국으로의 성지순례를 계획하고 있다. 콘텐츠 투어리즘에 주목하자고 주장했지만, 진짜 가능해지다니 기분이 묘하다. 이제 시작이다.

한국 콘텐츠와 함께 한 모든 날들이 눈부셨길,
그리고 앞으로도 눈부시길 기원하며.

2023년 2월
정수희 · 이병민

프롤로그

1. 집필의 시작

콘텐츠 투어리즘에 관심을 가진지 어느덧 10여 년이 흘렀다. 최근에
는 다른 연구들도 진행하고 있는 중이라, 콘텐츠 투어리즘에 관한 저
서는 2014년 《이야기를 여행하는 사람들 III》 이후 처음이다. 2016년
에는 '성지순례'가 일본 유행어 대상 TOP 10에 오르는 등 애니메이션
을 중심으로 하는 관광정책들이 증가하고 있다. KADOKAWA[1]나 JTB[2]
등이 애니메이션 투어리즘 협회를 설립하는 등 인바운드 관광을 염
두에 둔 사업들도 늘어나고 있는 추세이다. 최근에는 콘텐츠 투어리
즘과 관련하여 젊은 연구자들의 활발한 논의가 이어지고 있어, 이 역
시도 즐거운 마음으로 바라보고 있다.

1　(옮긴이) 출판·영상·인터넷 콘텐츠를 다루는 일본의 기업이다.
2　(옮긴이) Japan Tourist Bureau. 일본 여행 업계에서는 최대사업 규모를 가진 기업이다.

2017년 봄부터 가을까지 필자는 탐마삿대학교Thammasat University의 연구원으로 태국 방콕에 머물렀다. 당시, 태국에서 일본 음식이 애니메이션 작품을 통해 알려지고 있다는 가설을 세우고 조사했다. 그때 영화와 TV 드라마로도 여러 번 리메이크될 정도로 태국에서 가장 유명한 작품 중 하나인 《쿠캄Koo Kam》을 알게 되었다. 이 작품은 1957년 톰 얀티Thommayanti가 발표한 소설로, 제2차 세계대전 때 일본군 고보리 대위와 현지 여성 앤스마린의 러브스토리를 담고 있다.

이 작품이 영상화되면서 태국인들의 일본인에 대한 이미지가 바뀌었다고도 얘기되지만, 아쉽게도 아직 촬영지 순례까지는 일반화되었다고는 할 수 없다. 최근 중국, 한국, 대만에서 일본 애니메이션 성지순례 관광객들이 확실히 증가하고 있지만, 아직 일본만큼 활성화되지는 못했다. 총무성이 공모한 '방송 콘텐츠 해외 전개 추진사업'과 관련해서 애니메이션 투어리즘 협회의 '전 세계 애니메이션 팬들이 뽑은, 방문하고 싶은 일본 애니메이션 성지순례 88선, 일본 특유의 문화, 지역 매력을 소개하는 프로그램'[3]이 채택되면서 필자에게도 일거리가 물밀듯이 밀려들어오고 있지만, 그럼에도 필자가 태국에 머물렀던 이유가 어쩌면 여기에 있었는지도 모르겠다.

콘텐츠 투어리즘과 관련해서 지금까지 몇 권의 책을 집필할 기회가 있었다. 콘텐츠 투어리즘은 최근 10년을 전후로 본격적으로 나타난 현상이기에, 이전 2010년의 저서 《이야기를 여행하는 사람들物語を旅するひとびと》을 출간한 지 10년 가까이 지난 지금, 이 이야기들에 대

---

3   태국 Amarin TV에서 〈보고 싶었어요! 일본 BNK48이 가는 애니메이션 무대(会いたかった! ニッポンBNK48が行くアニメの舞台)〉가 2018년 1월 14일부터 2월 25일까지 총 7회 방송되었다.

해 새롭게 정리, 재정의를 시도할 때가 된 것 같기도 하다. 하물며 콘텐츠투어리즘학회를 설립해 회장의 역할을 맡았던 바, 이 연구에 대한 일정 부분의 책임도 갖고 있다고 생각한다. 콘텐츠 투어리즘의 현재 상황이 어떠한지, 또 남아 있는 과제들은 무엇인지, 인바운드의 시각을 고려한 앞으로의 가능성에 대한 모색도 필요하다. 또, 최근 몇 년간 지역의 지원 사업이라는 형태로 삿포로의 〈삿포로 아가씨의 식사〉나 미나미우오누마 〈미녀여행〉 등과 관련된 사례들도 나타나고 있다. 이들은 관광의 관점에서 지역에서 시작되는 콘텐츠 개발의 대표적 시도이기도 했다.

필자는 20여 년 전까지 10여 년간 삿포로 FM방송국에서 근무했다. 그곳은 JFN(FM도쿄계)의 계열 방송국이었다. 당시에는 로컬 방송사의 경우에도, 라디오는 TV와 달리 자체 제작 비율도 높아 나름의 자율성은 보장되어 있었다. 그러나 한편으로는 여러 면에서 지방 방송국의 한계를 느끼기도 했다. 인터넷 프로그램에 밀려 반강제적으로 자사 제작 프로그램이 종영되거나 편성 시간을 옮긴 적도 있다.

방송국이 도쿄를 중심으로 움직이는 구조임을 확인할 수밖에 없는 시절이었다. 개인의 항의로는 해결할 수 없는 문제였다. 그러나 예외도 있었다. 홋카이도의 HTB 〈수요방랑객水曜どうでしょう〉이다. 당시 필자가 담당했던 프로그램에 출연했던 스즈이 타카유키鈴井貴之가 필자의 대학 동기인 홋카이도 TVHTB의 도이 타쿠미土井巧 프로듀서와 프로그램을 기획해 전국적인 화제를 모았다.

이러한 사례를 통해 그래도 조금이나마 지역에서 만들어진 콘텐츠들이 전국 단위로도 전개될 수 있다는 점을 발견할 수 있었다. 콘텐츠 투어리즘은 대부분 도쿄의 콘텐츠 기업이 제작한 작품을 활용한다. 거기에는 저작권이나 저작인접권의 허가 문제가 따라온다. 지역이 직접적인 주도권을 갖는 것은 사실상 쉽지 않다. 그렇다면 지역에서 콘텐츠를 제작해보면 어떨까 하는 생각에 몇 가지 방안을 시도하게 되었다. 한편으로, 인터넷 보급과 디지털화가 지역이 가진 한계를 어느 정도 보완해 주는 시대가 되었다는 것 역시 하나의 배경이 되었다.

2. 디지털화와 콘텐츠

필자는 현재 대학교수이다. 대학에 근무한 지도 벌써 10년이 다 되어가기는 하지만, 30년 가까이 미디어와 콘텐츠산업에 종사한 경험을 바탕으로 지역 연구를 진행하고 있다. 40대 중반 즈음이 되었을 때, 한 대학교수가 공부해 볼 것을 권유했고, 마침 현장을 떠났을 때라 대학원에 다니게 됐다. 이것이 이후 인생을 결정하게 될 줄은 그때는 알지 못했다. 그저 '미디어나 콘텐츠산업을 좀 더 객관적으로 볼 수 있지 않을까' 생각하는 정도였다.

이 책은 그 흐름의 연장에 있다. 다시 공부를 시작했을 때는 학부에서 전공했었던 지리학에 기대어 콘텐츠산업의 집적론에 주목하기도 했다. 음악 콘텐츠를 중심으로 제한적으로 접근하기는 했지만, 그 과정에서 지역에 각각의 산업화의 프로세스가 있다는 것을 확인할 수 있었다. 여러 어려움들이 있었지만, 이는 이후 필자의 개인 연구의 기반이 되었다. 그 후에도 스스로 연구의 방향성에 혼란을 겪기도 했지만, 만화·애니메이션·영화·드라마·소설 등의 작품을 바탕으로 한 콘텐츠 투어리즘과 창의적 인재를 키워온 도시의 인디문화 등에 지속적인 관심을 기울였다. 그러면서도 로컬 콘텐츠산업에 대한 관심은 이어졌다.

교수가 되고 난 후에는 탁상공론만 일삼는 상황이 싫어서, 앞에서 이야기했던 것처럼 로컬 프로젝트에 적극적으로 관여하기도 했다. 기획단계부터 참여하다 보면, 5, 6년씩 금방 시간이 지나가기도 했다. 그 과정에서 지역 사람들과의 신뢰관계 구축이라는 좋은 재산을 얻기도 했다.

지역진흥은 흔히 '청년·외지인·바보'[4]가 중요하다고 말한다. 그러나 '외지인'으로서 지역 사람들과 신뢰를 구축하는 데에는 상당한 노력이 필요하다. 이것은 과거 삿포로의 FM방송국 시절을 되돌아보면, 나름대로 납득이 간다. 단순한 비즈니스라면 편의적으로 구조와 계획을 짤 수 있지만, 동기를 공유하는 단계에 이르기 위해서는 어느 정도 시행착오가 필요하다. 지역 사람들 중 일부는 외지인에 대해 평가하는 일들도 흔하기 때문이다.

지금은 디지털 시대이다. 필자가 삿포로에 있을 때와는 전혀 다른 정보환경을 갖추고 있다. 인터넷이 보급되면서 매스미디어도 힘을 잃어가고 있으며 콘텐츠도 데이터를 전송하는 비즈니스 모델로 전환하기 시작했다. 심지어 그 비즈니스 모델조차 다음 모델로 전환을 대비하고 있다. 이러한 시대의 전환 속에서 지역은 새로운 성공 가능성을 발견할 수 있다.

---

4 (옮긴이) 이는 마카베 아키오(真壁昭夫)의 《若者·よそ者·馬鹿者: イノベーションは彼らから始まる!(청년·외지인·바보: 혁신은 그들로부터 시작된다!)》 논의에서 시작된 것으로 '바보'는 뉘앙스 탓에 선입견이 생기기 쉽지만, 엉뚱하고 기발한 발상을 언제 어디서든 자유롭게 내걸고 또 스스로 해보려는 용기와 행동력을 가졌다는 의미로 이해할 수 있다.

또, 디지털 기술의 발달로 프로와 아마추어의 격차도 사라져가고 있음을 주목해야 한다. 제작비용만을 이야기하는 것이 아니다. 누구나 창작자가 될 수 있는 시대가 온 것이다. 디지털 기술은 프로와 같은 기술의 구현이 가능하도록 만들었다. 동시에 인터넷으로 누구나 정보의 발신이 가능해졌다. 이러한 변화도 이 책에서 다루는 주제와 깊은 관련성을 갖고 있다.

3. 도쿄와 지역의 격차

한편으로, 정부에서도 드디어 '지방창생'에 대한 구체적인 정책을 펼치고 있다. 2014년 마스다 히로야(전 이와테현 지사, 전 총무대신)가 집필한 《지방소멸: 인구감소로 연쇄붕괴하는 도시와 지방의 생존전략》이 화제가 됐다. 확실히 지방의 문제는 더욱 심각해지고 있다. 특히, 저출산·고령화로 인한 인구 감소는 일본의 주요한 과제이다. 지방창생의 목표 중 하나는 지방에 청년 일자리 30만 개를 만드는 일이다. 꽤 높은 목표치일지도 모르겠다. 과연 이 정책이 지역창생에 얼마나 효과가 있겠냐는 논란도 이미 일어나고 있다. 분명히 단기간에 결과를 낼 수 있는 일은 아니다.

이 책을 집필하게 된 계기 중 하나는 이 '지방창생' 논의와 관련 있다. 뒤에서 자세히 설명하겠지만, 논점은 도쿄와 로컬의 격차를 바로 이해하는 데 있다. 예를 들면, 소득의 격차이다. 2014년 후생노동성의 「임금구조 기본통계조사」에 따르면, 연간소득 1위는 612.6만 엔의 도쿄이며, 최하위는 339.4만 엔의 오키나와이다. 두 지역의 소득 격차는 273.2만 엔이나 된다. 도쿄가 생활비가 비싸다고는 하지만 그래도 상당한 격차이다. 또, 2013년 문부과학성의「학교기본조사」의 대학진학률 결과를 보면, 도쿄의 진학률이 71.3%로 1위, 최하위는 34.2%의 가고시마였다. 지난 20년간 이 격차는 대학진학률 상승과 맞물려 2배로 늘어났다고 한다.

지방도시가 황폐화되었다는 이야기가 미디어를 통해서 자주 들려온다. 위의 소득이나 대학진학률의 격차와 마찬가지로, 이 역시 아마도 로컬 현상의 단편에 지나지 않을 것이다. 그 배경에는 더 깊은 구조적인 문제가 있을 것이다. 즉, 도쿄 중심의 중앙집권형 구조적 폐해의 문제를 무시할 수 없다.

그런데 더욱 주목해야 할 것은 세계화라는 현상이다. 필자가 삿포로에 있었을 때 로컬 방송국의 범주는 국내에 한정되어 있었던 것 같다. 러시아 라디오 프로그램을 제작하고 도쿄의 키스테이션[5]과 해외 음악행사 중계를 하기도 했지만 일상적인 것은 아니었다. 인터넷의 보급으로 국경이 사라진다는 말이 실감이 난다. 이러한 상황은 앞으로의 지역을 이해하는 데 매우 중요한 점이다. 정보 네트워크의 구조 속에서 지역에서도 세계 각지로 정보발신이 가능해지고 있다. 이 역시 큰 변화이다. 기존 도쿄만의 강점도 다소 약해지는 것 같기도 하다. 이러한 정보환경의 변화는 지역에서 해외로 직접적인 비즈니스 구조를 구축하며 앞으로 지역산업 창출의 새로운 기회를 만들어낼지도 모른다.

위와 같이 지역과 도쿄의 격차는 점점 더 벌어지고 있다. 반면, 정보환경은 급격히 변하여 지역의 불리한 조건들은 상대적으로 꽤

---

5 (옮긴이) 방송망 조직에서 중심이 되어 방송순서를 편성·제작·송출하는 방송국. 일본의 경우 도쿄에 있는 본사격 방송국(keystation)을 중심으로 프로그램을 공급·방영하며, 전국 네트워크 체제가 형성되어 있다.

줄어들었다. 이전의 도쿄 주도의 정보 시스템에 균열이 생기기 시작한 것 또한 사실이다. 이와 관련하여 이 책의 논의가 의미가 있다. 아직은 개개의 지역 시스템이나 의식이 크게 변화했다고는 말하기는 어렵다. 그럼에도 지방에서의 콘텐츠 창출에 일정한 성과가 나오기 시작했다. 물론 지역에서는 야하기(矢作, 2014)가 기술한 것처럼 결국 '작고, 현명하고, 성장하는' 도시 축소의 전환을 맞이해야만 할 것이다. 이와 함께 콘텐츠산업의 창출이 큰 의미를 갖는다. 이러한 논의는 창조도시론과 연결되는 부분이 적지 않다.

4. 관광 창출과 산업 진흥

이 책에서 주목하는 것은 만화·애니메이션·영화·드라마·소설 등의 작품을 축으로 한 콘텐츠를 활용한 관광 창출과 산업 진흥이다. 창조도시론은 지역활성화에 있어서 문화와 예술의 역할에 대해서 논의한다. 이 책이 의도하는 콘텐츠산업은 스스로 수익창출이 가능한 업종, 영역을 가리킨다. 문화·예술의 경우, 지자체 등의 지원으로 이루어진 것이 많지만 콘텐츠산업은 직접적으로 지역 경제와 연결된다. 이는 지역에서 청년 고용에 기여하며, 그 외에도 유무형의 영향을 미칠 것임에 틀림없다. 콘텐츠가 지역의 미래에 어떤 역할을 할 수 있을지에 대해서도 이 책에서 다루고자 한다.

도쿄 올림픽의 실시로 일본 내 경제는 다시금 도쿄를 중심으로 돌아가게 되었다. 그러나 올림픽 이후의 상황에서 지역 살리기에 적극적으로 나서야 한다. 향후의 일본은 지역재생에 주력해야만 한다. 결국 또 도쿄와 지역의 격차가 큰 과제일지도 모른다. 중앙집권은 자본

주의 경제에 있어서 효율적인 모델임이 분명하다. 그 이익을 최대로 누리고 있는 것은 수도 도쿄이다. 따라서 도쿄 올림픽 이후의 장기적인 비전의 모색, 검토는 중요한 과제이다.

2016년 리우데자네이루 올림픽 폐회식에서는 '아베 마리오'가 전 세계의 화제가 됐다. 〈도라에몽〉, 〈캡틴 츠바사〉, 〈헬로키티〉, 〈슈퍼 마리오 브라더스〉 등 일본의 대표적인 애니메이션 캐릭터를 섞은 연출은 일본 콘텐츠가 가진 힘을 표현했다. 과거 나가노 올림픽 개회식처럼 일본 전통문화에 집착한 연출에서 새로운 노선으로 전환했다고 볼 수 있다. 도쿄 올림픽과 그 이후의 콘셉트는 이러한 대중문화가 중심이 될 것을 예상해 볼 수 있다.

이 배경에는 '쿨재팬Cool Japan' 정책 등과 함께 콘텐츠산업이 급격하게 주목받기 시작한 점이 중요하게 작용한다. 물론 그 이전 진행되었던 '비지트 재팬Visit Japan'[6] 정책도 주목해야 할 것이다. 필자는 이제 콘텐츠는 관광 창출과 산업 진흥을 동시에 고려해야만 한다고 생각한다. 쿨재팬 정책에 대해서는 찬반양론이 존재한다. 하지만 콘텐츠산업에 사람들의 관심이 모아지는 계기가 된 것은 분명하다. 리우데자네이루 올림픽 폐회식은 그 결실을 보여준다. 이 정책은 콘텐츠 수출과 인바운드 관광객 유치에 중점을 두고 있다. 아직은 시행된 지 얼마 되지 않아 가시적인 실적을 올리는 데는 꽤 시간이 걸릴 것이다. 만화·애니메이션·영화·드라마·소설 등 콘텐츠 생산에 정부가 관여하는 것에 관한 찬반 논란이 있기는 하다. 하지만 해외 시장을 고려한다면, 지역의 입장에서는 큰 도움이 될 것이다.

---

6 (옮긴이) 일본이 자국의 관광자원을 전 세계적으로 알리기 위해 기획한 캠페인이다.

5. 로컬의 미래

이 책은 도쿄 중심 구조 속에서 존재 의의를 잃은 지역의 미래 가능성을 콘텐츠라는 맥락에서 접근하여 관광과 산업 창출의 포용 전략에 의한 효용 창출 가능성을 살펴보고자 한다. 이와 함께 향후 지역과 그 본연의 자세를 고찰하고 검토해나갈 생각이다. 사실 콘텐츠에 의한 지역진흥 정책은 지역경제를 형성하는 한 영역에 불과할지도 모른다. 그러나 그 사례로부터 도출되는 시사점은 타 영역에도 적용될 수 있다고 생각한다. 또한 리처드 플로리다R. Florida의 '창조계급' 논의에서도 볼 수 있듯이 콘텐츠산업의 주체가 되는 청년층이 정주하기에 적합한 매력적인 도시를 표방하는 것도 중요하다. 지방도시에서 청년들이 타 지역으로 빠져나가지 않도록 하는 구조를 만드는 것이 산업 진흥의 전제임을 잊어서는 안 된다. 지역주민들이 지역에 대한 자부심과 지역 정체성을 갖는 것도 지역활성화의 중요한 조건이다.

결국 이 책은 콘텐츠를 주체로 한 관광과 산업화에 대한 것이다. 이를 위해 고이즈미 정권 당시 나온 '비지트 재팬' 정책, 경제산업성을 비롯한 관련 부처도 참여하고 있는 '쿨재팬' 정책들에 대해서도 살펴보고자 한다. 다시 말해, 관광객을 불러 모으는 것에서부터 시작해서 지역정착에 이르기까지 연장선상에서 바라보고자 한다. 궁극적으로 인구 감소를 막아내는 것이 지역 재생이라고 한다면, 콘텐츠를 축으로 관광과 산업화를 동시에 구상해나가는 것이 매우 중요하다. 즉, 콘텐츠 투어리즘은 집객 인구의 증대에 기여하고, 산업화는 정주인구의 감소를 막는 방법이라는 측면에서 접근해보고자 한다.

필자도 참여했던 2017년 일본정책투자은행의 「콘텐츠와 지역활성화–일본 애니메이션 100년, 성지순례를 중심으로–」 보고서는 애니메이션을 중심으로 관광과 산업 진흥의 양의성에 주목했다는 점에서 선구적인 성과로 평가할 수 있다. 이 보고서의 주된 논점은 ① 콘텐츠산업, 그중에서도 애니메이션 산업에 특히 중심을 두고 시장 규모 등을 개관하였으며, 일본 애니메이션의 세계적인 인기 배경을 조사하는 것과 동시에 그 특징, 역사, 기술적 특색을 정리 ② 차세대 관광의 일환으로써 애니메이션을 활용해 지역활성화를 목표로 하는 움직임이 광범위하다고 보고 애니메이션 투어리즘·성지순례의 선진 사례를 들어 성공요인을 추출하여 지역의 경제 파급효과나 인바운드 기대 등을 분석 ③ 지역을 기반으로 스튜디오 등을 운영 중인 애니메이션 제작회사가 증가하고 있는 것에 주목하여 향후 로컬에 애니메이션 산업이 뿌리내릴 가능성 등을 고찰함 등이다.

하지만 이 책에서는 애니메이션에만 집중하기보다는 콘텐츠 전반을 논의의 대상으로 하고자 한다. 제1장에서 일본 로컬이 안고 있는 현상과 과제에 대해 개관하고, 제2장에서는 집객사업으로서의 콘텐츠 투어리즘에 대한 효용과 과제를 살펴볼 것이다. 제3장에서는 콘텐츠산업의 도쿄 집중 과정을 설명하고, 향후의 지역 분산 가능성을 논한다. 제4장에서는 지역에서의 콘텐츠산업 육성 시도를 다양한 각도에서 고찰하고, 제5장에서는 콘텐츠를 중심으로 한 관광과 산업 진흥의 선행 사례들을 살펴보고, 제6장에서는 좀 더 구체적으로 필자가 참여하거나 관련되었던 지역 사례들을 소개할 것이다. 그리고 마지막 장은 전체의 정리로 맺고자 한다.

지금까지는 콘텐츠와 관련해서 관광과 산업 중 특정 분야를 중심으로 한 연구가 많았다. 이 책은 그 양쪽을 포괄한 형태의 지역진흥책을 제안하는 나름의 참신한 시도라고 생각한다. 이 논의는 향후 매우 중요한 부분이라고 생각한다. 필자의 한계로 부족한 점도 많을지도 모른다. 그럼에도 끝까지 함께 읽어주길 부탁한다.

　　덧붙여 이미 눈치챘을지도 모르겠지만, 이 책에서는 '지방'이라는 용어를 '지방창생'과 같이 정책용어, 혹은 대도시권과 지방을 대비하기 위한 의미로 사용하고자 한다. '지방'의 일정한 지역을 의미하는 경우 '지역' 또는 '로컬'⁷이라는 말을 주로 사용함을 알려두고자 한다.

7　(옮긴이) 책의 제목을 포함하여 저자의 의도를 충분히 살리고, 수동적인 지역과 지방이라는 개념에서 나아가 능동적이고 다양성을 추가하는 공간이라는 개념을 강조하기 위하여 '로컬'이라는 용어를 그대로 사용하고자 한다.

차례

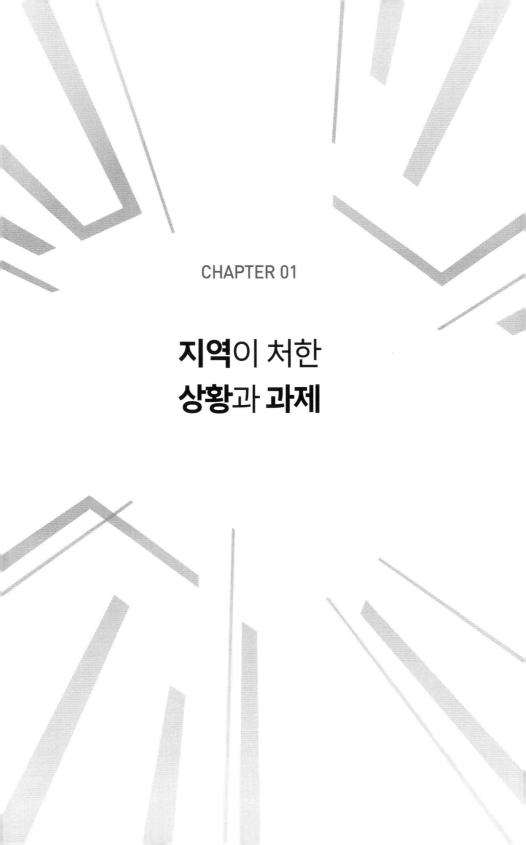

CHAPTER 01

지역이 처한
상황과 과제

지역이 처한 **상황과 과제**

지역격차와 '지방창생'

필자는 수업이 비거나 도쿄에서 별다른 일이 없을 때는 될 수 있는 한 지역 현장에 나가 있으려고 한다. 일종의 참여관찰법이다. 대학교수가 되기 이전부터의 습관이기도 하다. 당시에는 라이브 공연장을 돌아 보는 것이 중요한 일과였다. 요즘에는 강연회 혹은 행정기관과의 협 력을 목적으로 지역에 방문하는 것이 보통이다. 그 당시 거리를 걷다 보면, 정령시政令市[1]를 포함하여 중핵시[2] 이하 인구 규모의 도시 상당 수는 피폐한 듯이 보였다. 특히 중심상점가는 꽤나 낙후되어 있었다.

---

1 (옮긴이) 일본 지방자치법 제12장 제1절 252조의19 제1항에 따라 내각의 정령으로 지 정된 일본의 시. 대한민국의 시와 비교하면 인구규모상 광역시와 특례시 정도에 해당 하며, 인구 70만 명 이상이어야 한다.

2 (옮긴이) 일본 지방자치법 제12장 제1절 제252조의22 제1항의 규정에 기하여 정령으로 지정되어 도시에 주어지는 중핵시 특례를 받을 수 있는 도시. 정령시보다 작은 규모 로 인구 30만 명 이상이어야 한다.

하루 종일 사람이 거의 다니지 않거나, 문닫은 가게가 줄지어 있고, 낡고 허름한 주차장이 눈에 띄기도 한다.

중핵시의 규모에서도 인구감소가 일어나지 않는 도시들이 있기는 하다. 그렇지만 전반적으로 눈으로 확인되는 중심 상점가의 모습은 대부분 그런 느낌이다. 그렇다고 그 원인이 도쿄일극집중東京一極集中[3]에 있다는 해석에 전적으로 동의하지는 않는다. 어쩌면 그렇게 단순한 문제가 아닐지도 모르기 때문이다. 필자는 음반 회사에 근무하기 이전에, 삿포로의 FM방송국에서 14년 정도 근무했다. 대학에 진학할 때까지 삿포로에서 살았다. 지역에서의 개인의 역사는 비교적 긴 셈이다. 잘 알려져 있다시피 삿포로는 홋카이도의 거점도시로 아직까지도 인구가 증가하고 있다. 삿포로의 성장에는 홋카이도 내 다른 도시에서 유입된 이주자들의 영향이 크다. 삿포로의 거대화 현상에 비해 인근 다른 도시들은 인구감소 현상이 두드러진다. 절반 이상이나 되는 인구가 심각하게 감소된 옛 탄광지역들도 적지 않다. 이러한 현상은 후쿠오카福岡나 센다이仙台에서도 마찬가지이다.

또한 도쿄를 중심으로 하는 3대 도시권 중에서도 오사카권, 나고야권은 소강상태 또는 감소 분위기에 있다. 이는 후생노동성이 2017년 6월 2일에 공표한 「2016년 인구동태통계人口動態統計」를 보면 분명해진다. 출생수는 97만 6,978명에서 시작해서 백만 명 선을 밑돌고, 저출산의 가속화는 심화됐다. 합계특수출생률(한 명의 여성이 평생에 평균 몇 명의 아이를 낳는가를 나타내는 수치)은 그해 15~49세의 여성이

---

3 (옮긴이) 일본에서 정치와 금융, 문화와 인구, 자본, 자원과 산업 등이 모두 수도권인 간토지방(특히 도쿄)에 집중되어 있는 상황을 말한다.

출산하는 아이의 수를 바탕으로 계산된다. 이제껏 최저 수치는 2005년의 1.26이었다. 인구를 유지하기 위해서는 합계특수출생률은 2.07 이상이 필요하다. 참고로 덧붙이면, 2016년에는 1.44였다.

제2차 아베정권[4]에서 내세운 '지방창생'은 도쿄일극집중을 바로잡고 지역의 인구감소에 제동을 걸어 일본 전체의 활력을 높이는 것을 목적으로 하는 정책 중 하나이다. 2020년까지 도쿄권의 1도都 3현縣의 인구 전출입 균형을 유지하는 것을 목표로 했으나 사실상 실패했다. 지역 내 고용창출 효과가 나타나지 않은 채, 전입인구가 늘어나며 도쿄일극집중이 가속되고 있기 때문이다. 화두가 되었던 기업의 본사기능 이전도 결국, 도쿄권으로 이동한 기업 수가 과거 대비 최대 증가한 결과를 초래했다.

한편, 정부는 도쿄권의 대학생 대상 인턴십(취업체험)에서 지역기업을 늘리는 동시에 도쿄의 23구 내 대학이나 학부의 증설을 제한하는 계획을 결정했다.[5] 과연 이러한 시도가 효과가 있을까. 물론 청년들의 이동문제를 중요하게 생각하고 만들어졌다고 생각하지만, 현실은 그렇게 단순하지 않다. 2015년의 노동정책연구·연수기구의 보고서 「청년의 지역이동: 장기적 동향과 매칭의 변화若者の地域移動-長期的動向とマッチングの変化」에 의하면, 최근에는 이전 세대와 비교할 때, 청년의 지역 현지 정착 경향이 강화되고 있으며, 특히 고졸자는 정착 경향이 뚜렷하고, 남성 대졸자들도 도시로 진학하지 않고 지역에 정착하거나

---

4 (옮긴이) 2012년 12월에 탄생했으나, 아베 전 총리가 2022년 7월 8일 암살되며 정권이 마감된 것으로 본다.
5 2018년 2월 내각회의에서 결정. 제한은 2028년 3월 말까지로 10년간 시한조치로 하기로 했다. 도쿄는 반대의 입장이다.

U턴하는 비중이 증가하고 있다고 한다.

한편, 2016년 1월 19일 미쓰비시三菱UFJ의 리서치 & 컨설팅 「지방창생'을 위한 교육에 대해서 생각하다地方創生のための教育について考える」 보고서에 의하면, 와카야마현和歌山県, 사가현佐賀県, 시마네현島根県 등은 대학 진학자의 약 80~90%가 지역 외부 대학으로 진학하고 있으며, 이 중 60~70%가 U턴하지 않는다는 상반된 결과를 내놓고 있기도 하다. 전국적으로 U턴하지 않는 비율은 약 47.1% 정도이며, 18세 인구의 U턴하지 않는 비율은 전국 평균 21.6%다. 결국 대학 진학자의 U턴 비율이 특히 낮다는 점을 알 수 있다. 외부로 나갈 수 있는 한 번의 기회가 미치는 영향력이 막대하다는 점을 알 수 있다(그림 1).

이 책은 콘텐츠산업 중에서도, 지방도시 거주자가 많은 만화와 관련해 직무이동경로를 살펴보려고 한다. 조금 오래된 자료이기는 하지만,

[그림 1] 지방 출신 남성 : 대학·대학원 세대별 O-E-J(Original-Education-Job) 패턴

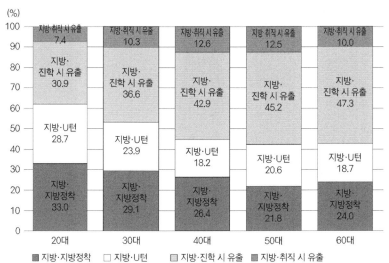

* 2015, 노동정책연구·연수기구보고서

2004년의 경제산업성 상무정보정책국 문화정보 관련 산업과 도쿄대학공학부종합연구기구부감 공학 부문의 보고서 「만화작가의 직무이동 경로에 관한 앙케이트 실시에 대하여コミック作家のキャリアパスに関するアンケートの実施について」는 매우 흥미롭다. 거주지에 대해 다루지 않은 점이 아쉽기는 하지만, 만화가들이 직업을 구하거나 일하는 방식을 살펴볼 수 있다. 만화가들의 경우, 작품은 기본적으로 우편 혹은 데이터(파일)로 보내는 것이 가능하다. 대형 출판사에서는 정기적으로 작가의 거주지를 방문해 미팅을 진행하기 때문에 지역에 기반을 두고 일을 하는 제약은 비교적 적은 편이다.

이제까지는 만화가가 되기 위해서 어시스턴트(보조)를 거치는 것이 일반적이었다. 최근에는 공모를 통하거나, 직접 찾아가 평가를 받는 경우들이 증가하고 있다. 독학, 미술계 대학 출신, 편집자가 참여하는 형태도 늘어나고 있다. 만화의 장르에 따라 차이는 있겠지만, 예전의 도제徒弟 방식은 약해지고 있는 것 같다. 또 코믹마켓[6]의 출품이나 인터넷 투고 등 작품을 발표할 수 있는 창구도 증가하고 있다. 앞으로의 만화계 직무경로의 바람직한 변화를 예상할 수 있다.

한 예로, 《주간 소년 점프週刊少年ジャンプ》에 2008년부터 2012년까지 연재한 오바 츠구미大場つぐみ 원작, 오바타 타케시小畑健 작화의 〈바쿠만バクマン〉은 만화작가들이 작가로 일을 얻기까지의 과정에 대해 묘사하고 있다. 이 작품은 주인공 두 명이 첫 작품을 출판사에 직접 들고 가 평가를 받는 장면으로 시작한다. 편집자와 주고받는 내용도 사

---

6 (옮긴이) 일명 코미케 또는 코미켓은 일본 도쿄도 아리아케에서 매년 두 번 개최되는 세계 최대의 동인지 관련 행사이자, 세계 최대 규모의 만화·애니메이션 행사 중 하나이다.

실적으로 묘사되었고, 계약이나 해지 등 해당 업계 디테일도 적절히 다루고 있다. 이러한 방식은 대형 출판사가 위치하는 도쿄 근교에서는 흔한 일일지도 모르겠다. 캐릭터북(캐릭터 소개 책)에 의하면, 〈바쿠만〉의 주인공들은 사이쿄선埼京線 인근의 기차로 통근하며, 작품을 들고 출판사를 오고가는 일상이 가능한 곳에서 살고 있다.

앞에서 이야기한 것처럼 지역이 갖는 불리함이 점차 줄어들고 있다는 점은 사실이다. 그러나 출판사는 도쿄를 중심으로 몰려 있고, 취업 기회를 얻고자 하는 젊은이들에게는 여전히 수도권이 선호되는 것 또한 사실이다. 만화 이외의 콘텐츠 영역에서도 같은 상황일 것이다. 지역 대학생들의 경우, 도쿄의 기업에 취업하기 위해서는 지리적 불리함을 경험하게 된다. 취직시험을 볼 때마다 상경하지 않으면 안 되기 때문이다. 이러한 의미에서 창작자 혹은 콘텐츠산업 종사자가 관련 분야의 일을 구하는 과정이 다양화되고 있지만, 도쿄가 갖는 우위성 또한 여전히 남아 있다.

'지방창생'에 관한 논의

먼저 '지방창생地方創生'에 대한 이야기를 꺼내보고자 한다. 일본 총무성에 의하면, 2017년 3대 도시권(도쿄권, 나고야권, 오사카권)의 전입 초과 인구는 전체 10만5,975명, 도쿄권은 11만9,779명에 이른다. 전년과 비교하면, 1,911명이 증가했고 22년 연속 전입 초과 현상이 발생했다. 나고야권은 전출이 4,979명 증가했으며, 5년 연속 전출 초과가 발생했다. 오사카권도 전출이 8,825명으로 역시 5년 연속 전출

초과가 나타났다. 도쿄일극집중을 막기 위해 2020년을 기준으로 도쿄권에의 전입·전출 균형을 맞추겠다는 정부의 목표 달성은 결과적으로 실패했다(그림 2).

각 도도부현都道府県의 전입초과 현황을 살펴보면, 전입초과 지역은 도쿄도, 지바현千葉県, 사이타마현埼玉県, 가나가와현神奈川県, 후쿠오카현福岡県, 아이치현愛知県, 오사카부의 7개 지역이다. 전입초과 인구 경우, 아이치현과 사이타마현을 제외한 5개 지역은 증가했으며, 전입초과 인구가 가장 많은 곳은 도쿄도(7만5,498명)로 1,321명이 증가하여, 2년 연속 늘어났다. 또 후쿠시마현福島県, 효고현兵庫県, 홋카이도北海道, 니가타현新潟県 등 40개 지역은 전출이 초과되었으며, 이 중 전출초과가

[그림 2] 일본 3대 도시권의 전출·전입 초과 추이

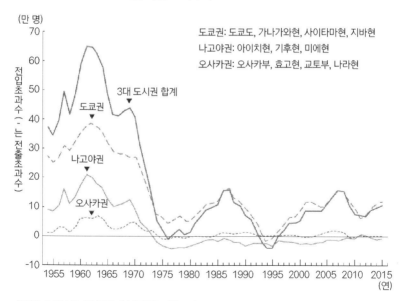

도쿄권: 도쿄도, 가나가와현, 사이타마현, 지바현
나고야권: 아이치현, 기후현, 미에현
오사카권: 오사카부, 효고현, 교토부, 나라현

* 2018, 총무성 통계국 '주민기본대장인구이동보고'

가장 많은 지역은 후쿠시마현(8,395명)으로 2,556명이 증가하여 3년 연속 수치가 늘어났다. 도쿄권 이외에는 기업이나 대학이 많은 대도시로 사람들이 모여들고 있다.

2014년 마스다 히로야增田寛也 전 이와테현 지사, 원총무대신이 쓴 《지방소멸: 인구감소로 연쇄붕괴하는 도시와 지방의 생존전략地方消滅 東京一極集中が招く人口減少》[7]이 화제가 됐다. 지방도시의 쇠퇴는 최근 심각한 문제가 되고 있다. 특히 저출산·고령화로 인한 인구감소는 일본사회에서 중요한 과제이다(그림 3). '지방창생'의 목표 중 하나는 지

[그림 3] 출생률과 합계특수출산율의 연도별 추이

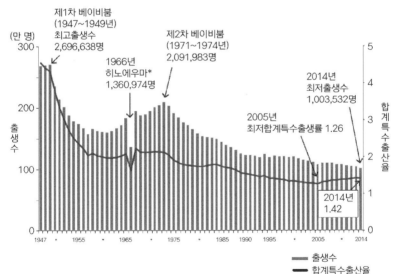

* 미신 등으로 출산율이 기록적으로 하락한 해, 병오년, 말띠해

* 2017, 후생노동성

7　(옮긴이) 마스다 히로야, 김정환 옮김 《지방소멸: 인구감소로 연쇄붕괴하는 도시와 지방의 생존전략》(서울: 와이즈베리, 2015)으로 번역 출간되었다.

방의 청년인구를 30만 명으로 늘리는 일이다. 사실 꽤 어려운 수치이다. 이 정책이 지방창생에 특효약이 될 수 있을지에 대한 의견은 분분하지만, 단기간에 결판날 수 있는 문제는 아니다.

모타니(藻谷, 2010)는 일본 경기 침체의 원인으로 '생산연령인구' 감소에 상반되는 수요의 감소를 지적하였다. 생산연령인구는 15세 이상 65세 미만의 인구로, 집이나 차를 비롯한 여러 물건들을 구입하며 내수를 견인하는 세대를 의미한다. 특히 20~30대의 아이를 양육하는 세대들이 이에 해당한다. 2015년의 합계특수출생률은 1.24로, 도쿄는 전국 최저 수준이다. 출생률이 높은 다른 지역의 인구가 도쿄로 유입되고 있는 것이다. 이 상황을 변화시켜야 한다. 도쿄의 청년을 한 명이라도 출생률 1.96의 오키나와沖縄, 1.78의 시마네, 1.71의 미야자키宮崎 등의 지역으로 이주시키는 것이 일본의 소멸을 막는 우선적인 방법이라고 보는 것이다.

버블 붕괴 후 일본 지방도시들은 참담한 상황이다. 눈으로 바로 확인될 정도로 도심 공동화 현상이 심각하다. 일본 정부도 점점 구체적인 지방창생의 방향성을 모색해가고 있다. 앞의 '지방창생'에서 기술한 것과 같이 지역의 쇠퇴는 더 이상 간과할 수 없는 문제이다.

이 책은 몇몇 문제들을 제기한다. 인구이동 문제가 해결되지 않으면 2010년부터 40년까지 '20~39세의 여성인구'가 50% 이하로 감소하는 시정촌市町村[8]의 수는 896개 지자체로, 전체의 49.8%가량이다. 이들 도시를 '소멸가능성도시'라고 하고, 비교적 출생률이 높은 '지

---

8 (옮긴이) 시정촌(市町村)은 일본의 지방자치제도의 기초자치단체인 시(일본어: 市 시), 정(일본어: 町 조), 촌(일본어: 村 무라)을 묶어 이르는 말이다.

방'에서, 출생률이 현저히 낮은 '대도시권'으로 인구유출이 이어져 '극점사회極点社会', 소위 '인구블랙홀'이 형성될 것이라고 예측한다.[9]

또, 지속가능한 지역사회 실현은 국가전략으로 적극정책과 지혈정책, 조정정책이 함께 이루어져야 한다고 주장한다. 즉, '인구의 지속·반전'을 지향하며 결혼·임신·출산·육아를 지원하는 정책, '인구재배치'를 위한 대도시로의 인구유입 흐름을 변화시킬 수 있는 정책, 인구감소사회에서 중요한 '인재 양성·유입' 정책이라는 3개의 '적극정책'과 그것이 효과를 발휘할 수 있도록 시간적으로 돕는 '지혈정책'으로서 지역청년유출을 방지하기 위한 지역에서의 대책 마련, 대학의 지방 분산과 같은 '조정정책'을 동시에 시행해야 한다는 것이다.

도쿄일극집중을 방지하기 위한 종합대책은 효과가 없다. 오히려 '선택과 집중'의 방식이 강조되고 있다. 지방중핵도시(지방중극거점도시)에 관련 기능을 집약, 청년에게 매력이 있는 도시가 되도록 하여 인구유출을 방지하는 일종의 '댐'을 만드는 제안들이 제시되고 있다. 이는 출생률이 낮은 도쿄 등 대도시권으로 청년인구 유입을 막기 위한 방법으로, 매력 있는 지방중소도시를 만들기 위해 자원과 정책을 집중적으로 투입하는 전략이다. 청년들을 지역도시에 남겨두고자 하는 의도의 '인구댐'으로서의 도시들이 증가했다. 인구 20만을 초과하는 도시들은 가능성을 보이고 있다.

---

9 2018년 3월 공표된 국립사회보장·인구문제연구소(国立社会保障·人口問題研究所)의 2045년까지 지역별 미래 추계인구에 따르면 도쿄 도심으로의 인구 유입이 한층 더 진행될 예정이다. 도쿄 인구가 0.7% 늘어나는 것 외에 다른 46개 광역자치단체 모두에서 인구가 감소할 것으로 예상하고 있다. 오사카부와 교토부의 인구는 2% 줄어들며, 동북 아키타현에 이르러서는 40% 감소로 격감해 현재의 100만 명에서 60만 명으로 줄어들 것으로 예상한다. 이와 함께 청년노동자의 절반 이상이 현 외로 이동할 것으로 보고 있다.

하지만 기노시타(木下, 2014)는 다른 주장을 펼쳤다. 우선, '자치체 소멸=지방소멸'이라는 공식에 대해 지방자치단체와 지역을 동일시하는 것은 문제가 되며, 어디까지나 지자체는 그 지역에 있어서 행정의 역할을 하며, 사람들의 생활을 어떻게 지원하는지가 기본이라고 주장한다. 또, 지역이 소멸될 것이라는 위기감을 통해 저출산 문제, 지방자치의 경영문제 등을 전체 인구문제로 전환시켜버리는 것 역시 문제라고 지적한다. '지방소멸론'에서 주장하는 바와 같이 합계출산율을 높이고, 대도시로의 유출을 방지하는 인구통계학적 문제해결방식은 지역이 가지고 있는 여러 문제를 뒤로 미루고, 본질을 흐리게 할 가능성이 크다고 비판하고 있다.

또, 후지나미(藤波, 2016)는 '인구의 도쿄일극집중에 의한 지방도시의 소멸'이라는 발상에 기초한 활성화 정책은 청년들을 보조금에 의지하게 만들어 지역정착으로의 유도, 인구 균형에 커다란 변형을 초래하여 인구감소라는 두려움을 갖게 하는 지역재생의 문제로 바라보았다. 이 주장은 앞에서 이야기한 야하기(矢作, 2014)와도 유사하다.

청년들이 콘텐츠에 많은 관심을 갖고 있다는 점은 분명하다. 그래서 '지방창생'이라는 오래된 논의를 통해 다시금 살펴볼 필요가 있다. 청년들의 도쿄 이동 행태에서부터 최근의 '마일드 양키mild yankee'[10]에 이르기까지 광범위한 고찰이 이루어졌다. 지역을 되살릴 주역으로서 '청년·외지인·바보'의 논의는 청년들이 매력적으로 느끼는 지역의 존재를 궁금하게 한다.

---

10 (옮긴이) 일본에서 이른바 '온화한 양아치'로 불리는 젊은층 부류를 말한다. 겉모습은 착하고 순해 보이지만 내면은 양키(날라리)인 사람을 일컫는다.

난바(難波, 2012)는 도회지에 대한 동경이 지역 인구유출의 계기가 된 것에 대해 메이지시대 이래, 자신의 꿈을 이루기 위해서 또는 직업을 구하기 위해서 청년들의 상경 행동이 이어진 것이라고 설명한다. 1960년대 이후, 텔레비전 속 도쿄의 모습 또한 이러한 행동을 유발했다고도 지적한다. 하지만 버블경제 붕괴 후, 불황이 장기화되면서 물가상승으로 인해 도쿄로의 진입은 더욱 어려워졌고, 청년세대 사이에서 지역으로의 정착이 늘어났다고 한다.

아베(阿部, 2013)는 1980년대 이후 권위적인 교육의 종언, 지역사회의 쇠퇴, 노동의 탈남성화라는 3가지 요인에 의해 기존의 '어른들의 세계'는 불안정해졌다고 말한다. 그러나 2000년대 자동차의 보급은 '세계로부터 자신들을 보호해 주는 즐거운 지역'을 만들어내고 지역은 '어른들의 세계'에서 '청년의 세계'로 변모해가고 있다고 말한다. 또한, 꿈을 이루는 것이 '지역을 떠나 혼자' 이루어가는 것이 아닌, '지역에 남아 함께' 이루어나가는 것으로 변화되고 있다고 주장한다.

청년들을 유출시키지 않기 위한 방법을 모색하는 것은 중요하다. 그러나 새로운 세대의 '바보'가 나타나고 있다는 점 또한 생각해야 한다. 이 '바보'들이 관여하는 새로운 공동체의 등장은 겉으로 보기에도 자극적인 것이 많다. 도시재생이나 문화예술, 디자인, IT, 음식 등 다양한 분야에 분포되어 있는데, 그 안에 지역에 대한 정체성을 담고 있다. 필자는 여기서 작은 희망을 발견하고 있다.

이 책은 로컬 콘텐츠의 활용과 창출을 다룬다. 필자가 이 책을 집필한 데는 수년에 걸쳐 연구해온 '콘텐츠 투어리즘'의 영향이 크다. 2005년 국토교통성, 경제산업성, 문화청이 종합한 「영상 등 콘텐츠의

제작·활용에 의한 지역진흥의 방향성에 관한 조사映像等コンテンツの制作·活用による地域振興のあり方に関する調査」에서 "콘텐츠 투어리즘은 지역에 '콘텐츠를 통해서 양성된 지역 고유의 분위기·이미지'로서, '이야기성物語性', '테마성'을 더해 그 이야기를 관광자원으로 활용하는 것이다"라고 정의내리고 있다.

즉, 콘텐츠 투어리즘은 콘텐츠로서의 작품을 매개로 '이야기'가 담긴 지역을 여행하는 것이다. 작품의 무대를 방문해 간접체험을 하고, 작자와의 공감 수준을 높이는 것이라고 말할 수 있다. 우선은 관광객들을 불러 모을 수 있는 환경을 만들고, 의견을 모아 고민하고, 최종적으로는 지역의 정착과 연결시킬 수 있다. '지역활성화'라는 용어는 1980년대 전반부터 사용되기 시작했다. 시오미(塩見, 1989)는 그것이 지역에 거주하는 주민들이 지역의 자원을 활용해, 즐겁게 창조적 생활을 영위하고 있는 상태 또는 목표를 향해 노력하고 있는 상태를 의미하는 것이라고 정의한다.

그러나 실제로는 정주인구의 감소로 인해 관광객과 교류인구를 늘리려는 경향이 강하다. 이것은 일정 부분 경제발전과 연결되어 있으며, 지속하는 것 또한 상당한 공부와 노력이 필요하다. 하지만 지금은 디지털시대이다. 필자가 삿포로에 머물던 때와는 전혀 다른 디지털 환경을 갖추고 있다. 인터넷 보급 전의 대중매체들은 힘을 잃어가고 있고, 콘텐츠도 디지털플랫폼 기반의 다양한 비즈니스모델로 전환되고 있다. 게다가 그 비즈니스모델조차 또 새로운 모델로 전환될 가능성이 높다. 이러한 시대적 전환으로, 지역에서의 새로운 성공 가능성이 창출되고 있다.

한편 도쿄가 일본의 정치, 경제의 중심지라는 것은 부인할 수 없는 사실이다. 필자의 입장에서는 삿포로에서의 경험은 매우 중요한 의미를 갖는다. 그곳에서 일본의 도시는 도쿄를 중심으로 계층화되어 있다는 것을 충분히 경험했고, 이해할 수 있었다. 좀 더 쉽게 말하자면, 일본의 정치, 경제의 모든 것은 상류와 하류가 존재한다는 사실이다.

인구감소, 저출산과 고령화

지역창생 과제의 배경에는 일본에서 급속히 증가하는 인구감소라는 현실이 있다. 이는 저출산·고령화에서 비롯된다. 일본에서 이 용어가 확산된 것은, 2005년 12월 총무성이 발표한 「헤이세이 17년(2005년) 국세조사(平城17年(2005年)國勢調査)」의 '속보인구速報人口'에서 시작된다. 당시 1년 전의 추계인구推計人口와 비교하여 2만 명이 감소, 일본의 인구는 감소세로 접어들었다고 지적했고, 이는 사회적 주목과 함께 여러 논의를 불러왔다.

인구가 감소하면 경제성장률이 낮아진다는 것이 일반적인 주장이다. 대표적으로 미츠비시종합연구소정책·경제연구센터三菱総合研究所政策·経済研究センター(2009)의 연구보고가 있다. 센터는 인구감소가 국내 소비를 축소시키고 노동인구를 감소시키며, 국가재정도 젊은 노동인구가 감소하면 소득세 등의 세금 환수액이 줄어든다고 지적한다. 또 멘주(毛受, 2017)는 인구감소로 인해 국가가 거대한 '한계취락=한계국가'화되고, 간병이나 연금 등의 사회기반이 마련되지 못할 뿐만 아니라, 국가의

기간산업에 있어 제조업의 경쟁력 유대가 약해지고, 아시아의 여러 나라들에게 추월당하고 말 것이라고 예측했다.

NHK스페셜취재반NHKスペシャル取材班(2017)은 현재 일본의 인구감소의 속도가 어느 정도 줄어들고는 있지만, 그 기조는 거의 변하지 않고 있다고 보고했다. 국립사회보장·인구문제연구소는 출생률이나 사망률의 변동에 대해 3가지 패턴을 예측해 발표했다. 이에 의하면, 2053년에는 일본의 인구는 1억을 밑돌고, 2065년에는 8,808만 명이 된다고 한다. 지금부터 50년에 걸쳐 약 3,901만 명의 인구가 감소하게 된다. 게다가 인구감소와 병행해, 급속한 고령화가 진행되고 있다. 일본은 이미 15세 미만의 인구 비율이 세계 최저이며, 65세 이상의 인구 비율은 세계에서 가장 높은 수준에 있으며, 2025년에는 5명 중 1명이 75세 이상의 후기고령자에 속하는 초고령사회로 돌입한다고 분석했다.

가와이(河合, 2017)는 2015년 시점에서 1억 2,700만 명으로 추정된 일본의 총인구가 40년 후에는 9,000만 명을 밑돌아, 100년 내에 5,000만 명 정도로 줄어들 것이라고 예측했다. 또한, 세계적으로 보았을 때, 인구밀도가 매우 높았던 일본 열도가 앞으로는 공백 상태가 될 것이라는 위기감에 대해 말하고 있다.

일반적으로는 앞의 논의와 같이 비관적인 견해가 주류를 차지하고 있지만 모리나가(森永, 2002)는 OECD 통계를 토대로 인구증가율과 생산성 상승률이 반비례하고 있으며, 인구가 줄면 노동생산성이 높아진다는 견해를 보이기도 한다. 하라다(原田, 2015) 역시 본래 인구가 감소하면 생산성이 높아지게 되며, 인구가 증가하면 토지생산성이 높아진다고 지적하고 있다. 다카하시(高橋, 2014)는 인구가 적은 나라에서도 높은 1인당 GDP를 유지하고 있는 나라도 있다고 지적하며, 인구감소로 오히려 도시의 토지·주택 과밀문제·혼잡문제가 해소되며, 환경문제에 인구감소는 효과적이라고 말한다.

이처럼 인구감소와 저출산·고령화에 관한 논의는 다양하지만 대부분 비관적이다. 지방창생도 그에 바탕을 두고 있다. 동시에 지방의 쇠퇴가 심각하다는 인식을 전제로 한다. 이는 공동체의 재구성을 목표로 하는 논의들이 바탕이 된다. 야마자키(山崎, 2012)는 이러한 주장의 대표자이다. 그는 사람과 사람과의 관계가 희박해진 현대에서 지역의 공동체를 창출하기 위해서는 사람과 사람이 연결되는 '구조'를 새롭게 디자인할 필요가 있으며, 또 사람들이 거기에 참가해 적극적으로 관여해가는 '의지(선택 의사)'를 기르는 것이 필요하다고 강조한다. 동시에 사람들이 의사소통의 장벽을 뛰어넘기 위한 '동기'를 제공해야 한다고 주장하며, 그가 직접 경험해온 지역재생 사업을 구체적으로 소개했다. 이 논의를 기점으로 오래된 민가古民家 재생 및 문화진흥 등의 논의가 활발해졌다. 이러한 논의는 이른바 행정보다 지역 커뮤니티 재편의 중요성을 설명하는 중요한 제언이었다고 생각한다.

이와 함께 신뢰를 기반으로 한 외지인의 활용도 중요한 부분이다. 외지인을 통해 도쿄식 성공방식을 지역에 그대로 대입하는 것은 분명한 한계가 있다. 즉, '외지인'과 지역 주민들 사이에 상호 이해가 생기지 않으면 성공을 담보하기 어렵다. 몇 차례의 시행착오가 필요할 지도 모른다.

전국적인 저출산·고령화 상황 속에서, 지역의 인구 감소현상을 막는다는 것은 사실 어려운 일이다. 단기간에 근본적인 문제를 해결하기는 어렵다. '청년·외지인·바보'를 잘 활용하는 것만으로는 부족할 수 있다. 단기 보조금들은 좀처럼 사업화에 이르지 못하는 경우가 많고, 컨설턴트나 지역을 대표하지 못하는 사람들에게 무조건 재정을 투입해서는 지자체나 지역주민들이 책임감을 갖도록 만들기도 어렵다. 그렇다고 방법이 아예 없는 것은 아니다. 어떤 방법들이 가능할지에 대해 이 책에서 논의해보고자 한다.

콘텐츠 투어리즘으로 관광객 모으기

2016년은 애니메이션 '성지순례'가 각광받은 한 해였다. 애니메이션 〈너의 이름은君の名は〉 등의 흥행으로 콘텐츠 순례자들이 늘어나 전국 각지에서 그들을 볼 수 있었다. 또 2016년 유행어대상流行語大賞에 '성지순례'가 선정되기도 했다. 애니메이션의 성지순례를 포함한 콘텐츠 투어리즘이 새로운 방향으로 가고 있는지도 모르겠다. 7~8년 전까지는 잘 알려져 있지 않았던 콘텐츠 투어리즘이나 성지순례라는 개념이 지금은 독자적인 입지를 갖게 되었다.

쇠퇴해가는 지역에서도 집객을 목표로 한 지역정책들도 눈에 띄곤 한다. 물론, 와시미야鷲宮,[11] 오아라이大洗와 같이 관광객을 불러 모으는 데 성공한 곳도 있다. 그러나 이는 드문 경우일 뿐, 움직임조차

---

11 2010년 3월 23일, 같은 현 구키시(久喜市), 미나미사이타마군 쇼부정(南埼玉郡 菖蒲町), 기타카쓰시카군 구리하시정(北葛飾郡 栗橋町)이 신설 합병하며 소멸, 현재는 구키시의 일부가 되었다.

일어나지 못하고 끝난 곳도 적지 않다. 지역이 애니메이션의 배경이 되면서, 허겁지겁 정책을 시행하기 시작한 사례가 대부분인데, 이 경우 지속성을 갖기는 어렵다. 이러한 정책을 시행하기 위해서는 행정, 상공회의소, 관광협회, 애니메이션 제작사, 팬 등의 주체들이 각각의 이익을 누릴 수 있는 형태가 이루어져야 한다.

최근 KADOKAWA, JTB 등이 주체가 되어 인바운드 관광객을 유치하기 위한 목적으로 애니메이션 투어리즘 협회와 함께 '전국 애니메이션 성지 88개소'를 선정했다. 이는 현지에서의 편의성을 높이는 방향으로 진행됐다. 그러나 애니메이션 성지순례는 원래 작품 속 세계를 찾아내기 위한 일종의 해킹으로 시작하여 팬들이 자발적으로 움직이는 데 그 묘미가 있다. 무대가 된 장소의 확인은 작품 세계의 수수께끼를 해명하는 의미를 갖는다. 이 지점에서 산업적 입장과 팬들 사이에는 갈등이 일어날 수도 있다.

또, 인바운드 관광객의 문제 역시 반드시 고려할 부분이다. 실제로 〈너의 이름은〉의 중국 개봉으로 인해 많은 중국인 관광객들이 해당 성지를 찾고 있다. 이 작품은 대만, 태국, 홍콩에 이어 중국에서도 개봉되어 주말 흥행 순위 1위를 차지했다. 특히, 중국에서는 일본 영화로는 최대 규모로 개봉 첫날 7,000여 개의 스크린에서 개봉했고, 개봉 3일간 2.8억 위안(약 42억 엔)의 흥행 수익을 올려, 일본 영화로 지금까지 최고였던 〈STAND BY ME 도라에몽STAND BY ME ドラえもん〉의 2.3억 위안을 넘어서는 신기록을 달성했다. 다만, 〈슬램덩크スラムダンク〉의 성지인 가마쿠라 고등학교 앞에 중국인 관광객이 모여들어 학교나 지역주민에게 폐를 끼친 사례와 같이 콘텐츠 투어리즘의 차원에서

해결해야 할 과제들이 남아 있다. 오버투어리즘과 같은 문제들이다. 지나친 관광객의 유입으로 인해 지역 주민의 생활공간과 관광 공간이 변용되지 않도록, 해외의 관광객들이 일본적인 질서를 지킬 수 있도록 유도하는 것이 중요하다.

아즈마 히로키東浩紀는 트위터에 "〈신 고질라〉와 〈너의 이름은〉을 보고 오타쿠オタク의 시대는 끝났구나 느꼈다"라고 남기기도 했다.[12] 이것은 성지순례의 확산과도 관계가 있다. 히로키의 논의는 좀 더 심도 있는 이야기를 다루고 있기는 하지만, 이 책에서 다루는 관점으로 바라본다면 콘텐츠 투어리즘 역시 과거에는 마니아적인 성격이 강한 관광행동이었다는 점을 지적하고 있다. 즉, 이러한 행동들이 일반화되었다고 할 수 있다. 한편으로, 인바운드 관광객의 증가는 외국인들에게 일본의 독자적인 문화를 알릴 수 있는 좋은 기회이다. 여러 문제점들이 있기는 하지만, 콘텐츠 투어리즘은 분명히 여러 효용성을 갖는다. 이에 대해서 이야기해보고자 한다.

콘텐츠 투어리즘은 새로운 흐름 속에 놓여 있다. 예전처럼 오타쿠[13]들에 한정된 비주류의 관광이 아니다. 이러한 까닭에 이에 대한 과제도 가능성도 제기되고 있다. 앞에서도 언급했듯이 2016년 유행어대상 베스트 10에 '성지순례'가 포함되었다는 것은 이러한 현상을 설명해준다. 또, 최근 관광학계에서 이 분야에 대한 발표도 늘어나고 있다. 우선 이 책에서는 콘텐츠 투어리즘의 현황을 파악하고, 재정의의

---

12 트위터 @hazuma를 참조
13 1970년대 일본에서 탄생한 호칭으로 애니메이션, 만화, 피규어, 영화, 코스프레, 게임, 아이돌 등 대중문화 애호가들을 지칭한다. 그러한 특정 취미의 대상 및 분야의 애호가, 팬을 가리키는 말로 사용된다.

문제를 다룰 것이다. 이 과정에서 콘텐츠 투어리즘의 본질과 현실에서의 괴리 문제에 주목해보고자 한다.

지역에서의 콘텐츠산업 진흥

2005년에 내각부 정책통관실이 발행한 「지역의 경제 2005: 고부가가치를 모색하는 지역경제地域の経済2005: 高付加価値を模索する地域経済」에서는 지역 콘텐츠산업의 발전가능성이 논의됐다. 여기서 제시한 콘텐츠산업의 범위는 출판업, 인쇄업, 영화비디오 제작업, 방송업, 광고대리업, 소프트웨어 수탁개발업, 패키지 소프트웨어업, 정보제공서비스업, 정보처리서비스업 등이다. 이 보고서는 '영상·애니메이션과 음악 콘텐츠 제작·전달 등의 엔터테인먼트 관련 콘텐츠산업은 고객과 출판사, 방송국, 영화 배급사 등 관련 기업이 도쿄에 모여 있는 점, 도쿄의 정보 발신·수집 기지로서의 편의성, 우수한 창작자들의 확보 등을 이유로 집중되고 있음'을 지적하고, 이로 인해 '해당 분야의 지역 콘텐츠 기업의 발전은 현재로서는 어려운 면이 있다'고 하면서도 '인터넷 보급으로 지역의 제약요소들이 점차 해소되고 있다'고 보고 있다.

하세가와長谷川, 미즈토리카와水鳥川(2005)의 지역 콘텐츠에 대한 논의는 이러한 문제제기에 대한 효시가 된다. 그 이전에 1995년에 당시 홋카이도 미래종합연구소에서 「문화예술 산업 발전 가능성에 관한 기초적 연구臨文芸性産業の発展可能\性に関する基礎的研究」라는 보고서가 발표됐다. 2001년에는 일본 창조도시론의 대표 저작인 사사키 마사유키佐々木雅幸의 《창조도시 도전: 산업과 문화가 살아 숨 쉬는 거리로創造都市への挑戦

産業と文化の息づく街へ》가 출간되며 2000년대에 들어서면서 해당 논의가 활발해졌다.

현재는 경제산업성에서 '지역 콘텐츠의 광역발신지원 사업'이 진행되고 있다. 2016년도의 경우 해당 예산규모는 1.5억 엔이었다. 이 사업은 쿨재팬 전략의 중심축의 하나로서 일본의 지역이 가진 매력을 콘텐츠를 통해서 효과적으로 발산하여 지역 상품·서비스의 수요 확대나 지방으로의 관광객 유치에 연결해 지역활성화를 추진하는 것이다. 다만 콘텐츠 제작 기업은 도쿄의 기업이라도 상관없다고 하는 분위기이다. 그러나 국가가 이러한 대처를 시작하는 것에 대해서는 다양한 요구가 예상된다.

이러한 국가 지원의 예로, 총무성에서도 2015년 '지역 창의연구를 통한 지역경제 활성화를 위한 방송 콘텐츠 해외 전개 모델 사업'을 통해 지역방송국의 콘텐츠 해외 수출을 장려하게 되었다. 지역방송국의 해외사업 전개에 관해서는 선진적인 사례로 HTB(홋카이도 TV방송)를 꼽을 수 있다. 〈홋카이도 아워〉 프로그램은 홋카이도의 자연기행 다큐멘터리 프로그램을 해외로 송출한다. HTB는 1997년부터 스미토모상사, TBS 등과 함께 출자해 1996년 설립한 JETV를 통해 동남아 CATV국에 프로그램을 제공해 왔다. 프로그램의 콘셉트는 '아시아의 눈雪'이다. 직접적인 효과 측정은 어렵지만, 홋카이도에 대만관광객이 상당수 증가했다는 점에서 총무성도 해외 방송 실시의 선구적인 사례로 평가했다. 또 지역의 행정, 경제단체 등과의 협력을 통해 실시되었다는 점은 지역방송국을 중심으로 한 계획의 재편성이라는 특징을 찾아볼 수 있었다. 또 독자적으로 소비자가 원하는 것을 즉시 제공하는 온디맨드 서비스on-demand service도 실시해 데이터 방송을 활용, 대처를 했다는 점도 의미가 있다.

이처럼 우선은 미디어 차원의 접근이 앞서가는 형태이기는 하지만, 지역에 대한 국가의 지원이 시작되고 있다는 것은 긍정적 신호임이 분명하다. 또, 삿포로시가 인증된 '콘텐츠 특구'[14]와 같은 지원사업도 있어 향후에는 지역창생의 맥락에서 국가의 지원이 증가할 것으로 기대된다. 하지만 한편으로는 국가가 적극적으로 관여하는 것으로 인해 또 어려운 문제 역시 많이 발생할 것으로 예상된다. 이것은 콘텐츠와 관련된 영원한 숙제일지 모른다. 뒤에 이야기하겠지만, 표현의 자유나 규제 등에 관한 문제와 관련 있기 때문이다.

콘텐츠산업은 지역창생을 위한 비장의 카드이다. 청년층의 지역 유출을 방지하는 수단이다. 동시에 지역산업 성과창출을 위해 AI 등의 첨단기술과의 협업 또한 고려할 만큼 다양한 가능성을 갖고 있다. 삿포로시가 2017년부터 본격적으로 시행하기 시작한 'No Maps'[15]가 이러한 콘셉트에 근거하고 있다. 디지털 기술 혁신의 영향으로 콘텐츠의 제작 공정에서 큰 변화가 이루어지고 있으며, 비즈니스 모델 자체에도 큰 변화가 나타나고 있다. 콘텐츠를 둘러싼 기술혁신을 끊임없이 고려하는 것은 지역차원에서도 중요한 문제이다.

---

14 2011년 삿포로 콘텐츠 특구를 설치하여 '아시아 콘텐츠산업 거점 도시의 창조'를 목표로, 영상활용 관광이나 상품 판매를 비롯, 지역산업 전체의 활성화 전략을 추진했다.

15 삿포로를 '세계 굴지의 혁신적인 도시'로 만드는 것을 목표로 영화·음악·인터랙티브 (IT첨단기술 등)의 3개 분야로 구성된 국제 컨벤션. 미국 오스틴에서 열리고 있는 'SXSW'와 프랑스 클레르몽–페랑에서 개최되는 세계 최대 단편 영화제 '클레르몽–페랑 국제 단편 영화제' 등을 벤치마킹하고 있다.

관광과 일상생활을 함께할 수 있을까?

이 책은 콘텐츠를 중심으로 관광 및 산업 진흥, 즉 집객 및 정주의 효용에 대해 논의해나갈 것이다. 콘텐츠의 효용은 관광 촉진, 산업 진흥이라는 두 가지 맥락에서 파악할 수 있다. 전자에 의하면, 콘텐츠 투어리즘은 집객, 후자에 의하면 콘텐츠산업 진흥은 고용 창출이라는 가능성을 가지고 있다. 그러나 지역활성화 차원에서는 집객사업 쪽에 비중이 실리는 것이 현실이다. 그래도 일부 지역에서는 정주인구 증가에 대한 희망을 붙잡고 있는 곳들이 많다.

현실적인 시각에서 본다면, 이것은 정책수립의 문제와 연관된다. 그러나 해당 지자체의 인구가 절대적으로 감소했다고 하더라도, 한편으로 유능한 인재가 정착할 수 있다는 사실을 고려해야 한다. 결국 핵심은 기업가이다. 특히, 콘텐츠 제작에 있어서 과거와는 달리 지역이 갖는 제약이 줄어들고 있다. 인터넷의 보급과 디지털화로 인해, 정보나 유통 허브로서의 중앙, 즉 도쿄가 갖는 의미가 상대적으로 약화되었다고 볼 수 있다.

이를 증명할 수 있는 사례로는 지역 콘텐츠 기업의 성공을 들 수 있다. 뒤에서 자세히 언급하겠지만, 삿포로 크립톤 퓨처 미디어의 '하츠네 미쿠初音ミク'나 후쿠오카 레벨파이브의 〈요괴워치〉 등이 대표적인 예이다. 창의적 인재가 이끌어가는 콘텐츠 기업은 지역의 미래에 큰 발전가능성을 가져온다. 삿포로나 후쿠오카 같은 정령시 규모의 도시뿐 아니라, 우지의 교토애니메이션이나 난토의 피에이웍스P.A.WORKS로 대표되는 지역 콘텐츠 기업의 성공 사례 또한 주목할 수 있다.

또, '관계인구'의 개념도 살펴보아야 한다. 지금은 인구가 쉽게 증

가하는 시대가 아니다. 때문에 지역에 대한 관심과 연관성을 갖고 있는 사람들을 늘려가는 것이 중요하다. 관계인구는 지역에 정주하지 않더라도 지속적으로 특정 지역과 관계를 맺는 사람을 지칭한다. 2018년에 잡지《소토코토ソトコト》특집호에서 소개되며 그 개념이 주목받게 되었다. 관계인구에 대한 연구를 활발히 진행하고 있는 다나카(田中, 2015)는 당초 이들을 '바람의 사람風の人'이라고 호칭하기도 했다. 점차 이것이 관계인구라는 보편적인 용어로 정립되었다. 이는 정주인구 증가에 대한 고민과 한계를 대체하는 새로운 사고방식임이 분명하다.

콘텐츠 투어리즘의 경우, 최근 인지도가 높아지며 국내뿐만 아니라 인바운드 관광객도 모으고 있다. 물론 풀어야 할 과제는 여전히 많다. 그렇지만, 무시할 수 없는 관광전략의 한 분야로 자리잡았다. 이에 근거하여 콘텐츠를 매개로 정주로 연결시킬 수 없을까 하는 것이 이 책의 주요한 논제이다. 물론 그 배경에는 쿨재팬과 같은 일본 정부의 콘텐츠산업 지원정책도 빼놓을 수 없다. 일본 콘텐츠산업은 산업계 내부의 노력으로 현재의 산업을 형성해왔다. 이제서야 겨우 국가에서도 이에 주목하기 시작한 것이다.

콘텐츠산업계가 최선을 다해 자체적인 노력으로 지금까지 산업을 성장·유지해왔다는 점은 일본 콘텐츠산업의 역사이자 특징이다. 필자는 지금까지 콘텐츠산업과 콘텐츠 투어리즘에 관한 책들을 여러 권 써왔다. 이번 책에서는 이 두 개의 분야를 결합한 정책 제언을 시도하고자 한다. 이와 함께 디지털화에 의한 콘텐츠 자체의 변용을 고민하며 논의를 진행해가고자 한다(그림 4).

[그림 4] 집객과 정주 정책사업의 개념도

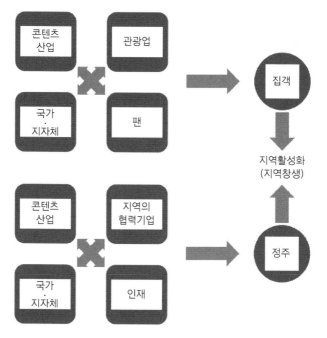

* 필자 작성

집객은 로컬에 경제 효과를 가져온다. 그러나 콘텐츠적 시각에서 바라본다면 지속성을 보장하는 것은 어려운 부분이다. 정주 또한 경제적 효과를 가져오지만, 이를 위해서 역시 지역에서는 젊은층의 정주문제에 매달릴 수밖에 없다. 어디까지나 이상적이기는 하지만, 집객 및 정주의 양립은 지역이 추구하는 이상향일 것이다. 즉, 콘텐츠 투어리즘과 콘텐츠산업 진흥은 인바운드 관광 정책으로서 '비지트 재팬' 사업과 대외 국가문화전략으로서 '쿨재팬' 정책이 지역의 정책으로 포괄적으로 반영되어 진행되어야 한다는 점을 기억해야 한다.

CHAPTER 02

콘텐츠 투어리즘

콘텐츠 투어리즘

콘텐츠 투어리즘의 정의와 필요성

■ 정의와 연구의 계보

콘텐츠 투어리즘은 일반적으로 관광의 맥락에서 이야기된다. 콘텐츠 투어리즘이 현재 주목받고 있는 점은 집객사업으로서의 측면이다. 이 현상은 영화나 텔레비전 드라마, 만화, 애니메이션 작품을 중심으로 1980년대 전후부터 시작되었다고 볼 수 있지만, 활성화된 것은 2007년 4월부터 9월까지 지바TV를 비롯한 독립U국에서 방송된 〈러키☆스타らき☆すた〉부터일 것이다. 이때부터 본격적으로 애니메이션 투어리즘[1]이 시작되었다고 할 수 있다. 현재 지역에서 콘텐츠 투어리즘에 관한 다양한 정책들이 만들어지고 있다. 이 중 가장 두각을 나타내는

1　(옮긴이) 문화콘텐츠로서의 애니메이션 시청자가 자발적으로 콘텐츠의 배경지를 방문하는 인터넷 성지순례의 일종이며, 콘텐츠 투어리즘의 대표적인 분야이다.

분야는 역시 애니메이션이다.

애니메이션은 일본을 대표하는 콘텐츠산업이다. 수익으로는 게임 시장의 규모가 더 크지만, 일본의 대중문화에서 애니메이션을 빼고 이야기하는 것은 불가능하다.[2] 특히 해외에서는 그 영향력이 더욱 크다. 소설의 무대 탐방이나 영화나 텔레비전 드라마의 현장촬영지 순례 등도 애니메이션의 '성지순례'에 의해 다시 주목받게 되었다.

콘텐츠 투어리즘이 국가 차원에서 언급된 것은 2005년의 국토교통성 종합정책국国土交通省総合政策局, 경제산업성 상무정보정책국経済産業省商務情報政策局, 문화청 문화부文化庁文化部에서 나온 「영상 등 콘텐츠의 제작·활용에 의한 지역진흥의 방향성에 관한 조사映像等コンテンツの制作·活用による地域振興のあり方に関する調査」부터일 것이다.

콘텐츠 투어리즘의 성공사례에 대해 위의 조사에서는 다음의 사례들을 소개했다.

① 〈북쪽 나라에서北の国から〉
② 〈러브레터Love Letter〉
③ 〈세상의 중심에서 사랑을 외치다世界の中心で, 愛をさけぶ〉
④ 〈겨울연가冬のソナタ〉
⑤ 〈신찬조!新撰組!〉
⑥ 미즈키시게루 기념관水木しげる記念館

---

2   2015년 일본의 애니메이션 시장은 약 1,700억 엔으로, 게임이 약 1.8조 엔인 것에 비하면 상당히 작다. 그러나 최종 사용자의 다양한 지출금액 기준으로 생각하면 약 1.24조 엔에 달한다. 즉, 애니메이션의 특징은 2차 시장이 크다는 것이다.

〈북쪽 나라에서〉의 경우, 무대가 된 후라노시는 작품의 마지막 회 즈음이었던 2002년도 관광객 수가 과거 최고 250만 명에 이르렀다. 〈러브레터〉는 1999년 한국에서 개봉되어 크게 인기를 모은 후 촬영지인 오타루시, 하코다테시를 방문하는 아시아 관광객이 증가했다. 오타루시만 하더라도 2001년에는 개봉 전의 10배 이상인 1만 명이 넘는 한국인 관광객이 모여들었다. 〈세상의 중심에서 사랑을 외치다〉의 배경지인 오야지초(현 다카마쓰시)는 영화의 큰 성공으로 지역 홈페이지에 '촬영지 가이드'를 싣고, 가이드 지도를 제작·배포하는 한편, 도쿄에서 출발하는 버스투어 등을 만들어 지명도를 높이기도 하였다.

〈겨울연가〉의 경우, 이른바 '겨울연가 열풍'을 일으켜 촬영지 방문 투어가 일본의 중장년층을 중심으로 인기를 끌어 한국여행객이 급증했다. 한국을 방문하는 일본 관광객은 2004년 4월부터 10월까지 7개월 사이에 18만 7,192명이 증가했으며, 이와 관련하여 한국의 관광수입도 299.5억 엔 증가했다. 한편, 〈겨울연가〉 열풍은 일본 내 겨울연가 관련 상품의 판매 증가, 주연 배우의 CF 효과에 의한 상품 매출 확대 등으로 인해 일본의 거시경제에도 긍정적인 영향을 미친 것으로 알려졌다. NHK 대하드라마 〈신찬조!〉는 방영 후, 2004년 한 해 동안 100만 명의 관광객 증가를 통해 교토시에 약 170억 엔의 효과를 가져다주었다고 알려져 있다. 사카이미나토시는 '미즈키시게루 기념관'과 요괴 조형물 80개를 배치한 테마형 테마거리를 정비했다. 기념관을 개관한 2003년 3월부터 12월 말까지의 시내의 관광 소비액 증가는 13.7억 엔으로 알려져 있으며, 전체적인 간접효과는 26.7억 엔에 이른다고 알려져 있다.

콘텐츠 투어리즘에 관한 연구 성과는 최근 들어 증가하고 있지만, 본격적으로 연구가 시작된 것은 2005년 이후로 볼 수 있다. 앞에서 서술한 하세가와·미즈토리카와(長谷川·水鳥川, 2005)는 콘텐츠 투어리즘에 대한 포괄적인 연구를 진행했다. 오카모토 다케시(岡本健, 2013), 이데구치(井手口, 2009), 마스부치(增淵, 2010, 2011), 야마무라(山村, 2011) 등도 활발한 연구를 진행했다. 하세가와·미즈토리카와는 콘텐츠 활용에서의 지역진흥을 염두에 두고 콘텐츠산업의 지역 동향을 나타낸 점이 특징이며, 오카모토는 콘텐츠 투어리즘의 이론저 틀에 주려했다. 이데구치는 '모에'[3]와 관련된 애니메이션 성지순례 고찰에 중심을 둔다. 저자의 경우, 콘텐츠 투어리즘 전반을 다루려고 했으며, 야마무라는 애니메이션을 활용한 지역진흥 모델을 제시했다는 점에서 의의를 찾을 수 있다.

또한, 오카모토 료스케(岡本亮輔, 2015)는 종교사회학의 관점에서 산티아고 순례나 시코쿠 순례, B급 관광지, 파워 스팟,[4] 애니메이션 무대 등을 통해 종교관이 없는 성지순례에 대해 언급하고 있다. 스가와(須川, 2017)는 애니메이션 투어리즘과 AR앱 등 정보 기술과의 관계에 대해 언급하며, '2.5차원 문화'[5]에 관심을 쏟고 있다. 뒤쪽에서 기술하겠지만 최근에는 콘텐츠 투어리즘 연구가 점차 폭넓게 확장되고 있다. 관광학 자체가 학문적으로 단일학문 영역이 아닌 사회학,

---

3 (옮긴이) '모에'는 주로 일본의 애니메이션, 만화, 비디오 게임 등 오타쿠 매체에서 나타나는 등장인물이나 캐릭터를 향한 강한 애정 내지 표현방식을 의미한다.
4 (옮긴이) 특정한 장소에 흐르는 기를 받아 영적인 힘을 얻는 곳, 눈에는 보이지 않는 특별한 힘이 작용하는 곳을 뜻한다.
5 (옮긴이) 일본 서브컬처계에서 쓰는 용어로, 원작이 만화, 애니메이션, 게임 등 2D였던 것을 실사로 구현한 것이다.

경영학, 통계학, 경제학, 역사학, 지리학, 인류학 등 모든 기존 학문을 활용해 '관광'이라는 현상을 설명하는 학제적 학문의 성격을 갖고 있기 때문일 것이다.

반면, 관광학이 체계적인 학문으로서의 존재를 아직 보여주지 못하고 있다는 의견도 있다. 그러나 최근 일본에서도 많은 대학에서 관광학에 대한 연구가 활발하게 진행되면서, 점차 체계화되어가는 움직임도 나타나고 있다. 관광학 분야에서 콘텐츠 투어리즘 연구가 하나의 흐름을 형성하기 시작한 것은 틀림없는 사실이다. 또한 콘텐츠 투어리즘에 관한 종합적인 서적(《콘텐츠투어리즘학회 편》(2014)과 《오카모토 타케시 편》(2015) 등)도 간행되며 점차 주목을 받고 있다.

필자가 콘텐츠투어리즘학회를 설립한 것이 2011년이다. 처음에는 연구회 수준으로 만들었던 것인데, 현재 회원은 140명이 넘는다. 반가운 현상이다. 매년 2회 정기 연구대회를 열고 있는데, 몇 년 전부터 가을 연구발표대회는 도쿄 이외의 대학과도 협력이 이루어지고 있다. 또한, 최근에는 젊은 연구자들의 연구도 증가하고 있어 앞으로가 기대된다. 하지만 한편으로 이러한 현상이 하나의 시대적 흐름이라는 점도 잘 알고 있다.

콘텐츠 관광의 직접적인 효용은 어디까지나 집객이다. 성지를 찾는 팬이 지역에 뿌리내린 사례도 있다고 듣기는 했지만, 역시 현실적으로는 집객 효과가 핵심이라는 점은 분명하다. 그러나 이와 같은 호황이 계속된다면, "콘텐츠 투어리즘의 근간은 지역에 '콘텐츠를 통해 조성된 지역 고유의 분위기와 이미지'로서 '이야기성', '테마성'을 부가하여 이야기를 관광자원으로 활용하는 것"이라는 2005년 당시 콘텐츠 투어리즘에 대한 정의 역시 재검토할 필요가 있다.

콘텐츠 투어리즘 연구의 선두주자인 야마무라(2016) 역시 '우리는 10년에 걸쳐 콘텐츠 투어리즘에 관한 논의가 깊이를 더해가는 가운데, 한층 다양한 각도에서 새로운 정의를 만들어내고 보다 본질적인 면에 집중해야 한다고 생각하고 있다. 나의 경우는 (중략) … 콘텐츠, 미디어, 커뮤니케이션이라는 개념에 주목해, 정의를 해야 한다고 생각했다'고 서술하며 이를 위해 잠정적으로, 콘텐츠 투어리즘을 '콘텐츠에 의해서 의미가 부여된 장소를 실제로 방문하고, 그러한 콘텐츠를 신체적으로 체험·경험하려고 하는 행위'(야마무라, 2016.4.)라며, 새로운 정의를 하려 했다.

확실히 이전의 획일적인 미디어, 콘텐츠 환경과는 달라졌다. 예를 들어, 팬들이 아이돌을 쫓아다니는 행위, 〈포켓몬 GO!〉 등에서 볼 수 있듯이 정해진 점에서 이동하며 콘텐츠를 수집하는 행위에도 주목해야 한다. 또 콘텐츠의 함의가 광범위하게 적용되면서 '음식문화'[6]를 콘텐츠로 보기도 한다. 이른바 확장하는 콘텐츠 투어리즘의 흐름 속에서 새로운 관광 행태가 나타나는 것이다. 그런데 이렇게 되면 관련 정의는 더욱 어려워지는데, 장소의 정의 자체에도 변화가 생기기 때문이다. 앞으로 이동성의 문제뿐 아니라 VR처럼 가상 세계에서 발생하는 일들도 충분히 고려해야 한다.

---

6 2013년에 일본 전통 식문화로서의 '와쇼쿠(和食)'는 세계무형유산에 등재되었다.

▪▪ 재정의 필요성

앞으로 이러한 논의는 여러 방향으로 확장될 것이다. 현재 시점에서의 정의는 제한적인 것으로, 보편적인 부분을 감안하더라도 새로운 상황이 발생하면 그때마다 수정이 불가피하다. 보편적인 부분은 관광객이 이동하는 행위 그 자체이다. 이로 인해 경제가 창출되고 여행 관련 회사들과 현지 음식점, 기념품 가게, 숙박시설 등이 이익을 본다.

관광학의 영역에서, 예를 들면 부어스틴D. Boorstin(1964)은 사진·영화·광고·TV 등 다양한 매체가 만든 이미지가 현실보다 현실감을 갖는다고 말한다. 관광은 그렇게 미디어에서 만들어진 이미지를 확인하기 위한 것이라고 지적하고, 관광객들 역시 이를 원한다고 설명한다.

그는 미디어의 변화가 이미지의 대량 생산을 가져왔고 사람들의 상상력과 진정성의 관념에도 결정적 영향을 미쳤다고 주장한다. 대중의 욕망에 맞춰 미디어가 만들어내는 '사실'을 '유사 이벤트'라고 설명한다. 즉, 부어스틴은 사진·영화·광고·텔레비전 등 다양한 미디어에 의해 만들어진 이미지가 현실보다 더 현실 같아지면서, 관광은 수요에 따라 미디어에 만들어진 이미지를 확인하는 작업이라고 지적한다.

현대사회는 관광에서 미디어가 미치는 역할이 커지면서, 종래의 매스미디어에 더하여 소셜 미디어의 침투에 의해 정보가 넘치는 상황을 맞이하고 있다. 현실과 가상의 세계가 공존하고 있다. 관광의 맥락에서 현실적인 관광행동보다 가상을 통한 관광체험의 형태도 분명히 생겨나고 있다. 기술적인 혁신innovation에 의해, 관광 행위 그 자체가 새로운 국면을 맞이했다는 사실을 이해해야 할 것이다.

이미지 형성에 관해서는 린치Kevin Lynch(1990)의 논의에 주목할 필요가 있다. 그는 도시의 환경 이미지를 정체성, 구조 그리고 의미라는 세 가지 성분으로 해석했으며, 다시 다섯 가지 요소에 주목한다.

다섯 가지 요소란 다음과 같다. ① 통로path는 도로, 사람이 다니는 길을 말하며 구체적으로는 가로街路, 산책로, 운송로, 운하, 철도 등을 가리킨다. ② 경계edge는 구체적으로는 연속 상태를 중단하는 것, 지역의 경계를 가리키며 통과할 수 없는 철도 노선, 해안, 절벽 등을 말한다. ③ 구역district은 비교적 큰 도시지역(부분)을 가리키며, 그 내부에 유사한 특징이 있는 지역을 나타낸다. ④ 결절점node은 접합점, 집중점을 말하며, 중요한 초점, 즉 교차로, 광장, 로터리, 역 등을 말한다. ⑤ 랜드마크는 외부에서 보는 이정표, 비교적 떨어져 존재하는 표식으로 건물, 간판, 기념물, 산 등을 나타낸다. 이들이 한꺼번에 혹은 서로 조합될 때, 도시의 시각적 형태가 구성된다고 하였다.

이후에도 다양한 접근을 통해 도시 이미지 형성의 논의는 계속되고 있다. 일본에서는 1976년 시미즈志水와 후쿠이福井에 의한 상업 지구의 연구가 시작점이 되었다. 이들은 지유가오카自由が丘 등을 대상으로 방문객들의 설문조사를 진행했다. 그 연구에서는 피험자의 속성에 의한 이미지의 차이에 주목해, 공공 이미지와 개인적 이미지라는 개념의 도입 등이 이루어졌다. 콘텐츠는 그 도시의 이미지나 로컬의 이미지를 양성하는 데 있어 가장 유효한 도구라고 볼 수 있다. 부어스틴의 논의도 이와 같은 맥락에서 이해해야 할 것이다.

콘텐츠 투어리즘에 대한 일반적 접근

2014년에 츠지무라 미즈키辻村深月의 《하켄 아니메ハケンアニメ!》라는 소설이 출간됐다. 이 작품의 타이틀이 된 '하켄'이란 그 영역에서 만들어진 많은 애니메이션 중에서 가장 성공한 애니메이션에 주어지는 것이다. 최고의 애니메이션이라는 말이다. 작품 속에는 애니메이션 업계의 뒷이야기가 아주 자세하게 그려지고 있긴 하지만, 세 명의 등장 여성들이 애니메이션을 좋아한다는 열망으로 오로지 일에 몰두하는 모습으로 그려지는 일종의 군상극群像劇[7]이다.

주목해야 할 것은 후반부에 '사운드 백'이라고 하는 애니메이션 작품의 원화를 그리는 애니메이터와 성지로 설정된 니가타현新潟県의 지역에서 성지순례를 활성화시키려는 지방 공무원의 이야기가 중심이 된다는 점이다. 콘텐츠 투어리즘도 소설의 소재가 되었음에 놀라며, 이제는 보편적인 관광 행태가 나타나는 것이라고 이해된다. 작품의 내용에 대해 자세한 내용을 취재한 것 같고, 지방공무원과 보수적인 지역 유지들과의 갈등관계도 그리고 있어 확실히 현실적인 내용이 많이 나타난다. 또한 작품 속에서는 해당 도시에 애니메이션 스튜디오가 있다고 설정하고 있어 시대의 흐름을 적절히 반영한 감각이 뛰어난 작가라고 생각한다.

---

7 (옮긴이) 복수의 등장인물이 커다란 하나의 흐름이 되는 사건을 각자의 시선으로 번갈아가며 서술하는 식의 작품 유형을 가리킨다. 작가 츠지무라 미즈키(辻村深月)는 제31회 메피스트상을 수상한 〈차가운 학교의 시간은 멈춘다(冷たい校舎の時は止まる)〉로 데뷔했다. 제32회 요시카와 에이지 문학 신인상을 수상한 〈츠나구(ツナグ)〉는 영화로 만들어졌으며, 〈열쇠 없는 꿈을 꾸다(鍵のない夢 を見る)〉로 제147회 나오키상을 수상했다. 2018년에는 〈거울 속 외딴성(かがみの孤城)〉으로 일본 '서점대상'을 수상했으며, 그 밖에 수많은 인기 작품을 발표하고 있다.

이제는 애니메이션이 특정인들에게 지지받는 것이 아니라 보편화된 시대라 할 수 있다. 예를 들면, NHK는 2019년도 전반기의 '연속 TV 소설'[8] 100번째로 〈여름하늘夏空〉(월~토 오전 8 : 00, NHK종합 외)이 정해졌다고 발표했다. 히로세 스즈가 주연으로 각본은 '연속 TV 소설' 〈테루테루 가족てるてる家族〉, 대하드라마 〈풍림화산風林火山〉 등을 쓴 오오모리 스미오大森寿美男가 맡았으며, 일본 애니메이션의 초창기 상황을 묘사하고 있다(ORICON NEWS, 2017.11.20.). 전쟁으로 부모를 잃은 소녀 '오쿠하라 나츠(히로세)'는 도카치와 홋카이도에서 상처를 달래며 성장하고, 도카치에서 자란 상상력을 살려, 당시에 '만화영화'라고 불리던 애니메이션 업계에 도전한다는 내용이다. NHK의 '연속 TV 소설'에서도 애니메이션을 다루는 시대가 되었다니 놀라운 일이다.

앞의 보고서의 2016년 연간 통계데이터를 살펴보면, 일본을 방문하는 외국인 관광객의 4.8%가 일본여행 중에 성지순례를 경험한다고 응답했다(보고서 내 항목으로는 '영화나 애니메이션의 장소를 방문'이라고 표기되어 있음). 또, 11%는 다음 여행으로 성지순례를 가고 싶다고 밝혔다. 2016년 방일 관광객 수는 2,400만 명가량이다. 결국, 96만 명의 일본방문 관광객이 성지순례를 시행했고, 264만 명은 다음 여행에서 성지순례를 해보고 싶다고 응답한 셈이다.

이와 같은 현상은 콘텐츠 투어리즘의 확산에도 힘을 실어줄 것이다. 기본적으로 콘텐츠 투어리즘은 그 작품과 관련있는 장소를 방문하는 관광형태이지만, 점차 해외 관광객들에게도 이러한 현상이 확산되기

---

8 (옮긴이) 일본 NHK에서 1961년부터 방송된 텔레비전 드라마 시리즈로, 흔히 아침드라마라고도 불린다. 주로 여성 주인공의 생애를 중심으로 가족과 가정을 그린 가족 드라마인 경우가 많다. 'NHK 대하드라마'와 함께 NHK를 대표하는 드라마로 꼽힌다.

시작했다. 관광청에서 발행하는 「방일 외국인 소비 동향 조사訪日外国人消費動向調査」에서 방일 외국인 관광객 가운데 '성지순례'를 기대하거나 실제로 방문한 사람들이 얼마나 되는지를 조사한 바 있다.

'성지순례'를 한 방일 외국인 관광객 가운데 84.9%가 '만족한다'라고 응답했다. 이는 관광청에서 조사한 20개의 항목 중 공동 7위로 상위권에 드는 수치이다. 언뜻 보기에 만족도가 높을 것으로 예상하는 '료칸 숙박(75.5%)'의 만족도를 넘는 수준으로, 재방문 효과도 기대된다.

이러한 결과는 인바운드 관광객에게도 콘텐츠 투어리즘이 침투하기 시작했음을 보여준다. 이른바 콘텐츠 투어리즘이 인바운드 관광에서 핵심요소가 되기 시작했다고 해도 과언이 아니다.

주목할 만한 움직임 중 하나로 2016년의 애니메이션 투어리즘 협회의 발족을 들 수 있다. 애니메이션이나 만화의 모델이 된 장소를 방문해 애니메이션 속과 같은 앵글로 사진을 찍거나 애니메이션의 세계에 들어온 듯한 감각을 즐기거나 하는 '성지순례'는 일본의 애니메이션 팬뿐만 아니라 외국인 관광객의 방문 이유 중 하나로 꼽힌다는 점에 주목했다. 애니메이션 투어리즘 협회는 수많은 성지 후보 중에서 88개소를 추려 이들의 정보를 국내외에 홍보하여 각 지역으로 관광객 유치를 활성화하는 것을 목표로 한다. 또한 지역과 애니메이션 권리소유자 또는 성지와 성지를 이어주는 관광코스의 연계를 기획하여 2017년에는 88곳을 지정하고 이를 지도로 제작했다. 이미 관광청이나 각 지자체가 독자적으로 작성한 애니메이션 지도가 이전부터 존재했지만, 확장성이 약해 홍보가 잘 이루어지지 않았다. 애니메이션 투어리즘 협회가 목표로 하는 것 중의 하나는 큰 연결고리를 만들어가는 것이다. 이를 통해 콘텐츠 투어리즘이나 '성지순례'는 일반적인 인지도가 높아지면서 인바운드 관광객에게까지 확산되고 있다.

[그림 5] 인바운드 관광객의 목적

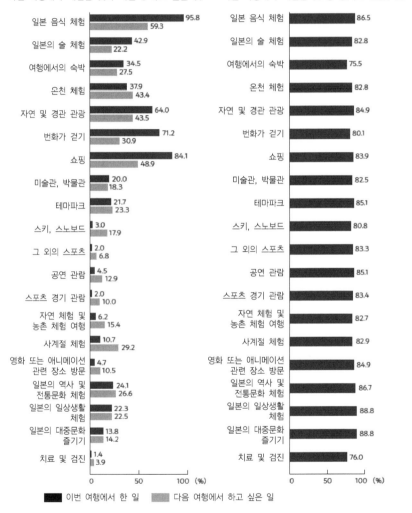

이번 여행에서 체험한 것과 다음에 하고 싶은 것

항목	이번 여행에서 한 일	다음 여행에서 하고 싶은 일
일본 음식 체험	95.8	59.3
일본의 술 체험	42.9	22.2
여행에서의 숙박	34.5	27.5
온천 체험	37.9	43.4
자연 및 경관 관광	64.0	43.5
번화가 걷기	71.2	30.9
쇼핑	84.1	48.9
미술관, 박물관	20.0	18.3
테마파크	21.7	23.3
스키, 스노보드	3.0	17.9
그 외의 스포츠	2.0	6.8
공연 관람	4.5	12.9
스포츠 경기 관람	2.0	10.0
자연 체험 및 농촌 체험 여행	6.2	15.4
사계절 체험	10.7	29.2
영화 또는 애니메이션 관련 장소 방문	4.7	10.5
일본의 역사 및 전통문화 체험	24.1	26.6
일본의 일상생활 체험	22.3	22.5
일본의 대중문화 즐기기	13.8	14.2
치료 및 검진	1.4	3.9

이번 여행에서 체험한 것 중 만족스러웠던 것

일본 음식 체험	86.5
일본의 술 체험	82.8
여행에서의 숙박	75.5
온천 체험	82.8
자연 및 경관 관광	84.9
번화가 걷기	80.1
쇼핑	83.9
미술관, 박물관	82.5
테마파크	85.1
스키, 스노보드	80.8
그 외의 스포츠	83.3
공연 관람	85.1
스포츠 경기 관람	83.4
자연 체험 및 농촌 체험 여행	82.7
사계절 체험	82.9
영화 또는 애니메이션 관련 장소 방문	84.9
일본의 역사 및 전통문화 체험	86.7
일본의 일상생활 체험	88.8
일본의 대중문화 즐기기	88.8
치료 및 검진	76.0

■ 이번 여행에서 한 일　■ 다음 여행에서 하고 싶은 일

* 2015, 관광청 '방일 외국인 소비 동향 조사'

국가의 정책

▪️ 쿨재팬 정책으로 인한 콘텐츠 수출

이 책에서 주목하는 것은 애니메이션·만화·드라마·소설 등의 작품을 중심으로 하는 콘텐츠이다. 창조도시론에서는 지역활성화에 있어서 문화, 예술의 역할을 이야기하는데, 이 책에서 의도하는 콘텐츠는 자구적인 노력으로 수익화가 가능한 영역을 가리킨다. 문화예술은 지자체 등의 지원으로 이루어지는 경우가 많지만, 콘텐츠산업은 직접적으로 지역경제와 연결되는 사업이라고 말할 수 있다. 물론 지역사회의 청년고용에도 기여하며, 그 외에도 유·무형의 영향을 미친다.

경제산업성 주도의 쿨재팬 정책이 시작된 지 여러 해가 지났지만, 당초 예상했던 것과는 달리 애니메이션이나 만화, 게임 등에 특화되어 있지는 않고, 콘텐츠의 범위가 폭넓게 확장되고 있다. 앞서 언급한 애니메이션 투어리즘 협회가 실시한 '전국 애니메이션 성지 88개소' 선정도 애니메이션 성지를 잇는 광역 관광 루트[9]를 민관 연계의 전국적인 체제로 만들어가고 있다는 점에서 이런 일환으로 볼 수 있다. 다만 쿨재팬의 맥락에서 콘텐츠 투어리즘을 단편적으로 접근하는 것이 아니라, 다른 콘텐츠, 예를 들면 '식문화'와의 융합적인 루트도 제안되면서, 앞으로 더 많은 논의가 필요해 보인다.

이러한 배경에는 경제산업성이 주도하면서 시작된 일련의 쿨재팬 정책에 의해 콘텐츠산업이 급속히 주목받고 있다는 점이 중요하다.

---

9 (옮긴이) 각 관광명소에 공통의 테마 및 스토리를 부여하여 외국인 관광객들이 며칠에 걸쳐 체재하면서 광역 관광의 촉진이 가능하도록 나라가 정한 관광 루트를 의미한다.

이 정책에 관해서는 찬반양론이 존재하지만 콘텐츠산업에 대한 관심을 모으는 계기가 되었으며, 또한 리우데자네이루 올림픽의 폐회식에서 소기의 성과를 봤다는 견해도 있다. 이 정책은 콘텐츠 수출과 인바운드 관광객 유치에 주안점을 두고 있지만 정책으로 시행된 지 얼마 되지 않았기 때문에, 가시적인 실적을 올리는 데는 상당한 시일이 걸릴 것이다. 한편, 최근에는 효과적인 운용이 이루어지지 않고 있다는 비판도 나오고 있다. 만화, 애니메이션, 영화, 드라마, 소설 등의 콘텐츠를 만드는 데 국가가 관여하는 것에 관한 논의도 있고, 해외시장을 염두에 둘 때에는 지역에 긍정적인 영향을 줄 것이라는 주장도 있다.

일본 외무성은 쿨재팬에 대해 「'대중문화의 외교 활용'에 관한 보고 'ポップカルチャーの文化外交における活用'に関する報告」(2006년)에서 다음과 같이 정의하고 있다. 쿨재팬이란, "일반 시민들의 일상생활에서 사용하고 확장되며 만들어진 문화로 일본인의 감성이나 정신 등 구체적인 형태로 전할 수 있는 문화"를 의미한다. 구체적으로는 일본의 근대 문화, 게임·만화·애니메이션이나, J-POP·아이돌 등의 대중문화를 가리키는 경우가 많다. 더하여 자동차·오토바이·전기기기 등의 일본 제품, 현대의 식문화·패션·현대예술·건축 등도 포함한다. 또한 일본의 무사도武士道에서 유래한 무도, 전통적인 일식·다도·화도·일본무용 등이 대상이 된다.

또한 경제산업성의 「콘텐츠의 창조, 보호 및 활용 촉진에 관한 법률(콘텐츠진흥법)コンテンツの創造, 保護及び活用の促進に関する法律(コンテンツ振興法)」(2004년)에서는 "이 법률에서 '콘텐츠'란 영화, 음악, 문예, 사진, 만화,

애니메이션, 컴퓨터 게임, 기타 문자, 도형, 색채, 음성, 동작動作 혹은 영상이나 이러한 정보를 컴퓨터를 통해 제공하기 위한 프로그램(컴퓨터에 대한 지령으로서 하나의 결과를 얻을 수 있도록 조합한 것을 말함)으로 인간의 창조적 활동에 의해 만든 것 중 교양 또는 오락 범위에 속하는 것을 말한다"라고 정의되어 있다.

콘텐츠에 대한 논의는 조지프 나이Joseph Nye(1990)가 제창한 '소프트 파워'라는 개념에서 시작됐다. 이른바 군사력이나 경제력으로 대표되는 '하드파워'에 대한 상대적 개념으로 소프트 파워이며, 거기에는 문화력이 내포된다. 이는 영국의 블레어 정권에서 '쿨 브리타니아 Cool Britannia' 정책으로 반영된 바 있다. 쿨 브리타니아는 문화를 창출하는 주요 분야, 이를 확산시키는 미디어 등을 창조산업creative industry으로 규정해 일자리 창출, 외화 획득, 관광객 유치를 염두에 두고 쿨 브리타니아 브랜드 형성의 가장 중요한 산업으로 육성하고자 했다. 그리고 콘텐츠를 통해 영국으로부터 첨단산업이나 인기를 얻는 대중문화, 세계의 미래를 결정짓는 획기적인 연구에 집중해, 세계에 쿨 브리타니아의 이미지를 넓혀나가겠다는 의도였다.

배경으로 창조도시론에 대한 관심이 높아지면서 시너지 효과가 나타났다. 플로리다Richard Florida(2002)는 현대경제의 새로운 선두주자로서 새로운 창작자와 기술, 콘텐츠를 창조하는 전문 직업종사자, 창조계급creative class의 등장과 발전에 주목했다. 그러면서 지역 재생의 관건은 어떻게 창조적인 인재를 그 지역이 유인할 수 있느냐에 달려 있다고 주장했다. 이 논의는 고도정보화로 인한 지리적 제약을 뛰어넘어 창조적인 인재들이 일자리의 존재 여부에 의해 우선적으로 활동 거점을 정하는 것이 아니라, 자신이 창조적으로 활동할 수 있는 환경에 우선권을 둔다고 강조했다.

한편, 국가정책의 측면에서는 한국이 일본을 앞서 나갔다. 한국이 콘텐츠산업을 키우기 시작한 것은 1997년 외환위기 이후이다. 본래는 IT산업 진흥정책이 우선이었고, 거기서부터 콘텐츠가 파급됐다고 볼 수 있다. 그리고 알다시피 한류 드라마나 K-POP이라는 독자적인 장르를 만들어갔다. 현재는 DMC(디지털미디어시티)에 미디어, 콘텐츠산업을 집적시키고 있다. 철저하게 지역분산의 방향이 아닌 서울에 집적시켜가는, 그것도 DMC라고 하는 특정지구에 집중하는 형태를 목표로 하고 있다.

이는 각국의 시각 차이이며, 또 콘텐츠산업이 이루어진 역사적 배경의 영향도 있다. 그러나 일본 경제산업성이 다소 뒤처진 면이 있는 것은 사실이다. 일본에서는 콘텐츠산업의 역사나 실적이 지금까지 민간 기업이나 조직의 자체적인 노력에 의해 이루어져왔기 때문에 급격하게 국가 주도라는 형태로는 전환하기 어렵다. 따라서 국가가 민간기업이나 관련 단체를 적극적으로 지원하는 형태로 이루어져 왔다고 할 수 있다.

콘텐츠에 대한 지원은 신산업 창출, 고용 창출을 통한 지역재생에서부터 해외경쟁력 향상, 관광유치까지 광범위한 정책으로 발전해왔고 이것이 쿨재팬의 기반이 되었다. 다만, 일본의 경우, 한국의 콘텐츠산업 진흥정책의 움직임에 자극받아 본격적인 움직임을 시작했다고 할 수 있다. 한류, K-POP이 일본에서도 어느 정도 시장을 점유한 것은 누가 보더라도 분명하다. 경제산업성 주도의 쿨재팬 정책은 이 논의의 연장선에 있다고 파악할 수 있다(그림 6).

특히 경제산업성이 중심을 두고 있는 것은, 일본 대중문화의 수출이다. 민관 합해 375억 엔을 들여 2013년 11월에 '주식회사 해외수요개척지원기구海外需要開拓支援機構(쿨재팬기구)'를 발족했다. 또, '지역 쿨재팬 추진회의地方版クールジャパン推進会議'는 쿨재팬 전략 추진의 일환으로서, 쿨재팬 전략 담당 대신(장관)이 지방도시로 가서, 지역의 매력적인 콘텐츠를 발굴해 쿨재팬 정책을 통해 해외로 적극 알리고 지원하는 동시에, 지역에서 해외 진출 성공 사례와 과제 등을 논의하기 위한 회의이다.

[그림 6] 쿨재팬 정책

• 과제와 3단계 과정

◦ 출생률 감소와 인구고령화 등으로 인한 국내 수요 감소에 직면한 일본은 뚜렷한 경제성장을 바탕으로 수요가 늘어나고 있는 신흥국을 비롯한 여러 나라들의 다양한 외부수요를 확대해 나가는 것이 필요하다.
◦ 일본의 생활문화에서 양성된 콘텐츠, 패션, 식문화 등은 해외에서 높은 인기를 얻고 있으며, 동시에 타국에서는 모방하거나 따라할 수 없는 무형의 가치이기에 향후 일본경제에서 중요한 의미를 갖는다.
◦ 그러나 리스크가 불투명하다는 점 등으로 인해 금융기관이나 투자자들의 자금 공급 부족, 발판이 될 해외거점의 부족, 정보나 노하우 부족 등을 이유로 구체적인 해외활동이 이루어지지 못하여 수익창출로 연결되지 못하고 있는 상황이다.
◦ 이러한 상황을 극복하고 해외의 수요를 확보하기 위해 해외수요개척지원기구를 설립하여 민간 투자의 '마중물'이 되는 자금의 공급과 실천을 위한 경영지원을 실시한다.

1. 일본에 대한 관심 유도   **2. 현지에서의 기반 조성**   **3. 일본에서의 소비**

▫ 콘텐츠의 해외 전개 지원
▫ 인플루언서의 초빙
▫ 지역 명물 관련 해외활동

▫ 제품개발, 팀 만들기
▫ 현지기업의 매칭
▫ 테스트마케팅

▫ 쿨재팬자원에 의한 관광진흥

▫ 쿨재팬기구에 의한 쿨재팬 관련 기업에 리스크머니(고위험, 고수익 추구 자금) 공급
▫ JETRO, 일본정책금융공고 등에 의한 해외 판로 개척 지원

* 2018, 경제산업성

■ 쿨재팬 정책 관련 여러 논의들

이제 일본 정부도 콘텐츠산업 진흥에 적극적으로 나선 것으로 보인다. 해외진출이 중심이지만 지역에서의 산업 진흥도 고려하고 있다. 이는 지역의 콘텐츠산업 진흥에 청신호가 될 것이 분명하다. 물론 쿨재팬에 관한 다양한 의견이 존재하는 것도 사실이다.

고카미(鴻上, 2015)는 정부가 콘텐츠 기업에 활동의 '장'을 제공하지 않고 '판단'만을 하고 있다는 취지로 비판했는데, 이는 분명히 일리가 있다. 일본의 콘텐츠산업은 민간이 스스로 노력하여 현재의 산업성과를 일구어왔기 때문이다. 정부가 '판단'을 해버리면 단순히 참견하는 존재가 될 뿐이다. 해외로 진출하는 '장'이 중요한 만큼 '판단'은 각 콘텐츠 기업에 맡겨야 한다. 콘텐츠의 기초가 되는 대중문화에 대해 정부에 대한 비판이 담겨 있는 것도 이해가 되는 부분이다. 하지만 콘텐츠의 근간이 되는 것이 표현의 자유이므로 날카로운 비판의 요소를 없앤다면 대중문화는 존재 의의를 상실하고 본래의 재미도 사라질 것이다.

지역의 콘텐츠 기업들은 이러한 구조를 적절히 이용해야 한다. 콘텐츠나 대중문화를 둘러싼 본질적인 논의는 어렵다고 해도, 지역의 콘텐츠 기업에게 정부의 지원은 좀처럼 만나기 힘든 기회이다. 특히, 자본력 면에서 열세에 놓여 있다는 점을 감안하면 많은 지원이 필요하다. 또 해외시장 진출에 관해서 지역에는 갖추어져 있지 않은 네트워크도 필요하다. 다만 네트워크를 구축하는 과정에서 도쿄와 같은 대도시가 주도해야 할 경우도 있다. 그러나 그것도 여러 가지 시도에 따른 하나의 선택이다. 최종적으로 지역이 만든 콘텐츠가 해외에 잘 알려지는 것이 목표라면, 그러한 방식도 필요하기 때문이다.

현재 일본 정부의 쿨재팬 정책은 다방면에 걸쳐 있다. 안건에 따라 창구가 복잡해지기도 한다. 경제산업성 외에도 총무성, 국토교통성, 문부과학성, 농림수산성, 내각부 등도 관련되어 있다. 2015년 기준으로 경제산업성이 실시하는 콘텐츠 정책에는 ① 프로듀서 인재 육성 ② (주) All Nippon Entertainment Works(ANEW)[10] ③ 국제공동제작 보조금 ④ 콘텐츠 기술전략 ⑤ 콘텐츠 포털사이트Japancom ⑥ 유학생 앰배서더 ⑦ 아시아 트렌드 맵ATM ⑧ 고-페스타 ⑨ 정부 간 대화 ⑩ 쿨재팬 기구 ⑪ 로컬라이즈 & 프로모션J-LOP ⑫ 해적판 대책 ⑬ 쿨재팬 매칭 그랑프리 등이다. 또 그 외의 시책으로는 ⑭ 소셜게임 사업자의 문제에 대한 대처 ⑮ 영화 등의 로케 유치를 통한 지역활성화(삿포로 콘텐츠 특구) ⑯ 전자책 등과 같은 내용들이 담겨 있다(그림 7).

여기에서 각각의 시책에 대해 상세히 설명하지는 않겠지만, 콘텐츠 진흥에 관해 최근 10년간 급격히 국가정책으로서 구체적인 대책 마련을 위해 노력하고 있다고 볼 수 있다. 다만, 경제산업성 내부만 해도 몇 개의 부서가 관여되어 있기에, 전체적으로 통일된 구조를 만드는 부분에서 여러 어려움이 나타나고 있다. 국가가 본격적으로 콘텐츠 진흥에 나선 것이 처음이기 때문에, 앞으로의 과정에 관심이 몰리고 있다. 한편, 쿨재팬과 관련해 유럽과 미국에서 인기를 모으고 있는 일본의 '음식문화'가 앞서나가는 부분도 있다. 비교해보면 일반 콘텐츠는 이제 막 발전의 가능성이 나타나고 있다고 할 수 있다.

---

10 (옮긴이) 해외시장에 적합한 일본 오리지널 콘텐츠의 마케팅, 머천다이징, 홍보를 통해 일본 콘텐츠의 글로벌 시장을 직접 공략하는 것은 물론 일본 콘텐츠와 해외 콘텐츠를 연결하는 새로운 회사 설립 등을 추진한다.

[그림 7] 쿨재팬 정책의 전체 구조

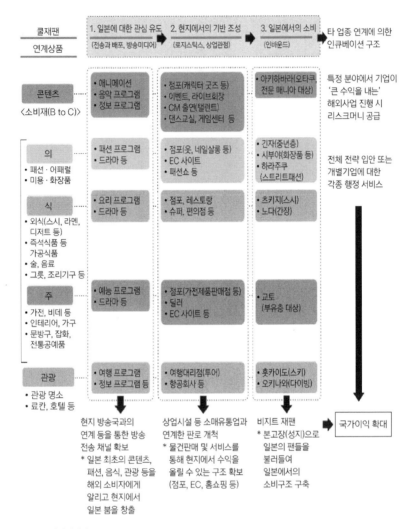

　　콘텐츠와 관련해서 지역에 대한 관심은 앞에서 서술한 2004년의 '영상 등 콘텐츠의 제작·활용에 의한 지역진흥의 방향성에 관한 조사'

에서 처음 확인된다. 다만, 그 당시에는 콘텐츠라고 하는 용어도 일반적이지 않았고, '지적재산입국'이라고 하는 개념 아래에서 방향성이 제시된 것으로 추정된다. 필름커미션[11]의 설치에 의해 3개의 기관(경찰청, 법무성, 후생노동성)이 연계하여 로케유치 조직의 방향과 지원방향, 원활한 촬영 시행을 위한 방안, 관광진흥에 이바지하는 영상 및 콘텐츠 활용 방식 등을 검토함으로써 지역에서의 영상 등 콘텐츠의 제작·활용의 새로운 방향을 제시한다는 취지였다.

그 후, 총무성은 방송 콘텐츠의 해외시장 진출 지원 내용 중에 지역방송국의 콘텐츠도 대상으로 삼는 등 지역에 대한 관심과 태도도 변화하고 있다.

이른바 지역에서 콘텐츠 투어리즘의 진흥을 염두에 두고 콘텐츠 산업의 창출까지를 지원하겠다는 입장은 현재의 애니메이션, 만화를 축으로 한 콘텐츠 투어리즘의 발전을 생각해본다면 중요한 의미가 있다. 이와 함께 통신 환경, 제작 환경이 아날로그에서 디지털로 이행하는 가운데, 급속히 변화하고 있다는 사실도 중요하다. 이 책에서 말하는 것처럼, 지역의 발전가능성이 이러한 변화와 관련이 있으며, 이러한 변화가 없었다면 지역의 성공사례 창출을 통해 이목을 집중시킬 수 없었을 것이다.

이와 함께 최근 국가제도의 변화 중 주목해야 할 부분은 지역창생에 관한 정책이다. 2014년 내각회의의 결정에서 지역 재생을 표방하

---

11 (옮긴이) 우리나라에서는 영상위원회로 부르지만, 일본에서의 명칭은 고유명사인 '필름커미션'으로 그에 따라 본문에서는 고유명사를 살려 표기하였다. 이 기구는 국가 또는 지방 자치단체에 기반을 둔 영화촬영 유치 및 지원기구를 일컫는다. 영화 촬영 장소 물색을 도와주고 지역특성에 맞는 제작환경을 만들어주며 영화촬영에 필요한 행정적인 서비스도 제공하기 위한 것이다.

며 '마을·사람·일자리 창출본부まち·ひと·しごと創生本部'가 설치되었다. 지역 관련 창출에 관한 정책은 지역 경제 활성화, 지역에서의 고용 기회의 창출과 지역의 활력 재생을 종합적이고 효과적으로 추진하기 위해 지역이 하는 자주적이고 자립적인 사업들을 국가가 지원하는 것이 주요 내용이다. 또한, 지자체는 지역 재생의 계획을 작성하고 내각 총리대신의 인정을 받고 해당 지역 재생 계획을 위한 사업을 실시함에 있어 재정 금융 등의 지원을 받을 수 있다는 것이 '마을·사람·일자리 창출본부'의 설립 취지이다.

이 정책의 결정은 지방도시들에게는 희소식이다. 다케시타竹下 내각 때인 1988년에 정책으로 결정된 '고향창생사업ふるさと創生事業'의 앞선 사례를 생각해본다면, 국가가 해당 사업 예산을 효과적으로 써 주었으면 하는 바람이다. 지방도시에 재정 예산이양이 이뤄지지 않는 현실에서 어디까지나 국가가 주도권을 갖고 있을 수밖에 없다. 그렇지만 세금이 낭비되지 않도록 하는 조치가 필요하다. 지역의 입장에서는 일정한 긍정적 효과를 기대하고, 각각의 도시들이 의미 있는 논의를 활성화시켜 나가야 한다. 이러한 노력들이 직접적으로 콘텐츠산업 진흥으로 이어질지는 모르지만, 지역에서의 이러한 발전이 국가의 미래발전과 밀접한 관련을 갖고 있음에 주목해야 한다.

지역의 콘텐츠산업 발전을 위해서는 콘텐츠산업 자체를 보는 것이 필요하다. 이와 함께 나라의 정책이나 제도의 변화를 살펴보아야 할 필요도 있고, 또 글로벌의 시각 역시 필요하다. 지역의 상황을 생각하는 데 있어서는 이처럼 복합적인 시점이 요구된다. 다시 말해, 점과 면을 함께 살펴보는 것이 중요해졌다. 쿨재팬 정책이 우선적으로 역점을 두고 있는 부분은 해외로의 판로 개척과 그것을 지렛대로 삼은 인바운드 관광 분야이다.

이는 도쿄의 기업뿐만 아니라 지역 기업에게도 같은 상황이다. 이 책은 지역의 발전을 위해 콘텐츠를 중심으로 한 관광 진흥, 산업 진흥의 틀을 토대로 한 지역발전 전략의 중요성을 강조할 것이다. 하지만 이러한 일이 급속히 진행되어서는 안 된다. 특히 문화 관련 정책의 시행에는 인내가 필요하다. 쿨재팬에 있어서도 자본 투입에 비해 성과가 나오지 못하고 있다는 비판도 있지만, 그것은 어쩔 수 없는 일일지도 모른다. 문화의 생성이나 전파에는 일정한 시간이 걸리고 비효율적인 측면도 있다. 앞에서도 이야기한 바 있지만, 국가나 지자체가 관련된 문제를 정밀하게 조사해야 하는 시기가 곧 올 것이다. 물론 기존의 모든 콘텐츠 기업이 쿨재팬에 동참하고 있지는 않다. 과정 안에서 각 행위자 간의 균형을 적절하게 조정하는 것 역시 앞으로의 중요한 과제가 될 것이다.

콘텐츠 투어리즘을 위한 행정지원

▓ 애니메이션 투어리즘과 지역진흥

구키(久喜, 〈러키☆스타〉), 오아라이(大洗, 〈걸즈 앤 판처〉), 지치부(秩父, 〈그날 본 꽃의 이름을 우리는 아직 모른다〉)가 애니메이션의 '성지순례'로 주목받으며, 많은 자치단체에서 행정이나 상공회의소 주도로 사업이 전개되었다. 성공사례로 지목되는 시정촌은 관광객을 지속적으로 끌어들였다. 그러나 콘텐츠 투어리즘의 효과에 비하면 빙산의

일각에 불과하다. 여기에서는 지역활성화 방안으로서 콘텐츠 투어리 즘에 대해 이야기하고자 한다. 콘텐츠 투어리즘의 성공조건은 애니 메이션 작품의 관광연계 메커니즘을 살펴보면 알 수 있다. 후로모토 (風呂本, 2012)는 크게 내발적 발전과 외래형 발전으로 나누어 접근하 며, 전자를 〈아침 안개의 무녀朝霧の巫女〉로 유명한 미요시三次市, 후자 를 〈타마유라たまゆら〉의 다케하라시竹原市의 사례로 설명한다. 후쿠토미 등(福富 等, 2013)은 이를 자연발생형, 지역주도형, 내부발전형으로 분 류한다. 자연발생형의 대표적인 사례로는 〈러키☆스타〉의 와시노미야 (鷲宮; 현재의 구키), 지역주도형은 〈윤회의 라그랑제輪廻のラグランジェ〉의 가모가와鴨川, 내부발전형으로는 피에이웍스P.A.WORKS가 실시한 도야마 관광 애니메이션 프로젝트를 들어 설명한다.

애니메이션 투어리즘과 지역진흥의 관계를 살펴볼 때, 지역의 주 체 간 관계를 명확히 규정하는 메커니즘은 매우 중요하다. 그러나 이 를 분류하고 유형화하는 것은 어려운 작업이다. 이는 콘텐츠의 조사, 연구와 관련하여 늘 따라다니는 과제이다. 즉, 지역상황에 대한 배경 정보가 어디까지 반영되는가에 대한 문제이다. 기본적으로 공식적인 보고서라고 할 만한 것이 없는 경우가 많아서 정밀도가 떨어지거나 설득력이 떨어지는 경우도 많다.

1980년대부터 만화나 애니메이션의 '성지순례' 관련 움직임이 등 장했지만 그 당시에는 일부 팬들의 제한적인 움직임에 불과한 수준 이었다. 그 후, 2002년 〈오네가이☆티처おねがい☆ティーチャー〉[12]와 2006년

---

12 무대는 오마치의 키자키호(木崎湖)이다. 키자키호 주변은 성지순례의 대상이 되고 있 으며, 팬과 현지 관계자가 공동으로 청소 활동 등의 미화운동(미즈호 프로젝트)을 실 시한 것으로도 알려져 있다.

〈스즈미야 하루히의 우울涼宮ハルヒの憂鬱〉[13] 등에서 그 행동이 드러나기 시작했다. 일반적으로 이러한 움직임들은 '오타쿠'와 결부되어 나타나는 경우가 많다. 히가시(東, 2001)에 의하면 오타쿠[14]는 만화, 애니메이션, 게임, 컴퓨터, SF, 특수촬영, 피규어 등에 깊이 빠져 있는 사람들로 대중문화에 깊이 몰입되어 있는 사람들의 총칭이다. 이들은 같은 가치관을 가진 사람들과 교류를 갖는 경향이 있다. 예를 들면 코믹마켓 등에서 같은 취미를 가진 사람들이 모이곤 한다.

야마무라(2008)는 애니메이션 투어리즘은 애니메이션과 만화 등의 작품이 지역을 (작품 속의) 무대로 삼으면서 거기에서 파생되는 이미지를 지역과 공유함으로써 창출되는 관광(행동)이라 정의하고 있다. 이는 애니메이션이나 만화라는 콘텐츠 장르를 다른 콘텐츠로 대체하더라도 보편성을 가질 수 있다.

기존의 콘텐츠 투어리즘은 관광과 관련된 행동의 하나 정도로만 존재했다. 그러나 최근에는 애니메이션 투어리즘이 애니메이션의 '성지순례'로 지칭되고 그 관광 행동이 지역의 활성화에 연결된다는 점 때문에 주목을 끌고 있다. 이 역시도 관광의 다양화 현상을 설명하는 것이며, 특히 지역의 활성화와 결합되었다는 점에서 차별성을 찾을 수 있다.

관광에서 미디어가 미치는 영향력이 늘어나고 있으며, 종래의 매스미디어에 더해 소셜미디어의 침투로 인해 관련 정보가 범람하는 현상이 나타나고 있다. 앞에서 이야기한 것처럼 현실과 가상의 세계

---

13 애니메이션은 니시노미야 주변의 풍경을 묘사하고 있으며, 이벤트도 진행되었다.
14 원문에는 '오타쿠(ヲタク)'라고 표기되어 있다.

가 공존하고 있다는 견해도 있다. 관광산업의 입장에서 보자면, 실제 관광 대신 가상관광으로 대체하는 형태도 생겨나고 있는 것은 틀림 없는 사실이다. 관광산업 자체가 새로운 국면에 대한 이해를 높여야 할 필요성이 커지고 있다.

■ 영상관광과 지역진흥

실사영화도 살펴보자. 최근에는 영화제를 비롯해 영화를 통한 마을 만들기가 더욱 다양해지고 있다. 첫째는 필름커미션의 조직화, 활성 화에 의한 로케이션 유치가 적극적으로 이루어지고 있다. 둘째는 지 역영화의 제작을 통한 대외 프로모션의 확대이다. 동시에 영화 산업 관련 인재의 육성을 염두에 두는 곳도 있다. 이 배경에는 경제산업 성, 관광청 등의 정책이 존재한다는 점에도 유의해야 한다. 기존의 지역진흥의 맥락뿐 아니라 국가 차원에서의 정책 전환 역시 짚고 넘 어가야만 할 필요가 있다.

FIAPF(국제영화제작자연맹)가 지정한 세계 3대 영화제는 베를린 국제영화제, 칸국제영화제, 베니스국제영화제이다. 가장 오래된 베 니스국제영화제는 1932년 베니스 비엔날레라는 국제미술전의 영화 부문으로 시작됐다. 칸국제영화제가 이 베니스에 대항하기 위해서 시작됐다는 것은 잘 알려진 바이다. 일본의 지역영화제로는 유후인 영화제가 가장 오래된 것으로 알려져 있다. 1976년 개최된 이래 매 년 여름이면 전국에서 일본 영화 팬이 모여들고 있다. 그러나 이 유 후인영화제 이후 지역영화제가 급속히 늘어난 것은 아니다.

다시 말하면, 예산이나 자원봉사자의 확보가 지역단위에서는 어

려운 부분이었다. 1980년대 들어서 공적자금의 활용이 가능해지면서부터 지역영화제가 늘어나게 된 것도 이러한 이유이다. 예를 들면, 고향창생기금ふるさと創生基金을 사용한 유바리국제판타스틱영화제ゆうばり国際ファンタスティック映画祭가 대표적이다. 이것은 지역의 문화 행정이 지자체 장의 주도로 이루어지면서, '마을활성화'의 일환으로 영화제를 기획하는 지자체가 등장했다는 이야기이기도 하다. 그 후 1990년대 들어 버블경제가 붕괴되면서 대규모 영화제가 개최되지 않게 되었지만, 정부의 관련 단체에서 국내 영화제에 대한 지원을 시작했고, 이에 지방자치단체의 지원까지 더해지며 일본 각지에 소규모 영화제가 속속 생겨나고 있다.

필름커미션은 영화 등의 촬영 장소 유치나 촬영 지원을 하는 기관이다. 일본에서는 1980년대에 오오바야시 노리히코大林宣彦 감독이 고향인 오노미치尾道에서 현지의 뜻을 같이하는 사람들의 도움을 얻어 촬영한 '오노미치 3부작(〈전학생転校生〉, 〈시간을 달리는 소녀時をかける少女〉, 〈사비신보우さびしんぼう〉)'가 그 선구적 사례라고 알려져 있다. 현재 필름커미션의 기능은 지방공공단체, 관광협회, 컨벤션뷰로 등의 공적기관과 NPO, 일반사단법인이 사무국을 담당하고 있다. 또, 민간기업에서 같은 서비스를 실시하고 있는 곳도 있다. 그들의 목적은 영화 촬영 등을 유치함으로써 지역활성화, 문화진흥, 관광진흥을 도모하는 것이다.

일본 내 전국적인 조직으로는 NPO/특정비영리활동법인으로서 재팬필름커미션JFC이 있다. 정회원은 112개 단체(2017년 10월 기준)이지만 실제로는 가입하지 않은 경우까지 포함하면 200개 안팎의 필름커미션이 일본 전역에 있는 것으로 알려졌다. JFC는 2001년부터 2009년까지 활동하던 '전국필름커미션연락협의회'를 기반으로 태동했다. 소규모 필름커미션은 인원, 예산 등의 문제로 이 조직에 가입되어 있지 않다.

세계 최초의 필름커미션(영상위원회)은 1940년대 미국 유타주에서 출범한 것으로 알려져 있다. 영국의 경우는 스크린 에이전시로 불리고 있으며, 일본에서는 영화 등의 촬영 장소를 유치하거나 촬영 지원을 하는 역할을 하지만, 영국에서는 작품에 대한 투자 기능을 중시하고 있으며, 영화뿐만 아니라 콘텐츠 전반을 대상으로 하고 있다. 전체를 총괄하는 영국 영화위원회UK Film Council에서는 영국 내 9개 스크린 에이전시에 보조금, 복권 관련 펀드를 통한 자금지원을 하고 있다. 각각의 스크린 에이전시는 지역발전기구RDA의 지원도 받아 운영되었으며, 기본적으로는 비영리단체NPO 형태로 운영되고 있다.

2003년에 홋카이도 호베쓰초(北海道 穂別町, 현재의 무카와초むかわ町)가 지자체 지정 90주년을 기념하여 〈단보 드 뮤지컬田んぼdeミュージカル〉[15]이라는 지역영화를 제작했다. 최양일 감독[16]이 감수한 이 영화는 각지의 영화제에서 큰 화제를 모았고, 이는 NHK에서도 다큐멘터리로 소개됐다. 지역의 고령자가 출연, 제작한 이 영화는 저출산·고령화에 직면한 지역 공동체의 재생, 활성화에 큰 기여를 했다고 알려져 있

---

15 (옮긴이) 한국 상영명은 〈논바닥 뮤지컬〉이다(2014년 제7회 서울노인영화제). 겐지로는 전쟁터에 가기 전 맞선을 본 센다이와 결혼하고 벼농사에 힘쓴다. 하지만 쌀 경작 면적이 줄기 시작하자 아들은 멜론 재배로의 전환을 꾀하고, 아버지 겐지로와 대립하게 된다.

16 (옮긴이) 최양일(崔洋一, 1949년 7월 6일~)은 재일 한국인 2세로 일본의 영화 감독이자 각본가, 배우이다. 일본영화감독협회 이사장이자 주식회사 넥스텝 고문을 맡은 바 있다.

다. 지역영화를 구분하는 데 있어 광의의 의미로 지역을 배경으로 하는 영화를 의미하기도 한다. 현재는 여기서 더 나아가 지역에서 독자적으로 영화를 제작하는 경우들이 늘어나고 있다. 이 영화는 그러한 흐름에 계기가 되었다.

지역영화는 어느 특정 지역을 주요 무대로 하여 이야기가 전개되는 영화작품을 말한다. 지역을 무대로 한 영화작품은 오래전부터 존재했다. 그러나 최근 행정·시민·기업 등 지역단위로 주체적으로 움직여 기획 제작된 작품들이 만들어졌고, 이들을 '현지영화ご当地映画'라고 부르며 지역영화로 분류하는 것이 일반적이다. 현실적으로 지역의 입장에서는 배급업무나 홍보 등 비즈니스에 관한 경험이 없기 때문에 대부분 영화사, 민간방송국, 광고대행사 등과 손을 잡는 경우가 많기는 하지만, 일부의 경우는 철저하게 자체제작 영화의 방식을 취하기도 한다. 〈단보 드 뮤지컬〉은 그 대표적인 사례이다.

또 뒤에서 설명할 하코다테 3부작을 비롯하여, 2018년 개봉한 〈가나자와 셔터걸金沢シャッターガール〉과 같이 현지 미디어, 관계단체가 지원하여 극장용 영화를 제작하는 사례도 늘고 있다. 또한, 최근에 화제가 된 오이타현의 온천 PR 동영상 〈싱후로シンフロ〉, 벳푸시의 PR 동영상 〈유~원지 계획湯~園地 計画〉이나 구레시의 PR 동영상 〈구레-시 GONNA 구레-시-呉·市-GONNA呉·市〉 등 지자체의 PR 동영상도 효과를 거두고 있다. 현재는 지자체의 홍보를 위해 여러 형태의 영상들이 사용되고 있다. 이러한 현상은 유튜브 등의 동영상 공유 사이트를 활용하는 방법에 대한 논의까지 이어지고 있다.

인터넷의 보급에 따른 미디어 환경의 대대적인 변화는 지역의 홍보 방식도 변화시켰으며, 콘텐츠 투어리즘에도 영향을 주고 있다. 즉, 콘텐츠 작품과 관련된 정보를 팬들은 웹사이트에서 취득하며, 콘텐츠의 성지와 관련된 정보 역시 같은 방법으로 얻는 경우가 많다. 이는 해외 팬들의 경우 가장 일반적으로 사용하는 방법이다. 때문에 향후에는 이러한 변화를 포함하여 콘텐츠 투어리즘에 대한 다양한 논의가 이루어질 필요가 있다.

콘텐츠산업의 대응

콘텐츠 투어리즘은 콘텐츠산업 영역에서 콘텐츠를 보유하고 있는 것이 일반적이다. 때문에 지역사업을 하는 경우, 저작권을 포함한 콘텐츠회사와의 협력 체제를 구축하는 것이 매우 중요하다. 애니메이션 산업의 활성화 현상이 확산되면서, 다른 분야에서는 우수한 인력을 확보하는 것이 어려워지고 있다는 이야기가 나오고 있다. 이와 같은 콘텐츠산업의 현황을 살펴보면서 콘텐츠 투어리즘을 둘러싼 지역의 주체 간 관계에서 산업 부분의 역할을 분명히 하는 것이 필요하다. 제작자 측에서 콘텐츠 성지를 공식적으로 밝히지 않는 경우도 있기 때문에, 이는 일종의 풀어나가야 할 숙제가 될 수 있다.

　애니메이션 산업에서 지역창생의 관점으로 보자면 지역 비즈니스를 추진하려는 시도도 나타난다. 관련 상품의 제조·판매에 관한 저작권 사용료는 애니메이션 작품이 히트하면 애니메이션 산업의 입장에서는 무시할 수 없는 부분이 된다. 2016년 KADOKAWA 등이 주도해 애니메이션 투어리즘 협회를 만든 것도 그 일환이라고 볼 수 있다. 협회의 첫 사업은 일본 애니메이션의 해외홍보를 목적으로 한 관광객 유치사업으로, 전국에 88개의 애니메이션 성지를 선정하는 작업이었다. 선정된 88곳의 성지는 매년 변경되었지만, 처음에는 팬들 사이에서 선정 근거에 관한 이견이 많았다. 이 또한 애니메이션 제작 회사가 협력해 주지 않는다면 사실상 선정이 어렵다. 애니메이션 투어리즘 협회가 장기적으로 투어를 기획하고 있지만, 팬들의 입장에서는 일본 애니메이션의 대표작품이 누락되었다고 생각할 수도 있다.

즉, 순수한 팬의 시선이 아니라 철저하게 비즈니스의 관점으로 사업이 진행되고 있기에 괴리가 생길 수밖에 없다. 산업 측면으로 보자면 팬들의 지원도 있었고, 선정하는 데 있어 고민이 되는 부분들이 있었을 것이다. 하지만 이러한 시도는 인바운드 관광에 적합한 것으로 성지의 선정 과정에서 해외 애니메이션 팬들에게는 일종의 가이드가 될 수도 있다는 점을 고려해야 한다.

일본 내부의 사례를 살펴보자. 현재 다양한 지역에서 애니메이션 작품을 활용한 관광진흥 시도가 이루어지고 있다. 그러나 애니메이션회사가 지역에서 창업하는 사례는 아직 많지 않다. 〈케이온!けいおん!〉, 〈빙과氷菓〉 등으로 알려진 교토애니메이션은 우지宇治 지역에 위치하며, 〈비밀결사 매발톱단秘密結社鷹の爪〉의 케로우토코상회(마에루오토코쇼카이, 蛙男商会)는 시마네현에서 운영되고 있다. 그렇지만 사실상 애니메이션 작품의 대부분은 도쿄를 중심으로 제작된다고 보아야 한다. 상세한 내용은 뒤에서 이야기하겠지만 난토南砺에 있는 피에이웍스는 조금 특별한 사례이다.

앞에서도 언급했지만, 콘텐츠산업 측면에서의 이점은 관련 상품 (굿즈) 등으로 얻을 수 있는 저작권의 2차 사용료와 작품의 홍보효과에 있다. 지자체를 비롯한 지역이 움직인다는 것은 작가의 허락까지 구해야 할 사항은 아닐지 모르지만, 처음부터 확대효과를 기대하지 않았던 콘텐츠산업의 입장으로 본다면 관심을 가져야 할 부분이다. 또한, 그중에는 〈그날 본 꽃의 이름을 우리는 아직 모른다あの日見た花の名前を僕達はまだ知らない。〉와 같이 원작자의 고향을 무대로 하는 예도 많이 볼 수 있으므로, 이른바 작가, 원작자의 '애향심'도 주요한 요인이 된다.

다만 일본의 콘텐츠산업이 전환기에 직면하고 있어 인터넷의 보급이나 디지털화의 영향으로 인해 능동적인 대응은 못하고 있는 상황이다. 단적으로 말하면 사용자의 동향을 파악하지 못하고 있다는 것이다. 텔레비전 미디어 영역에서도 넷플릭스, 훌루, 아마존 프라임, 유튜브 등이 확산되고 있다. 만화산업 분야에서는 2017년에 전자판 만화 단행본 추정 판매금액이 약 1,711억 엔으로, 처음으로 종이 만화 단행본 매출 약 1,666억 엔을 넘어 역전된 상황이다.

따라서 기존 작품의 재판매나 저작권의 2차 사용도 비즈니스의 핵심이 되어야 한다. 그리고 그 연장선상에서, 콘텐츠 투어리즘이라고 하는 틀을 사용해 효과적으로 작품의 인지도를 제고하고 판매로 연결하는 것까지 고려할 필요가 있다. 지역의 입장에서는 관광객을 유치하고 경제효과를 향상시킬 수 있고, 콘텐츠산업은 새로운 판매망의 확대라는 윈-윈의 효과를 기대할 수 있게 되기에 콘텐츠산업도 콘텐츠 투어리즘에 적극적으로 관여할 수 있게 된다.

관광 내수시장의 가능성

이와 같은 콘텐츠산업의 해외진출은 동시에 인바운드 관광의 확대로 이어진다. 애니메이션 〈슬램덩크スラムダンク〉는 1996년 중국 TV에서 방영됐다. 이는 일본 애니메이션 붐의 계기가 됐다. 이와 함께 중국 전역에 전무후무한 농구 열풍이 불었다. 특히 중·고교, 대학에서 농구를 즐기는 젊은이들이 많아지면서 남학생들은 농구에 열중했고 여학생들도 열심히 응원하게 됐다. 일본에서도 〈슬램덩크〉는 시대를 초월하여 지금까지도 많은 골수팬들이 존재한다.

중국의 〈슬램덩크〉 팬들에게는 일본 여행에서 에노덴[17]을 타고 성지인 가마쿠라 고등학교 앞을 찾는 것이 주요한 관광코스이다. 중국의 트위터, 웨이보에는 이런 관광객 트윗을 많이 볼 수 있다. 이러한 현상에 일본인들도 놀라고 있다. 이는 중국 1980년대생들이 일본 애니메이션의 영향을 강하게 받고 있음을 보여준다. 일반적으로 중국 애니메이션 시장은 이들 1980년대생이 이끄는 것으로 알려졌다.

1979년 〈우주소년 아톰鉄腕アトム〉[18]이 일본 애니메이션 처음으로 중국에서 방영됐다. 〈우주소년 아톰〉이 인기를 끌자, 〈잇큐상一休さん〉, 〈닐스의 이상한 여행ニルスのふしぎな旅〉, 〈드래곤볼ドラゴンボール〉, 〈슬램덩크〉, 〈짱구는 못말려クレヨンしんちゃん〉 등 일본 애니메이션이 차례대로 방송되었다.

---

17 (옮긴이) 일본의 철도 회사인 '에노시마 전철'. 약칭 '에노덴'으로, 가나가와현의 가마쿠라시~후지사와시를 잇는 구간에서 노선을 운행하고 있다.

18 (옮긴이) 일본 원제는 〈철완 아톰〉이다. 일본에서의 영어 제목은 〈Mighty Atom〉이고 미국에서는 〈ASTRO BOY〉이다.

1990년대 후반, 중국이 자국 애니메이션 산업의 보호를 목적으로 해외 애니메이션의 TV 방영을 제한했다. 그러나 〈명탐정 코난名探偵コナン〉, 〈디지몬 어드벤처デジモンアドベンチャー〉 등 일본 애니메이션 작품은 여전히 인기를 끌었다. 스튜디오 지브리スタジオジブリ의 작품이나 〈공각기동대攻殻機動隊〉 등을 계기로 하여 청년층 애니메이션 팬이 증가했다. 중국 내에서 방영된 애니메이션 중 90%가 일본에서 만들어졌다.

2006년부터는 자국 애니메이션의 보호를 강화하기 위해 중국 내 황금시간대에 해외 애니메이션을 방송하는 것이 금지되었다. 그러나 인터넷에서 정식 배급 외 많은 일본 애니메이션의 불법 시청이 이루어지고 있었기 때문에, 아시아 트렌드맵 랭킹에서는 정규로 방송된 작품뿐만 아니라 〈케이온!〉이나 〈나는 친구가 적다僕は友達が少ない〉 등과 같이 중국에서는 정식 배급되지 않은 작품들도 상위에 올라가 있다.[19]

중국에서는 국산 애니메이션의 장려, 인터넷이나 모바일 등의 신규 미디어 성장에 의해 중국 전체의 애니메이션·만화 시장이 해마다 확대되었다. Ad Master의 「2010-2011 중국 동만산업 투자연구보고2010-2011中国動漫産業投資研究報告」에 따르면, 2010년 중국의 애니메이션·만화 시장 규모는 208억 위안에 달했다. 전년보다 22.4% 늘어난 것이다. 2012년 중국 문화부는 '제12차 5개년 국가동만산업 발전계획第12次5カ年国家動漫産業発展計画'을 발표한 바 있다.

인민망人民網[20] 일본어판에 따르면 애니메이션의 제작 분수分數는 애

19 http://asiatrendmap.jp/ja/rank/cn
20 (옮긴이) 인민일보(人民日報)가 뉴스를 중심으로 구축한 대형 온라인 정보 공유 플랫폼이자 인민일보사가 출자한 언론문화 상장기업으로 글로벌 인터넷상에서 중국 최대의 온라인 포털 언론매체이다.

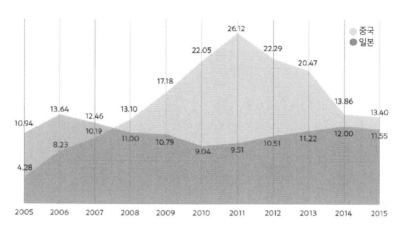

[그림 8] 최근 중국의 TV 애니메이션 총 제작 분수(萬分)

* 2017, 인민망 일본어판

니메이션 산업의 현황을 반영하는 중요한 지표이다. 중국은 그 길이
가 세계에서 가장 길다. 일본은 기존의 제작 스타일로는 12만 분을
돌파하기 어려웠다. 최근 디지털로 전환하는 과정에서 위기를 돌파
하고자 노력 중이다. 중국은 제작 분수와 기술면에서 세계를 주도하
고 있다. 중국 애니메이션 산업의 과제는 더 재미있는 스토리와 콘텐
츠를 만드는 것이다.[21] 극장용 애니메이션 역시 중국 작품의 상영이
증가 추세에 있지만 인기를 모은 작품은 그리 많지 않다. TV애니메
이션과 비슷한 상황에 직면해 있다.

중국은 방송에 제약조건이 있다. ① 국산 애니메이션과 수입 애니
메이션의 방송 비율을 7 : 3으로 하며, 국산 애니메이션이 전체 방송
되는 애니메이션의 70% 이하가 되어서는 안 된다. ② 해외 애니메이

---

21 http://j.people.com.cn/n3/2017/0103/c94476-9162088.html

션의 수입에 대해서도 1 : 1의 원칙을 적용, 국산 애니메이션을 제작한 기관은 국산 애니메이션을 제작한 시간과 동일한 시간으로 해외 애니메이션 수입이 가능하다. ③ 골든타임의 해외 애니메이션 방송 금지 관련해서는 2006년 5월 1일을 기점으로, 17시부터 21시까지 해외 애니메이션의 방송이 금지되었다. 이처럼 자국의 작품을 우선시하고 있어 공식적으로는 일본의 애니메이션이 고전하고 있다고 할 수 있다.

일본은 2013년부터 경제산업성을 중심으로 쿨재팬 정책을 활발히 추진하고 있다. 쿨재팬은 본래 일본의 독자적인 대중문화를 의미하지만, 국가적으로 콘텐츠산업이나 전통 문화 등을 해외에 판매하는 전략으로서 일본의 대중문화를 중심으로 문화산업의 해외 진출 지원, 수출 확대와 인재육성, 지적재산 보호 등을 도모하는 민관 협력 사업을 시도하고 있다.

앞에서 기술한 '주식회사 해외수요개척지원기구(쿨재팬기구)' 외에 일본정책금융공고日本政策金融公庫에서도 해외진출을 시도하는 중소기업을 대상으로 기존 우대금리보다 낮은 금리의 융자제도를 검토하는 등 쿨재팬 관련사업의 해외진출을 촉진하는 움직임도 본격화되기 시작했다.

물론 이와는 별도로 국토교통성은 외국인 여행자의 일본 방문을 대폭 확대시키기 위한 목적으로 국가와 지방공공단체, 민간이 공동으로 추진하고 있는 캠페인, '비지트 재팬'을 실시하고 있다. 2003년 4월 캠페인 실시본부 사무국이 개설되었으며, 향후 방일 여행자수를 연간 3,000만 명[22]으로 확대하는 것을 목표로 하고 있다. 이 시책과

---

[22] (옮긴이) 2022년 기준, 2019년 방일 관광객수는 3,000만 명을 넘었으나(3,188만 2,000명) 이후 코로나 상황으로 급감하였으며, 2023년 이후부터 점진적인 회복을 예상하고 있다.

쿨재팬의 연계가능성도 충분하다고 볼 수 있다.

예를 들면, 2012년 쿨재팬의 상하이 '콘텐츠×지역정보 발신사업'은 중국(상하이)의 콘텐츠 업계와 개발자 등의 제휴·협력을 통해, 애니메이션 등의 콘텐츠를 활용, 부유층으로의 시장 확대를 도모하는 프로젝트로 모리빌딩, KADOKAWA, JTB법인 도쿄, JChere, 일본항공, 프로덕션 아이지 등의 기업이 참여했다.

구체적으로는 만화잡지와의 협력을 통해, '화和'를 테마로 하는 카페와 콘텐츠샵을 상하이 시내에 개설했다. 만화나 애니메이션 콘텐츠의 매력을 통해서 상하이의 부유층을 일본의 지역으로 불러들여, '머물기, 먹기, 쇼핑하기, 체험하기泊まる, 食べる, 買う, 体験する' 등의 활동으로 연결하여 큰 수입을 내는 것이 목적이었다.

2013년에는 일본상품전문전시회日本商品専門展示会를 통해, 시범으로 캐쥬얼한 음식점을 개업하여 콘텐츠와 지역의 정보를 확산시켰다. 우선 시험적인 마케팅을 행하고, 단계적인 쿨재팬 정보 확산을 위한 거점 구축을 목표로 했다. ① 만화나 애니메이션 작품에 등장해 인지도가 있는 일본의 지역관광자원을 콘텐츠의 영향력을 통해 상하이의 부유층에게 알린다. 전시회 출품을 시작으로 홍보활동을 실시해, 콘텐츠에 흥미가 있는 상하이 부유층 대상 일본여행 시장을 만들어나간다. ② 상하이의 쿨재팬 거점 형성의 시도로서 '화和'를 테마로 한 간편식과 콘텐츠의 콜라보레이션 가게를 시범적으로 개업하는 것이 목적이었다.

여행 프로그램은 사이타마현 지치부시(〈그날 본 꽃의 이름을 우리는 아직 모른다〉의 무대), 도쿄의 롯폰기힐스(〈009 사이보그009RE: CYBORG〉

의 무대) 등의 일본 최신 애니메이션의 성지를 방문하는 것과 함께 평소에는 비공개인 일본 최대 규모의 '도쿄 도시 모형'을 견학, 롯폰기힐스 전망대에 올라 도쿄의 파노라마 뷰를 마음껏 즐기고, 하라주쿠의 '에반게리온 스토어EVANGELION STORE'에서 오리지널 상품을 구입, '도쿄 국제 애니메이션 페어 2013'의 비즈니스데이 특별 입장, 가이드가 붙는 '성지순례' 등의 내용으로 구성되었다. 하지만 이러한 시도는 실험 단계 수준이어서 수익을 남기려는 시도는 이뤄지지 않았다. 다만 이 사례처럼 쿨재팬에 있어 애니메이션 투어리즘이 주목받고 있다는 점은 눈여겨볼만 하다. 이후에도 애니메이션 이벤트 등이 꾸준히 여러 나라에서 개최되고 있다.

또 2017년 12월 내각관방,[23] 문화청의 '문화경제전략'이 문화청의 교토 이전을 계기로 발표되었다. 이 전략은 '문화예술자원(문화재)의 보존', '문화예술자원의 활용'과 '문화 창조활동의 추진', '국제적 존재감(영향력)의 향상', '새로운 수요·부가가치 창출', '문화경제 전략의 추진 기반 강화' 등이 중점 전략으로서 강조되었다. 한편으로 기존 문화청의 사업에 쿨재팬과 관련 사업이 합쳐진 듯한 인상을 강하게 준다. 국가단위 대규모 전략이기는 하지만, 구체적인 추진에 관해서는 개별 부처가 대응하는 형태이다. 또한, 당시에는 2020년 도쿄 올림픽을 앞두고 전반적인 국가지원의 노력을 호소하려는 목적도 있었을 것이다.

쿨재팬의 움직임이 나타나기까지 콘텐츠산업은 기본적으로 자발

---

23 (옮긴이) 내각관방은 일본내각의 사무처로, 내각을 이끄는 내각총리대신을 돕는 내각부 소속의 기관이다. 주로 내각의 서무, 주요 정책의 기획·입안·조정, 정보의 수집 등을 담당한다.

적인 노력으로 산업화를 진행해 왔다. 이로 인해 처음에는 정부의 콘텐츠에 대한 관여에 솔직히 위화감을 느끼는 경향도 있었고 현재도 그 우려가 불식된 것은 아니다. 실제로 이러한 움직임에 동조하지 않는 콘텐츠 기업도 곳곳에서 나타난다. 이러한 문제는 앞으로도 계속 풀어야 할 숙제이다. 본질적인 문제를 이야기하자면, 문화에는 표현의 자유가 있고, 이는 때로 체제에 대한 비판이 될 수도 있다. 일본 정부가 이러한 점에 대해 충분한 논의를 진행하지 않은 채 정책을 시행한 면이 있다. 그 가운데서도 〈너의 이름은〉의 성공은 인바운드 관광객의 성지순례에 가속도를 더해 주었다.

〈너의 이름은(君の名は)〉의 성과

▮ 〈너의 이름은〉의 성공

독일에서는 2018년 1월 11일, 애니메이션 영화 〈너의 이름은〉이 개봉했다. 영국은 2016년 가을에 개봉해서 시간이 좀 걸리기는 했지만, 당초 이틀 동안만 상영하려던 것이 관객들이 너무 많이 몰려 급하게 상영기간을 연장하는 일이 벌어졌다고 한다. 또한, 아마존의 DVD 랭킹에서도 상위에 올라, 일본 애니메이션 불모의 땅으로 여겨진 독일에서 이례의 상황이 나타났다고 전해진다.

애니메이션 투어리즘은 보통 젊은층을 대상으로 회자되어 왔다. 특히 오타쿠 문화와 더불어 알려진 경우가 많았다. 그러나 애니메이션 투어리즘이 갖는 본질은 젊은 세대에게만 특화된 것이 아니다. 〈기동전사 건담機動戦士ガンダム〉, 〈신세기 에반게리온新世紀エヴァンゲリオン〉

등에 열광했던 세대들과도 관련이 있다. 대중문화로서의 애니메이션에 대해 편견을 갖지 않고 접근해야 한다. 최근에는 애니메이션의 디지털화로 배경의 실사화가 진행되며 애니메이션 팬들의 관광 행태로 이어지는 현상이 발생하고 있다. 이를 애니메이션 문화에 대한 이해의 계기로 연결하는 것이 필요하다.

〈너의 이름은〉은 젊은층을 주축으로 하지만, 폭넓은 연령층의 지지를 받았고, 일본 영화 중 〈센과 치히로의 행방불명千と千尋の神隠し〉의 기록을 잇는 흥행 성적을 거두었다. 그 후 대만, 홍콩, 태국, 중국에서도 주간 관객 수 1위를 기록했다. 2016년에는 〈이 세상의 한구석에 この世界の片隅に〉가 크라우드펀딩으로 제작비를 모아 성공을 거두었다. 이 작품 역시 다양한 연령층의 지지를 받았다.

중국의 경우, 포털사이트 진르터우타오今日頭条에 따르면 〈너의 이름은〉은 중국에서 2016년 12월 2일 개봉해 대히트를 치고 이듬해 2월 2일 중국 전역에서 상영이 종료되었다. 해당 기사는 권위 있는 통계 사이트 먀오엔猫眼의 데이터를 근거로 〈너의 이름은〉의 흥행 수입은 5억 7,662만 4,000위안(약 95억 엔)으로, 이것은 〈STAND BY ME 도라에몽〉이 보유하고 있던 중국에서의 일본 애니메이션 흥행 기록을 경신했다고 전했다.[24]

한국에서는 2017년 1월 4일 영화를 개봉, 8일까지 5일 만에 관객 수 100만 명을 돌파했으며, 22일에는 300만 명을 넘어 일본 영화 사상 최고 기록을 남겼다.

앞서 기술한 바와 같이 해외에서도 일본 애니메이션은 새로운 특

---

24 https://www.excite.co.jp/News/chn_soc/20170205/Recordchina_20170205031.html

징을 보이기 시작했다. 한국이나 중국 역시 최근 애니메이션 제작에 주력하고 있어 경쟁이 치열해지고 있는 상황이라 〈너의 이름은〉이 일종의 우위성을 확보하는 점에서 어느 정도 기여했다고 말할 수 있다. 글로벌 관점에서 본다면, 일본의 애니메이션이 아직 결정적인 지위를 확보하지 못한 상황에서, 〈이 세상의 한구석에〉와 마찬가지로 글로벌한 발전을 위한 교두보 마련의 계기가 되었다.

〈너의 이름은〉이 가져온 또 하나의 현상은 인바운드 관광객의 증가이다. 공식적으로 작품의 무대가 밝혀지지는 않았지만 배경이 실제 풍경과 거의 유사하기 때문에 장소를 알아내는 것은 그리 어렵지 않다. 히다飛驒 지역의 장면에서는 호수를 시작으로 가상의 배경도 섞여 있고, 히다 후루카와古川의 역이나 주변, 도서관, 버스 정류장 등도 실제와 흡사하게 표현되었다.

《기후신문岐阜新聞》에 따르면 기후현 히다시가 정리한 2017년 관광객 수는 113만 852명으로 전년보다 12.4% 증가했다. 〈너의 이름은〉으로 무대의 모델이 된 이 도시를 방문하는 '성지순례' 현상이 지속되었고, 그 효과로 2년 연속으로 관광객 100만 명대를 돌파했다. 작품의 무대가 되는 시립도서관의 방문객 수를 바탕으로 시의 관광과는 2017년 성지순례자 수를 7만 3,700명으로 추산했다. 외국인 투숙객은 같은 기간 18.6% 증가한 8,286명이었다. 유럽과 미국, 홍콩 여행객을 중심으로 시내의 유스호스텔과 게스트하우스를 이용하는 개인 관광객들이 두드러졌다.[25]

지브리 스튜디오는 작품의 무대를 뚜렷하게 밝히지는 않지만, 관

---

25 http://news.line.me/issue/oa-gifushimbun/8ff7aae78896

객들이 찾아내어 성지가 되는 경우가 많다.[26] 지브리 역시 많은 해외 팬을 갖고 있지만, 〈너의 이름은〉의 신카이 마코토新海誠 감독은 이전부터 중국 및 한국 애니메이션 팬의 지지를 받아왔고 작품의 히트와 함께 수많은 팬이 봇물 터지듯 성지를 찾게 됐다. 필자가 2016년 12월에 히다를 방문했을 때는, 휴관일이었던 도서관 앞에 한국인 대학생 4명이 서성이고 있었다. 아직 한국에서는 개봉되지 않았던 때였던지라 놀랐던 기억이 있다.

　어느덧 필자가 콘텐츠 투어리즘 연구를 시작한 지도 10여 년이 되었지만, 당시와 비교하면 격세지감이 느껴진다. 일본 문부과학성의 관광 영역의 세부 분류에 '성지순례'가 기재되어 있고, 일본 내에서도 인바운드 관광과 콘텐츠 투어리즘은 어느 정도의 존재감을 갖게 되었다. 그 배경에는 중국, 한국, 대만 등 다른 아시아 국가에서 일본 애니메이션과 만화에 대한 인지도가 높았다는 점이 있으며, 이러한 흐름은 국가 관광 정책방향을 정하는 데 중요하게 작용한다.

▓ 오버투어리즘의 문제

인바운드 관광객과 관련하여 처음 문제가 생긴 것은 〈슬램덩크〉이다. 2015년 7월 8일 중국 참고소식망參考消息網[27]은 외신 보도를 인용해 일본 〈슬램덩크〉의 모델이 된 가나가와현神奈川県의 가마쿠라 고등학교가 중국계 관광객들에게 시달리고 있다고 전했다. 〈슬램덩크〉 팬들에게

26　〈이웃집 토토로〉(사야마구릉(狹山丘陵)), 〈귀를 기울이면〉(세이세키사쿠라아오카(聖蹟桜ヶ丘)), 〈벼랑 위의 포뇨〉(도모노우라(鞆の浦)) 등이 알려져 있지만, 공식 모델로 삼지는 않는다.
27　(옮긴이) 중국의 매체. 신화통신의 자매지이자 산하매체

애니메이션의 오프닝은 매우 깊은 인상을 남겼다. 그 모델이 된 가마쿠라 고등학교 부근에 있는 건널목은 대만이나 중국의 팬들 다수가 방문하는 관광 명소가 되고 있다. 근처에 있는 가마쿠라 고등학교 체육관 역시 〈슬램덩크〉의 모델이 됐다고 알려져 많은 관광객들이 찾는 '성지'이다. 이들 장소는 많은 관광객을 끌어들이는 관광자원이 되었지만, 문제도 발생했다. 학교 관계자는 교내에 무단출입하는 관광객이 끊이지 않아 교문에 중국어와 한국어 등 4개 국어로 된 간판을 세워 놓고 무단출입 및 촬영을 금지했다고 말했다. 하지만 큰 효과가 없었고 2015년 6월에는 중국어를 하는 4인조 남녀가 교내에 들어가 체육관 앞에서 기념촬영을 했고, 그중 한 여성은 웨딩드레스 코스프레를 했다고 한다.[28]

앞서 언급했듯이 중국에서 〈슬램덩크〉는 특별한 의미의 작품이다. 이른바 1980년대생들은 1990년대 청소년기와 사춘기를 보내면서 실시간으로 TV, DVD 또는 만화로 이 작품을 접하며 많은 영향을 받은 세대이다. 웨이보에는 이 작품의 배경무대로 알려진 에노덴의 가마쿠라 고교앞 역을 방문하는 관광객들 다수가 트윗을 하고 있다. 중국에서는 1996년에 이 작품이 방영되었고, 이 당시 중·고등학교와 대학교의 공터는 농구를 하는 젊은이들로 가득했다. 중국어 제목은 〈관람고수灌籃高手〉로 대만에서 역시 많은 인기를 모았다.

일본식의 예절을 인바운드inbound 관광객에게 그대로 기대하는 것은 어려운 일이다. 〈너의 이름은〉에서도 공식 사이트는 공개 직후, 작품과 관련된 장소를 방문하는 '성지순례'를 할 때 '예의를 지킬 것'

---

28 http://news.livedoor.com/article/detail/10327143/

을 강조했다. 〈너의 이름은〉은 개봉 10일 만에 관객 290만 명을 동원, 흥행 수입 38억 엔을 돌파하는 인기작이 되었다. '성지순례'에 나서는 팬들이 빠르게 늘어났다. 공식 사이트는 '〈너의 이름은〉 관련 장소 방문(성지순례)에 대한 안내'를 통해 "본편 중에 등장하거나 관련이 있는 장소에 많은 팬들이 방문하고 계셔서 인근에서 소음이나 이른 아침의 방문에 관한 불만이 다수 나오고 있습니다"라며, "관련 장소에 방문하실 분들은 절도 있는 행동 및 매너에 신경써주실 것을 부탁드립니다"라고 현지에서의 매너에 유의할 것을 초기부터 강조해왔다.[29] 아마도 팬들의 방문으로 인한 소음 등으로 인한 불편이 인근 주민들에게 수차례 이어진 것으로 생각된다.

하지만 이러한 공지는 어디까지나 일본인에 대한 것이었을 뿐, 염려했던 인바운드inbound 관광객과의 갈등이 표면적으로 드러나지는 않았다. 물론, 마지막 장면의 배경으로 알려진 요츠야四谷 근처 스가 신사須賀神社의 계단은 주거지역 내에 있어 지역 주민들의 생활공간이라는 점에서 영향이 있었다고 볼 수 있다. 이른바 생활권 침해라는 오버투어리즘[30]의 문제도 간과해서는 안 된다.

또한 〈이 세상의 한구석에〉의 가타부치 스나오片渕須直 감독은 2017년 1월 9일 트위터에 극중 무대였던 곳을 방문하는 '성지순례'에 대해 "그곳은 관광지가 아닙니다"라며 일부 지역 방문을 자제해달라고 강조했다. "부탁드리는 것은 저희가 직접 〈이 세상의 한구석에〉의

---

29 https://www.oricon.co.jp
30 일본에서 오버투어리즘의 문제는 세계유산에 등재된 이와미은광(石見銀山), 구마노고도(熊野古道) 등에서 새롭게 나타나고 있다.

[그림 9]
〈이 세상의 한구석에〉 로케지 지도

로케지 지도를 만들었지만 다쓰
카와辰川 버스 정류장에서 호조가
北條家가 위치한 지역은 굳이 지
도에 싣지 않았습니다. 그 지역
은 길이 좁은 일반 주택지라서
거주하는 분들에게 민폐를 끼칠
까 해서입니다."(그림 9)[31]

* 2018, 구레시 관광협회

　아직 인바운드inbound 관광객
에 대한 행정 대응은 미흡한 편이다. 〈슬램덩크〉의 가마쿠라 시청에
서도 대응에 고심하고 있다. 오버투어리즘 문제는 세계유산 등재 때
도 언급된 적이 있지만, 이 경우는 인바운드 관광객을 대상으로 하는
오버투어리즘의 문제이기에 전례가 없다. 일찍이 중국 영화 〈쉬즈 더
원If You Are the One〉[32]의 히트로 중국인 관광객이 홋카이도의 도동道東으
로 성지순례를 온 것이 화제가 되기도 했다. 그러나 〈너의 이름은〉은
차원이 다른 영향력을 미치고 있다.

　구레시市는 2019년 〈이 세상의 한구석에〉의 주인공인 스즈가 시집
간 호조 가문의 집이 있었다고 여겨지는 장소를 '스즈상을 만날 수

---

31 twitter.com/katabuchi_sunao
32 (옮긴이) 중국 원제는 〈非誠勿擾〉이며, 일본에서는 〈狙った恋の落とし方〉으로 개봉되었
　　고, 한국에서는 2010년 〈쉬즈 더 원〉으로 번안되어 개봉했다.

있는 언덕(가칭)'으로서 정비하겠다고 밝혔다. 이 작품의 원작은 고노 후미요こうの史代의 만화이며 호조 가문의 모델은 그녀의 친척 집으로 과거 구레만灣을 한눈에 볼 수 있는 하이가미네灰ヶ峰 산자락에 위치해있고 지금은 공터가 되었다.

그녀는 "지역활성화를 위해 써 달라"며 2017년 3월에 해당 부지를 시에 기증했다. 작품 속에서 호조 가문의 집은 지은 지 50년 정도 된 헛간이 딸린 단층집으로 아궁이가 있는 토방, 서재 등이 있는 가옥으로 설정되어 있다. 또 인근의 계단식 밭에서는 스즈가 구레항에 드나드는 군함을 스케치하는 장면 등이 표현됐다. 구레시는 집 내부를 타일로 재현하는 것 외에 그녀가 사랑한 민들레나 토끼풀 등을 심은 화단을 설치, 고노의 일러스트가 들어간 간판을 설치할 계획도 세웠다고 한다.[33]

이러한 방식은 이후에도 가능할 것이다. 상업성이 강한 테마파크 형식이 아니라 어디까지나 순수하게 팬들을 위한 성지 공간으로 접근하는 것이다. 이러한 형태라면 다양한 문제에 대응하는 것도 가능하다. 콘텐츠 작품을 중심으로 한 새로운 관광 창출의 형태로서 주목할 만한 방식이다.

최근 스페인 바르셀로나는 관광객 규제에 나섰다고 한다. 시로이시(白石, 2017)에 의하면, 2017년 발표된 '2020년을 위한 관광도시계획'은 향후 관광객 숙박을 목적으로 한 아파트의 고정자산세를 인상함과 동시에 이러한 맨션의 새로운 인가를 중단할 계획을 담고 있다. 또 B & B(Bed & Breakfast)에 대한 규제도 강화해 연간 임대할 수 있

---

33 https://mainichi.jp/articles/20180215/k00/00m/040/098000c

는 방을 제한하겠다고 했다. 바르셀로나는 2016년 10월부터 1년간 역사지구에서의 새로운 상업 시설 등이 생기는 것을 금지하고, 2017년 1월 말에는 시의회에서 2019년 이후 새로운 호텔의 건설을 금지하는 법률이 가결됐다.[34]

바르셀로나는 잘 알려진 대로 스페인의 대표적인 관광도시이다. 연간 관광객 유입 수는 약 3,200만 명으로 시 인구의 약 20배이다. 가우디의 사그라다 파밀리아만으로도 약 36만 명의 관광객이 방문한다. 이 같은 상황은 주민들에게 숙박용 맨션의 층간소음 문제, 거주용 맨션의 가격 급등 등의 문제를 야기했고, 이는 호텔의 신축 규제로 이어졌다. 숙박용 맨션은 사실 불법인 경우가 많고, 이 부분에 대해서도 규제가 들어간다고 한다. 이러한 문제는 이탈리아의 베네치아나 크로아티아의 두브로브니크 등에서도 발생하고 있고, 베네치아에서는 주민들의 데모도 발생하고 있다.

일본의 경우는 과연 어떨까. 2017년 방일 외국인 관광객은 2,800만 명을 넘어섰다. 2013년에 1,000만 명을 돌파한 이후, 급격히 증가한 상황이다. 교토京都에서는 숙박비 폭등이라는 말이 자주 등장하고, 주민들로부터 "운치가 사라지고 있다"는 한탄이 나오고, 만원버스, 불법 민박도 늘고 있다. 자가용으로 관광지에 들어가는 이용자에게 요금을 부과하는 새로운 제도를 국토교통성이 검토하고 있으며 가마쿠라가 후보지로 거론되고 있다고 한다. 가마쿠라는 예전부터 토, 일, 공휴일의 교통 체증이 심하고 주차장이 부족하여 대중교통을 통한 방문이 권장되는 곳이다.

---

34 https://toyokeizai.net/articles/-/164660

콘텐츠 투어리즘에서 거론되는 과제들이 관광 전반에 관련된 과제임에는 이견이 없을 것이다. 인바운드 관광객의 공급 과잉에 어떻게 대응할지에 대한 고민도 역시 요구된다. 현재 논란이 커지고 있는 DMO[35]의 관점에서도 논의되어야 할 과제다. 관광청에 의하면, 일본의 DMO는 '지역의 '이윤창출 능력'을 끌어내며 지역에 대한 자부심과 애착을 양성하기 위해 '관광지 경영'의 관점에서 관광지역 만들기를 시행하는 키잡이로서, 다양한 관계자와 협력, 명확한 콘셉트에 근거, 관광지역만들기를 실현하기 위한 전략을 만들고, 충실한 실행을 위해 조정기능을 갖춘 법인'이라고 정의되고 있다.

그림 10은 관광청에 의한 개념도이다. 일본판 DMO가 필수적으로 실시하는 기본적인 역할·기능(관광지역 마케팅·매니지먼트)은 ① 일본의 DMO를 중심으로 관광지역만들기와 실행에 대한 다양한 관계자들 간 합의 ② 각종 데이터의 지속적인 수집·분석, 데이터에 근거, 명확한 콘셉트에 따른 전략(브랜딩) 기획, KPI의 설정·PDCA 사이클[36]의 확립 ③ 다양한 관계자들이 실시하는 관광 관련 사업과 전략의 정합성에 관한 조정·구조 구축, 프로모션 등이다(그림 10).

각 지역의 DMO는 인바운드 관광객의 공급 과잉에 충분히 대응할 수 있어야 한다. 다만 실제적인 기능은 인재에게 달려 있다. 기존의 TMOTown Management Organization와 같이 성공사례가 극히 적은 상황에 처

---

35 JTB 종합연구소는 DMO(Destination Management Organization)란 관광물건, 자연, 음식, 예술·예능, 풍습, 풍속 등 해당 지역에 있는 관광자원에 정통하고 지역과 협동하여 관광지역을 조성하는 법인이라고 설명한다.

36 (옮긴이) 계획을 세우고(Plan), 행동하고(Do), 평가하고(Check), 개선한다(Act)는 일련의 업무 사이클이다. 미국의 통계학자 에드워즈 데밍(W. Edwards Deming)이 체계화한 이론으로 '데밍 사이클'이라고도 부른다.

하지 않기를 바랄 뿐이다. 돌아보면, 일본은 겨우 '관광입국觀光立国'이라는 말을 주저하지 않고 말할 수 있는 단계에 왔다. 이런 상황에서 일본판 DMO에 대해, 콘텐츠 투어리즘을 고려한 대응이 요구될 것임이 분명하다.

[그림 10] 일본판 DMO의 역할, 다양한 관계자의 연계

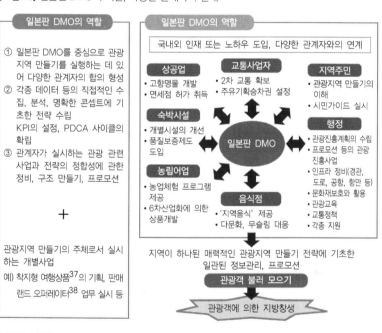

* 2017, 관광청

---

37 (옮긴이) 기존의 방식처럼 출발지 혹은 여행사가 여행을 기획하고 진행하는 것이 아니라, 도착지 주민 등이 여행을 기획하고 진행하는 상품을 말한다.
38 (옮긴이) 패키지 또는 인센티브여행에서 여행업자들의 의뢰를 받아 현지 여행일정과 가이드, 관광버스, 식당, 방문기업 등의 일정 등을 관리하는 업자를 말한다.

표현의 자유

기본적으로 콘텐츠는 표현의 자유가 중요하다. 그러나 윤리적 측면에 대한 논란은 의외로 많지 않아 보인다. 일찍이 미야자키 하야오宮崎駿가 AI기술을 이용해 좀비 등의 그로테스크한 움직임을 담은 영상을 시연한 드왕고의 가와카미 노부오川上量生에게 격노한 사건이 있었다. "한 친구가 생각났다"라고 하는 미야자키 하야오는 "타인의 아픔에 대해 생각하지 않고 있다. 이런 것을 우리와 연결시키고 싶지 않다. 생명에 대한 모욕을 느낀다"라며 거부감을 드러냈다.[39] 의인화나 테마 설정 등에 대해서도 논란거리가 많다. 특히 제2차 세계대전이나 무기를 다루는 작품의 경우는 더욱 조심해야 한다. 이러한 논란은 결론이 날 수 있는 것은 아니며, 다만, 향후 인바운드 관광객 대상 콘텐츠 투어리즘에도 관련이 있기에 충분히 논의될 필요가 있다.

앞서 언급한 바와 같이 중국에서는 일본 영화, TV 드라마나 애니메이션에 관해 규제가 있다. 방송의 경우, 2012년에 국가광파전시총국[40]은 저녁 7시부터 10시까지 프라임타임에는 해외 텔레비전 드라마나 영화의 방송을 금지, 그 이외의 시간에 방송하는 경우에는 원칙적으로 50편 이내, 그리고 각 텔레비전 채널 모두 1일 텔레비전 드라마·영화의 방송 시간 중 해외 작품의 비율이 25%를 넘지 않도록 지시하고 있다. 또, 2015년에는 중국 문화부가 일본 애니메이션 38개 작품에 대한 인터넷 송출을 금지했다. 그중에는 〈진격의 거인〉, 〈데

---

39 http://www.huffingtonpost.jp(2016.11.13.) 참고함
40 (옮긴이) 중화인민공화국 국무원 직속 기구로, 중국 언론을 감독하는 기구이다.

스노트〉 등이 포함됐다. 그 이유는 미성년자에 대한 부정적인 영향이었다. 동시에 악시樂視, 소후搜狐, 바이두百度 등 29개 웹사이트가 38개 작품에 관련된 콘텐츠를 제공해서 경고 및 벌금 등의 처벌을 받았다. 몇몇 만화 사이트들은 폐쇄되었다. 물론, 인터넷에는 비판적인 의견도 많았지만, 국가의 결정이었기에 별다른 방도가 없었다.

한국의 경우에는 일본 콘텐츠에 대한 수입규제가 있었다. 이승만 정권(1948~1960) 이래 자국의 텔레비전 방송에서 일본의 텔레비전 드라마, 영화, 일본어 노래의 방영이 법률로 금지되거나 강하게 제한되어 왔다. 과거에 비해 상당 부분 규제완화가 이뤄졌지만, 초기에는 일제강점기 시대의 영향으로 국민감정을 해친다는 것이 이유였다. 2013년 한국에서 개봉한 미야자키 하야오 감독의 〈바람이 분다風立ちぬ〉에 대해서는 찬반 의견이 나누어졌다. 원래 지브리 작품의 베스트 3는 미야자키 감독의 〈하울의 움직이는 성〉, 〈벼랑 위의 포뇨〉, 〈마루 밑 아리에티〉였고, 〈센과 치히로의 행방불명〉, 〈이웃집 토토로〉 등도 인기가 있었다. 그러나 〈바람이 분다〉의 경우는 한국인의 입장에서 전쟁의 미화로 해석되는 부분들이 많았다. 대만, 홍콩에서는 개봉했지만 중국에서는 개봉하지 않았다. 러시아에서는 2014년에 개봉했는데, 첫 3일간 흥행 수입이 일본 애니메이션으로는 최고를 기록했다.

중국 동영상 사이트에서는 〈걸즈 앤 판처ガールズ＆パンツァー〉, 게임 〈함대 콜렉션艦隊これくしょん〉의 중국판인 〈전함소녀戰艦少女〉도 인기를 얻고 있다. 규제는 이루어지고 있지만, 방송보다는 비교적 느슨하게 동영상 사이트나 인터넷을 중심으로 이루어지고 있다. 동인 이벤트에서 〈함대 콜렉션〉은 중국인 게임, 애니메이션 팬에게 큰 지지를 받고

있다. 이는 대만 동인 행사에서도 마찬가지다. 다만 〈걸즈 앤 판처〉와 관련해서 중국 군사지들이 비판적인 기사를 게재하기도 했다. 즉, 콘텐츠 팬들에게는 큰 문제가 되지 않고 있지만, 국가 차원에서는 여러 문제가 지적되고 있기도 하다.

SNS의 보급이 정보의 확산에 크게 기여하는 것은 분명하다. 그러나 한편으로 누구라도 발언이 가능하게 됨으로써 생기는 여론몰이도 있다. 텔레비전 미디어는 이러한 문제들로부터 자유롭기 위해 무난한 프로그램을 만들고 있다. 때문에 젊은 세대는 텔레비전과 멀어지는 현상이 생겨나고 있다. 즉, 그들을 만족시킬 수 있는 프로그램들이 적어지고 있다고 볼 수 있다. 콘텐츠에서의 표현의 자유는 여기에 적지 않은 영향을 받았을 것이다. 콘텐츠의 새로운 표현의 장으로서 웹 공간이 부각되었지만, 그렇다고 해서 웹 공간에서 표현의 자유가 100% 보장되는 것은 아니다. 콘텐츠 투어리즘의 경우, 배경으로 사용하는 풍경 속의 인물이나 주택 등과 관련된 문제도 있다. 이것은 앞에서 말한 지역 주민의 생활권을 관광객이 침해할 우려와 가까운 문제이다. 당연하게도 실사이든 애니메이션이든, 인물이나 주택이 노출되는 것에 우려를 느끼는 경향도 적지 않다. 저작권법상 롱샷 촬영이 기본적으로 허용되기는 하지만 그래도 세심한 배려가 필요하다. 인물이 찍힌 경우에는 초상권이나 프라이버시권, 상표의 경우는 상표권이나 부정경쟁 방지법 등의 문제가 될 여지가 있다.

즉, 배경 하나하나에도 표현의 자유를 제한받을 수 있다. 디지털 기술 등의 혁신innovation에 의해, 배경이 사실적으로 그려지게 되면서 더욱 유의해야 할 부분들이 늘어났다. 콘텐츠 창작자에게는 어려운 시대가 되었다. 그러나 한편으로는 배경이 사실적으로 그려지기 시작하면서 애니메이션 투어리즘이 전성기를 맞이했다고도 볼 수 있다.

또한, 콘텐츠 투어리즘은 무대가 되는 특정 장소에 관한 문제가 있다. 이건 표현의 자유와는 별개의 문제이지만 짚고 넘어갈 필요가 있다. 앞서 기술한 바와 같이 지브리 스튜디오는 작품의 무대를 특정하고 있지는 않다. 이 문제는 표현의 자유와는 직접적인 관계가 없지만, 현재의 애니메이션 투어리즘은 무대가 되는 장소를 명시하기 때문에 지금의 붐을 일으킬 수 있었다고 할 수 있다. 해당 지역의 성지순례 지도 등을 배포하는 관광협회 등의 노력이 있었지만, 이것도 분명한 무대로서의 장소가 있었기 때문에 가능한 기획이다. 확실히 지도가 있으면 편리하며, 특히 인바운드 관광객에게는 중요한 도구가 된다. 외국어 표기도 함께 이루어진다면, 일본을 처음 찾는 인바운드 관광객에게는 유익한 지침이 될 것이다.

애니메이션 팬 중에는 작품을 읽고 스스로 성지를 찾는 행위에 비중을 두는 사람도 있다는 사실을 잊어서는 안 된다. 그들에게 장소를 명시하는 것은 극단적으로 말하자면, 추리소설을 읽을 때 첫머리에 범인이 밝혀지는 것과 같다. 즉, 일부 팬들의 즐거움을 앗아간다는 측면도 있다. 현재와 같이 일반적인 지역관광정책이 강조되면서 그러한 논의는 사라진 것처럼 보이기도 한다. 그러나 이 부분은 다시 한번 고려할 필요가 있다. 아마도 지브리 스튜디오의 대부분 작품이 장소를 명시하지 않는 이유도 이와 같은 이유 때문이 아닐까 생각한다. 제작사가 장소를 명시하지 않고, 팬들이 관심을 가지면 자유롭게 특정한 성지를 찾아가면 되는 것이다. 이런 맥락에서, 애니메이션 투어리즘을 포함한 콘텐츠 투어리즘은 팬의 자유를 빼앗아 버릴 우려가 있다. 콘텐츠 투어리즘을 많은 사람들이 관광정책으로서 확실하게 인지하게 되었지만, 한편으로는 관광정책으로서 자리매김했기 때문에 부작용 또한 존재한다.

콘텐츠 투어리즘과 가상현실

오늘날 콘텐츠 투어리즘은 새로운 시대를 맞이했다. 한편으로, 일반적인 인지도가 높아졌기 때문에 여러 문제가 나타날 것으로 예상된다. 지역활성화와 외국인의 일본 문화 이해라는 점에서 기존과 같은 방식으로는 문제가 해결되지 않을 것이다. 이 장에서는 콘텐츠 투어리즘이 보다 건전한 형태로 확장, 기여할 수 있는 방법을 생각해보고자 한다.

물론, 애니메이션 투어리즘이 일회성에 머무르지 않을까 하는 의구심은 여전히 남아 있다. 현재는 지역활성화 방법으로 애니메이션 투어리즘이 주목받고 있지만, 그것은 어디까지나 정책의 일부분일 뿐이며, 얼마나 지속성을 가질 수 있을지는 더 논의되어야 할 것이다. 애니메이션 또한 지역자원 중 하나일 뿐이기에 다른 지역자원과의 연계도 중요하다. 관광 마스터플랜의 한 영역으로 보아야 한다. 그러나 역시 중요한 것은 지역에서의 애니메이션 문화에 대한 이해이다.

일본에서는 '문화'라고 했을 때 고급문화로서의 하이컬처high culture를 의미하는 것이 일반적이다. 상대적으로 대중문화에 대한 이해는 부족하다. 일부의 이해가 있기는 하지만, 향후에는 한층 더 이해의

폭이 넓어져야 함이 분명하다. 물론 대중문화는 소비재적 측면을 갖고 있고, 그로 인해 경제와 직결되어 있다는 점은 간과할 수 없다. 이른바 경제적 효과를 기대하고 있음이 분명하다. 이에 대해 문화적 가치의 이해 촉진 또한 필요하다. 쿨재팬 정책이 실패했다고 보는 점은 전제로서의 논의, 시책이 부재하기 때문이다. 좀 더 많은 사전준비의 시간을 가졌어야 했다.

AR이나 VR 등의 새로운 기술의 발전도 염두에 두어야 한다. 예를 들면, 〈포켓몬 GO!〉가 대표적이다. 확실하게 특정할 수 있는 성지가 없더라도 사람들은 가상세계 속 이미지의 포켓몬을 많이 잡아 도감에 등록하고 윌로우 박사에게 포켓몬을 보낸다는 장대한 목표를 갖고 여행을 떠나는 게임을 즐긴다. 이른바 가상현실 공간 속에서 포켓몬 포획을 위해 거리로 나서는 행동을 하게 된다.

이것도 어떻게 보면 콘텐츠 투어리즘의 확장이라고 할 수 있다. 〈포켓몬 GO!〉 서비스가 시작된 2015년에는 일본은 물론 전 세계가 이에 열광했다. 콘텐츠에 의한 관광의 한 유형이 파생됐다고 볼 수도 있었지만, 관광수익에 영향을 미칠 정도는 아니었던 것 같다. 다만, 〈포켓몬 GO!〉 자체가 계속 개발 중이기 때문에, 향후에는 관광 상품으로서의 접근도 가능할 것이다.

이미 몇몇 상점가에서는 근처에 있는 포켓스톱에 루어모듈[41]을 사용하여 포켓몬들이 모여들고 있다. 이것을 공지하고 이벤트화하는 방법, 예를 들면 지역의 어느 곳이 포켓스톱 혹은 체육관으로 설정되

---

41 (옮긴이) 〈포켓몬 GO〉 게임에서 포켓스톱에 특정 효과를 부여하는 아이템으로 루어모듈을 사용하면 일정 시간 동안 야생 포켓몬이 포켓스톱에 찾아오게 된다.

어 있는지를 지도화하여 공식 사이트나 실제 광고지로 만들어 배포하는 지역들도 있다. 돗토리현은 돗토리사구를 스마트폰 게임 해방구로 홍보하여 〈포켓몬 GO!〉 플레이어들을 불러 모았다.

필자도 2016년부터 고토구 관광협회江東区観光協会에서 실시하고 있는 iPad를 활용한 'AR 거리산책' 사업에 참여했다. 이것은 AR 기술을 적용해 희망하는 사람들에게 가이드 형식으로 거리산책을 즐길 수 있도록 하는 것으로 콘텐츠 투어리즘의 새로운 형태이다. 수행하는 입장에서는 여전히 개선의 여지가 보인다. 그럼에도 고토구 이익의 장소를 순례하는 다음 단계의 도전을 해보고 싶은 생각도 있다. 이는 이른바 도시의 다양한 층위를 즐기는 '거리산책'이다. 현실과 가상현실이 중첩되며 시대의 흐름과 변화를 감지할 수 있다는 기획의도를 담았다. 콘텐츠 투어리즘 분야에서는 이미 애니메이션에서 AR 기술을 활용한 앱 개발도 진행되고 있다. 애니메이션뿐만 아니라 소설, 음악 등으로도 확장이 가능하다. 거리산책은 풍경과의 대화일지도 모른다. AR 기술을 적용하는 것은 그 대화의 형식에 분명한 변화를 가져올 것이다. 이런 측면에서 앞으로가 기대되는 동시에, AR 기술을 활용한 다른 사례들에 대한 연구도 지속적으로 필요하다.

또한 이와사키(2014)가 언급하듯이, 아이돌을 따르는 행위도 정해진 형태가 없는 콘텐츠 투어리즘이라고 할 수 있다. 보통의 성지순례는 정해진 성지를 찾아 돌아다니는 관광 행동이다. 이것은 분명히 짚고 넘어갈 부분이다. 콘텐츠 중에는 사람에게 의존하는 성격이 강한 면이 있고, 음악은 아티스트 그 자체가 상품이기 때문에 특히 접근하기가 쉽다. 아이돌은 이러한 면이 더욱 부각된다. 전국 각지를 따라

다니며 아티스트의 콘서트나 라이브를 관람하는 관광 행동 역시 콘텐츠 투어리즘의 맥락에서 볼 수 있다.

위에서 이야기한 바와 같이 기술혁신의 영향, 그리고 다양한 형태로 콘텐츠 투어리즘이 나날이 확장되고 있는 점은 흥미롭다. 일본의 콘텐츠 투어리즘은 나라, 헤이안 시대에 와카和歌의 우타마쿠라歌枕에 등장하는 장소를 귀족 계층의 사람들이 관광유람으로 방문한 것에서 기원한다고 알려져 있다. 그로부터 약 천 년의 시간이 흘렀고 앞으로도 이러한 관광 형태는 계속 되겠지만, 또 한편으로 새롭게 확장될 것이다.

또, 관광의 영역에서뿐만 아니라 새로운 산업 창출이라는 측면에서도 살펴볼 수 있다. 이 장에서도 애니메이션 영역 중 지역에 연관되는 부분을 소개하기는 했지만, 이는 애니메이션에 국한된 것은 아니다. 다른 콘텐츠 영역에서도 지역으로의 분산 가능성이 나타나고 있다. 물론 그 배경으로 디지털화의 영향이 절대적이기는 하나, 점진적으로 지역에서의 신산업 육성을 염두에 두고 관광을 고려해야 한다. 앞으로는 관광과 주민의 일상성을 함께 살펴보아야 할 것이다.

애니메이션과 PPL

▪ PPL이란?

PPLProduct Placement은 마케팅 기법 중 하나이다. 미국에서는 오래 전부터 효과적인 광고 기법, 특히 대기업의 마케팅 기법으로 지지받아 왔다. 1955년 개봉된 할리우드 영화 〈이유 없는 반항Rebel Without a Cause〉으로 제임스 딘이 영화에서 사용했던 빗에 대한 관객들의 문의가 영화사로 쇄도했다. 영화사는 이것이 새로운 광고 비즈니스의 모델이 된다는 사실을 알게 되었고 이후 일반 기업과의 콘텐츠 제휴를 통해 작품 속 광고를 진행했다.

1961년 개봉한 〈티파니에서 아침을〉의 사례는 잘 알려져 있다. 이 작품은 트루먼 카포트Truman Capote의 소설을 영화화한 것이다. 주인공 오드리 헵번은 맨해튼에 사는 파티걸로 부유층 남성과의 결혼을 꿈꾼다. 그런 그녀는 마음이 우울할 때면 5번가에 있는 고급 주얼리숍 '티파니'의 보석을 바라보며 빵과 커피를 손에 들고 아침식사를 하며 기분을 내는 설정이다. 이 영화로 '티파니'는 세계적인 주얼리숍이 되었다. 이는 전형적인 PPL의 효과라고 할 수 있다.

'007' 시리즈 역시 대표적인 예이다. 제임스 본드가 타는 애스턴 마틴과 그가 착용하는 시계와 수트는 대단한 브랜드 가치가 발생하기에 매번 여러 기업 간에 쟁탈전이 벌어진다. 재미있는 예로, 일본이 무대가 된 〈007 두 번 산다You Only Live Twice〉에서는 토요타 2000GT 컨버터블이 애스턴 마틴을 대신하여 등장한다.

이러한 실사 영화나 텔레비전 드라마의 광고 방식은 일반적이다. 미국에서는 PPL 대행사도 다수 존재한다. 예를 들어, 스티븐 스필버그 감독의 영화 〈E.T.〉에서 소녀가 ET에게 초콜릿을 주는 장면이 깊은 인상을 주자, 이후 〈마이너리티 리포트〉, 〈터미널〉 등의 영화에서 각각 수십 개의 회사와 계약하여 몇 십억 엔 단위의 광고비가 들어왔다고 전해진다. 또 거액의 제작비를 들인 작품은 이러한 방식을 통해 일종의 위험분산이 가능하다는 점에서도 주목의 대상이 된다.

현재는 실사 영화뿐만 아니라 애니메이션에서도 PPL이 사용된다. 일본에서는 아주 오래된 〈사자에상サザエさん〉이 대표적인 작품이다. 작품당 1개의 기업이 지원했던 1990년대까지는 오프닝의 시가지 장면 거의 대부분에 '도시바東芝' 혹은 'TOSHIBA'의 간판이 등장했다. 또 작품 중에 등장하는 냉장고 등의 가전제품에는 '이소노가磯野家' 회사 로고가 그려져 있었다. 최근에는 '성지순례'와 함께 애니메이션의 영향력이 주목받으며 이러한 방식이 눈에 띄기 시작했다. 〈너의 이름은〉과 산토리의 제휴가 대표적이다. 이토모리의 카페[42]의 산토리 BOSS 자판기, 야마노테선의 창문 광고의 'Z·KAI'까지 실감나게 재현됐다.[43] 또 전작 〈언어의 정원言の葉の庭〉에서도 산토리의 맥주 '킨무기金麦', '다이애나ダイアナ'의 신발 등이 등장했다. 작품 외에서의 비즈니스 모델로는 〈너의 이름은〉에서 신카이 마코토 감독이 산토리의 '천연수天然水' TV광고를 별도 제작했다. 직접적인 PPL의 광고 수입 형태는 아니었다.

〈스즈미야 하루히의 소실涼宮ハルヒの消失〉에는 훼미리마트가 등장한다. 등장인물들이 편의점에서 물건을 구입한다. 로손 역시 애니메이션 작품과의 제휴 또는 제작위원회 참가에 적극적이다. 〈여름색 기적夏色キセキ〉, 〈네가 있는 마을君のいる町〉 등의 작품에서 배경으로 등장한다. 〈신세기 에반게리온 신극장판: 서新世紀エヴァンゲリオン新劇場版: 序〉에

---

42 작품 속에서 주인공 미츠하가 친구들과 쉬어가는 장소 중 하나로 음료자판기 앞 벤치를 말한다.

43 (옮긴이) 본문에 나온 대로 산토리 브랜드를 비롯하여 작중에 일본 철도를 등장시키는 것도 JR동일본의 PPL이며, 애플의 아이폰(iPhone)을 애니에 넣는 이유도 애플 일본 지사가 신카이 마코토 애니메이션에 투자를 해주기 때문이라고 한다.

서는 피자헛, UCC 우에시마커피, 에비스 맥주 등이 실명으로 나온다. 〈마녀 배달부 키키魔女の宅急便〉의 '택배편宅急便'은 야마토 운수의 등록 상표로 이를 타이틀로 내세우며 야마토 운수를 광고하는 효과를 보았다.

또, 〈그날 본 꽃의 이름을 우리는 아직 모른다あの日見た花の名前を僕達はまだ知らない〉에도 산토리푸드의 'CC레몬', 산요식품サンヨー食品의 '삿포로이치방시오라멘サッポロ一番塩ラーメン', 이토햄伊藤ハム의 '알토바이에른アルトバイエルン', 후지야의 '컨트리맘カントリーマアム', 가루비カルビー의 '맛있는 감자튀김 히~하!!うま辛ポテトヒ~ハ~!!' 등의 전국단위 기업들과 함께 사이타마 신문사의 '사이타마신문埼玉新聞', 쥬만고쿠 후쿠사야의 '쥬만고쿠만쥬十万石まんじゅう' 등 지역기업 상품도 등장하고 있다. 이는 덴츠電通[44]의 이름이 제작위원회에 들어가 있는 점에서부터 비즈니스가 이루어지고 있다고 볼 수 있다. 그러나 크레딧에 기업명이나 상품명이 노출되지 않기 때문에 비즈니스로서 구체적인 입장을 갖고 있는지는 명확하지 않다.

이 밖에 PPL을 진행하는 작품으로는 〈타이거 & 버니タイガーアンドバニー〉가 있다. 이 작품은 등장하는 캐릭터에 직접 기업 로고를 붙이는 방식으로 펩시, 소프트뱅크, 규각牛角, 아마존amazon과 같이 직접 애니메이션과 관련 없는 대기업의 스폰서를 획득하는 데 성공했다. 은밀한 방법이 아닌 당당한 협업의 방식으로 발전됐다. 일본 애니메이션이 세계를 석권하고 있는 것은 아니다. 다만 그 이야기 구성력이나 표현

---

44 (옮긴이) 일본의 광고 회사로 1901년에 설립되었다. 주요 사업은 광고로 신문, 잡지, 광고지, 영화, 판매 판촉, 수송 및 우편 등에 사용되는 인쇄물 제작 등이다.

력에 있어서, 일본 애니메이션이 세계 시장에서 독자성을 가질 수 있는 가능성은 분명하다. 수익으로 이어지지 않았다는 역설적 현상을 '수익성의 패러독스'라고 부르는데, 즉 일본 애니메이션이 인기가 있다고 해서 애니메이션 관련 회사의 비즈니스가 잘되는 것만은 아니라는 점이다. 해외 TV에서 방영된 작품은 한정적이다. 일본 애니메이션의 대부분이 불법 동영상 다운 사이트를 통해서 해외의 시청자에게 전달되어왔기 때문이다.

최근 텔레비전 애니메이션의 해외 수출에 대한 관심이 늘어나고 있고, 실제로 공식 조사를 통해서도 확인되고 있다. 총무성은 2017년 4월 10일에 정보통신정책연구소가 작성한 「방송 콘텐츠의 해외 전개에 관한 현황 분석放送コンテンツの海外展開に関する現状分析」(2015)을 공개하며 2015년도 일본 방송 콘텐츠의 해외수출 총액이 약 5,000억 엔이라고 발표했다. 일본동화협회日本動画協会의 「애니메이션 산업 리포트アニメ産業レポート」에서는 애니메이션 시장 규모가 2014년 1조 6,299억 엔, 2015년 1조 8,215억 엔으로 성장을 거듭하고 있으며, 2017년에는 2조 9억 엔까지 성장했다고 밝혔다.[45] 이 숫자는 협회가 원청제작사 100여 곳을 대상으로 2016년 1월~12월의 매출 관련 설문조사를 실시해 집계 결과 등을 통해 추산한 것이다. 특히, 해외 영화 상영과 DVD 판매 등으로 7,676억 엔, 캐릭터 상품 매출 등이 5,627억 엔으로 큰 비중을 차지하고 있다.

앞에서 언급한 「방송 콘텐츠의 해외 전개에 관한 현황 분석」에 따

---

45 (옮긴이) 이 수치는 계속 증가하여 2022년 말 기준 2021년 시장규모는 2조 7,422억 엔(약 26조 원)으로 전년 대비 13% 증가한 것으로 조사되었다.

르면 아시아 지역에서는 애니메이션 외에 버라이어티와 드라마가 선전하고 있다. 이제까지는 한류에 밀려 왔다고 생각되는 드라마도 2013년 3,000만 엔, 2014년 20억 8,000만 엔, 2015년 28억 8,000만 엔으로 분명히 확대되고 있다. 아시아 지역으로의 드라마 수출과 관련해서는 앞으로 비즈니스 기회가 있을 것이다. 북미로의 수출 성장에도 불구하고, 아시아는 전체의 56.4%로 절반 이상을 차지한다. 아시아에 대한 공략 전략이 새로운 수출 확대의 열쇠가 된다.

그러나 이 역시 마음을 놓을 수 있는 상황은 아니다. 국가의 규제 강화 속에서 표현의 자유와 관련된 문제가 있다고 하더라도 자본력을 빌미로 일본기업과의 제휴와 진출을 도모하는 중국의 성장을 고려하지 않을 수 없다. 최근 움직임이 더욱 활발해지고 있는 것이 현실이며, 할리우드에도 많은 중국 자본이 유입되었다는 것은 잘 알려져 있다. 이는 미국에만 국한된 것이 아니라 일본도 마찬가지이다. 애니메이트アニメイト나 토라노아나とらのあな[46] 등이 해외로 진출하는 것뿐만 아니라, 대만의 시먼 지역 부근에 애니메이션 동인지 점포들이 모여들고, 2017년에는 타이베이의 지하가에도 애니메이션 거리가 만들어지는 등 한층 더 일본 대중문화의 확산에 긍정적인 신호들이 나타나고 있다.

단, 3년 전 즈음, 토에이애니메이션 필리핀의 사장을 만났을 때 했던 이야기에서 한 가지 주목할 점을 찾을 수 있다. 미국이 3D 애니메이션에 주력한 것이 2D에 강한 일본 애니메이션에 상대적으로 경쟁력을 가져오게 했다는 것이다. 즉, 잔존자 이익[47]이 발생했고, 또

---

46 (옮긴이) 일본의 동인숍을 운영하는 회사 이름

경쟁상대가 스스로 자리를 비워줬다는 해석도 가능하다. 이 점은 매우 중요하다.

그러나 이 영역에서 주도권을 잡는 것도 그리 쉬운 일은 아니다. 신카이 마코토나 가타부치 스나오 등 새로운 인재의 등장이 일본 애니메이션의 해외 매출 증가로 연결되고 있는 것을 생각해 본다면 역시 중요한 것은 인력의 양성이다. 또 애니메이터의 노동 환경 개선 역시 고려해야 할 것이다. 재능 있는 많은 애니메이션 감독이 나올 수 있었던 토대가 무너진다면, 산업도 더 이상 발전하지 못하는 것이 당연하다.

한편, 또 다른 과제는 기존 극장 상영, 방송, 패키지와 같은 비즈니스 모델의 새로운 상황에 대한 산업적 대응 방안에 대한 고민이다. 애니메이션이 넷플릭스Netflix로 대표되는 OTT 플랫폼들과 어떻게 좋은 관계를 이루어 나갈지가 향후의 가능성을 점치는 주요 포인트가 될 것이다. 백화점이 전문점을 능가하게 되고, 전자상거래가 소매의 주역이 된 현재의 유통구조처럼 콘텐츠를 둘러싼 비즈니스 구조에도 변화가 요구된다. 또한, 지역에서의 콘텐츠 창출을 위해서도 이와 같은 비즈니스 구조의 변화를 잘 읽어내고 반응해야 한다.

만화, 애니메이션, 영화에는 상업적인 PPL뿐만 아니라, 작가의 개인적인 취미나 관심으로 '음식문화'가 작품 속에 그려지는 경우도 많다. 어디까지나 우연의 산물이지만, 이를 바탕으로 콘텐츠와 '식문

---

47 (옮긴이) 잔존자 이득(잔존자 이익)이란 경쟁 상대인 타사가 철수한 뒤 살아남은 기업만이 시장을 독점함으로써 얻는 이익이다. 잔존자 이득은 포화시장이나 쇠퇴시장에서 발생하기 쉬우며, 과거에는 여러 기업이 플레이어로 존재했지만 각 회사가 철수한 후에 살아남은 기업에 따라 과점이나 독점에 이르는 경우가 있다.

화'의 크로스 미디어cross media적인 관계를 분석·고찰하여 콘텐츠의 해외로의 전파를 전략적으로 접근할 수 있을지도 모른다.

크로스 미디어는 1인당 3회의 광고 접촉 빈도로 충분하다고 하는 크루그먼P. Krugman의 '3 Hit 이론'을 바탕으로 각종 미디어를 이용하여 그에 맞는 최적의 광고 수단을 계획하는 전략이다. 정해진 광고비용으로 최대의 광고효과를 얻는 것이 목적이다. 미국에서는 미디어 프랜차이즈라고 부른다. 원래 한 매체에서만 표현되던 작품을 소설, 만화, 애니메이션, 게임, 음악CD, TV드라마, 영화, 탤런트(연예인), 트레이딩카드, 프라모델 등 여러 미디어를 통해 전개하는 비즈니스 모델을 가리켜 미디어 믹스라고 부르는 것이 일반적이다. 다만, 크로스 미디어는 복수의 미디어를 크로스(통과)하는 것을 전제로 미디어 믹스를 시행한다. 개별 미디어에서 광고 정보가 부족하더라도 상관없다. 이러한 점에서 음식문화도 일종의 미디어적 존재로 볼 가능성이 있다.

필자는 해외에서 일본 콘텐츠의 수요를 파악하고 거기에 '음식문화'의 관계를 가미한 전파 모델을 구축하는 것에 큰 관심을 갖고 있다. 이러한 콘텐츠와 '음식'의 관계에서 인바운드 관광의 가능성도 충분하다고 본다. 즉, '음식문화'도 콘텐츠의 영역에 들어간다고 하는 가설도 세울 수 있다. 그뿐만 아니라 콘텐츠가 선행하는 것인지, '음식'이 선행하는 것인지 흥미로운 지점이다. 상호 보완으로 만들어진 것으로 볼 수 있다. 해외에서 일본 음식점이 2년 전에 비해 1.6배 많아졌다는 보고도 있다. 일본 문화에서 가장 인지도가 높은 것이 콘텐츠와 식문화에 있다는 점은 분명하며 인바운드 관광 활성화의 계기가 된다는 점도 확인할 수 있다.

■ '음식문화'와 PPL

콘텐츠는 음식문화를 하나의 중요 요소로 다루는 경우가 많다. 미식가 만화, 레시피 책뿐만 아니라 지브리의 작품 〈하울의 움직이는 성〉의 베이컨 에그 등 요리를 재현하는 사람들이 늘어나면서 이를 '지브리밥'이라 부르기도 한다. 또, 일본동화협회日本動画協会에서도 '애니밥アニ飯'이라 칭하며, 〈걸즈 앤 판처〉, 〈러브라이브〉 등의 작품에 나오는 요리 재현 및 개발에 아키하바라 UDX · AKIBAICHI의 협력점 및 요리연구가 등의 협력을 얻어 사업을 진행하고 있다. 애니메이션이 다양한 방향으로 확장되고 있다는 증거이기도 하다. 애니메이션은 시각 콘텐츠이므로, '음식'이 구체적으로 그려져 있는 경우가 많다.

〈맛의 달인美味しんぼ〉, 〈고독한 미식가孤独のグルメ〉 등 미식가 만화도 인기를 얻었으며, 그 외에도 만화밥, 애니밥 등으로 칭하는 작품 속에 그려져 있는 음식문화를 재현하는 레시피 책이 팔리고 있다. 동시에 웹에서도 개인 차원에서의 레시피 칼럼도 증가하고 있다. 또, 동남아시아의 '라멘' 보급에는 애니메이션 〈나루토NARUTO〉 등의 역할이 크다는 소식도 들린다. 일본 콘텐츠와 음식문화의 연관성은 필자가 PPL에 관심을 기울이는 계기가 됐다.

만화, 애니메이션의 경우, 상업적인 PPL에 한정되지 않고, 작가의 개인적인 취미에 의해 음식문화가 반영되는 경우가 많다. 콘텐츠와 음식문화의 크로스 미디어적 관계에 대한 연구를 통해 콘텐츠의 해외 진출을 위한 전략을 찾을 수 있을 것이다. 그러나 이 분야에 대한 학술적 연구는 거의 존재하지 않는다.

이제까지의 콘텐츠 크로스 미디어는 미디어를 중심으로 논의되어

왔다. 만화, 애니메이션의 융성이 다방면으로 확장되고 있음을 보여주는 부분이기도 하다. 미식만화를 제외한 일반 만화 작품에도 '음식문화'는 자주 등장한다. 식사 장면 또는 요리 그 자체로 표현되기도 한다. 애니메이션도 만화도 시각에 근거한 콘텐츠이기 때문에 식사 장면이나 요리가 세밀하게 그려지는 경우도 많다. 물론 같은 시각콘텐츠인 영화도 마찬가지다. 어떤 이들은 이미 '도쿄 밥 영화제東京ごはん映画祭' 등의 행사를 실시하고 있다. '음식으로 연결된 사람과 사람을 그린 영화', '밥이 인상적인 영화'들을 한자리에 모아 감상하며 영화와 밥을 사랑하는 사람들의 마음과 식욕을 채우고 즐거운 시간을 보낼 수 있다는 콘셉트이다.

콘텐츠와 '음식문화'의 관계를 분석하고 고찰하는 것은 콘텐츠 투어리즘을 통한 지역진흥, 쿨재팬 정책에서의 인바운드inbound 관광객의 증가라는 점에서 일정 부분 기여가 가능하다. 콘텐츠와 음식문화의 효과적 관계성을 밝히는 것, 이를 통해 일종의 모델화를 시도하는 것은 낯설지만 의미있는 작업이다.

새로운 원리를 발전시키거나 참신한 아이디어나 방법론을 제안하는 것은 상업적인 PPL이 종래의 크로스 미디어적 전략에 '음식문화'를 대입시켜 새로운 콘텐츠 전략을 구축하는 것이다. 이와 관련해서 미나미(南, 2013)는 만화와 음식문화의 친화성을 논하며, 음식을 다룬 만화사의 연구를 진행했다. 하지만 마케팅에 주안점을 둔 전략론으로서 상업적인 PPL의 분석뿐 아니라 우연하게 활용되는 경우에 대한 대안까지 모색할 필요가 있다. 이것은 앞으로 쿨재팬 사업을 이끌어갈 확실한 방향이다. 콘텐츠와 음식문화, 이들은 해외를 대상으로 가장 호소력이 높은 소재이다.

아시아 전역에서 일본 만화, 애니메이션의 인지도는 매우 높다. 또, 전 세계적으로 일식의 붐이 일어나고 있다. 이러한 관점에서 본 연구는 현재, 개별적으로 진전되는 만화, 애니메이션, 영화 등과 '음식'에 대한 해외전략을 통합적으로 기획해야 함을 강조한다. 이들 사이의 관계성, 연동성의 메커니즘 분석을 통해 일본 콘텐츠, 나아가서는 일본문화 전반의 해외진출과 해외 관광객의 유입 등 현재 각각 진행되고 있는 쿨재팬 사업의 새로운 전략을 효율적으로 도모할 수 있을 것으로 기대된다. 즉, 살펴본 바와 같이 일본의 '음식문화'를 알리기 위해서 애니메이션은 이미 훌륭한 홍보 매체라고 보아도 좋을 것이다. 특히 해외로 진출하는 데 중요한 역할을 한다. 즉, 해외에서 경쟁력을 갖고 있는 일본 애니메이션은 생각지 못했던 부분에서 효과를 만들어내고 있다.

광의로서의 PPL

필자는 앞에서 이야기 한 바와 같이 2017년 6월 초 대만과 태국을 대상으로 애니메이션과 일식의 관련성을 알아보기 위해 인터넷 설문조사를 진행했다. 샘플 수는 대만과 태국 각각 206명으로, 남녀 성비는 반반이었다. 여러 사정으로 인해 샘플 수가 많지는 않지만, 대략적인 경향은 파악할 수 있었다. 설문의 내용은 다음과 같다.

1. 당신의 성별을 알려주세요.
① 남성　　　　　　　② 여성

2. 당신의 연령대를 알려주세요.
① 10대 이하(19세 이하)　　　　　　② 20대　　　　　　③ 30대

3. 당신이 사는 곳을 알려주세요(도시명)
① 방콕　　　　② 논타부리　　　③ 나콘 랏차시마　④ 치앙마이　⑤ 기타
① 타이베이, 신베이　② 가오슝　　③ 타이중　　　④ 대중　　⑤ 기타

4. 당신의 직업을 알려주세요.
① 경영자·임원　　　② 회사원　　③ 공무원　　　④ 자영업·자유업
⑤ 파트타임 (프리터)　⑥ 학생　　⑦ 전업주부(주부)　⑧ 기타　　⑨ 무직

5. 일식을 좋아하나요?
① 좋다　　② 약간 좋다　　③ 보통이다　　④ 약간 싫다　　⑤ 싫다

6. 일식으로는 무엇을 좋아합니까? (복수 응답)
① 초밥　② 라멘　　③ 튀김　　④ 돈가스　　⑤ 고기　　⑥ 가라아게
⑦ 우동　⑧ 오코노미야키　⑨ 카레라이스　⑩ 샤브샤브　⑪ 주먹밥　⑫ 기타

7. 일식은 자주 먹습니까?
① 자주 먹는다　　　② 가끔 먹는다　　③ 거의 먹지 않는다

8. 일식에 대해 어떻게 알게 되었습니까? (복수 응답)
① TV　② 영화　③ 애니메이션　④ 만화　⑤ 웹　⑥ 소문　⑦ 기타

9. 당신은 일본의 애니메이션을 좋아합니까?
① 좋아한다　② 약간 좋아한다　③ 보통이다　④ 약간 싫어한다　⑤ 싫어한다

10. 일본 애니메이션에서는 어떤 작품을 좋아합니까? (복수 응답)
① 원피스　② 도라에몽　③ 드래곤볼　④ NARUTO　⑤ 포켓몬스터　⑥ 신세기 에반게리온
⑦ 캡틴 츠바사　⑧ 강철의 연금술사　⑨ 명탐정 코난　⑩ 스즈미야 하루히의 우울
⑪ 센과 치히로의 행방불명　⑫ 모노노케 공주　⑬ 슬램덩크　⑭ 너의 이름은　⑮ 기타

11. 일본 애니메이션을 좋아하게 된 계기를 가르쳐 주세요.
① TV　　② 영화관　　③ 인터넷　　④ 친구소개　　⑤ 애니숍　　⑥ 기타

12. 일본 애니메이션을 얼마나 자주 시청하십니까?(극장 개봉작 또는 오리지널 비디오 애니메이션, 렌탈 시청 등을 포함해 응답해 주십시오)
① 매일 ② 일주일에 여러 번 ③ 일주일에 한번 ④ 한 달에 몇 번 ⑤ 일년에 몇 번 ⑥ 보지 않음

13. 일본 애니메이션의 매력은 무엇입니까?
① 캐릭터   ② 스토리   ③ 작화   ④ 성우   ⑤ 주제가   ⑥ 기타

14. 애니메이션 속 일식 중에 인상 깊었던 것을 골라주세요.
① 초밥   ② 라멘   ③ 튀김   ④ 돈가스   ⑤ 고기   ⑥ 가라아게   ⑦ 우동
⑧ 오코노미야키   ⑨ 카레라이스   ⑩ 샤브샤브   ⑪ 주먹밥   ⑫ 기타

15. 일본에 가 본 적이 있습니까?
① 여러 번 가보았다   ② 한번 가보았다   ③ 아직 가보지 않았지만 가고 싶다   ④ 가고 싶지 않다

우선 기본적인 속성을 살펴보자. 응답자의 거주지는 대만의 경우 타이베이·신베이 40.3%, 타이중 16.5%, 가오슝 14.6%, 타이난 9.7%, 그 외로 나타났다. 태국은 방콕 50.4%, 치앙마이 9.2%, 논타부리 6.3%, 나콘 랏차시마 5.3%, 그 외였다. 직업은 대만의 경우, 회사원 41.7%, 자영업·자유업 6.3%, 파트타임(프리터) 5.3%, 경영자·임원 2.9%, 공무원 1.5% 학생 27.2%, 기타이다. 태국은 회사원 30.5%, 자영업·자유업 30.5%, 공무원 6.0%, 파트타임(프리터) 4.4%, 경영자·임원 0.55%, 학생 24.3%, 기타이다. 즉, 도시지역 사람들로 노동자 및 학생들이 주를 이룬다.

이제 흥미로운 결과들을 살펴보자. 설문은 대만, 태국에서 인터넷 조사를 실시했고, 선호하는 음식은 초밥, 라멘이라는 응답이 가장 많았다. 이 외에는 양국에서 약간의 차이가 나타났다. 설계과정에서는 음식을 알게 된 경로와 선호에 대해서 애니메이션의 영향력이 가장

클 것으로 예상했으나 의외로 TV와 웹의 영향력이 더 큰 것으로 나타났다. 애니메이션에서 본 일본 음식의 경우 역시 공통적으로 초밥과 라멘이 상위권에 올라왔고, 대만에서는 돈가스, 태국은 카레라이스가 그 뒤를 잇는다. 오니기리의 경우 어느 정도 알려져 있었다.

사례 수가 많지 않기 때문에 편차가 있을 수 있지만, 이 조사는 일반적인 경향성을 보여준다. 일본음식문화는 세계무형문화재로 지정되어 해외에서의 인지도가 높아지고 있으며, 일본 콘텐츠 작품이 이를 알리는 데 큰 역할을 하고 있다. 즉, 얼핏 보기에는 관련이 없어 보이는 콘텐츠와 '일본음식'이 크로스 미디어적 관계로 연결된다는 점은 중요한 부분이다. 이 역시 넓게는 PPL로 접근할 수 있다.

[그림 11] 일본의 음식문화에 대해 알고 있습니까?

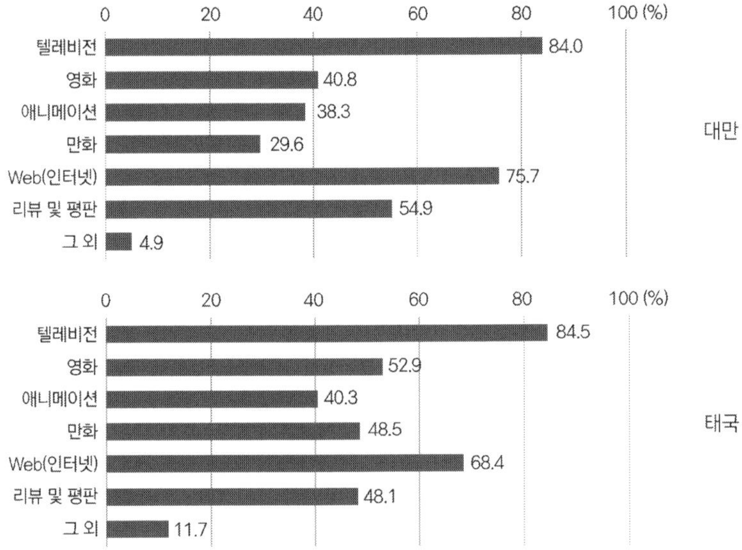

대만

텔레비전	84.0
영화	40.8
애니메이션	38.3
만화	29.6
Web(인터넷)	75.7
리뷰 및 평판	54.9
그 외	4.9

태국

텔레비전	84.5
영화	52.9
애니메이션	40.3
만화	48.5
Web(인터넷)	68.4
리뷰 및 평판	48.1
그 외	11.7

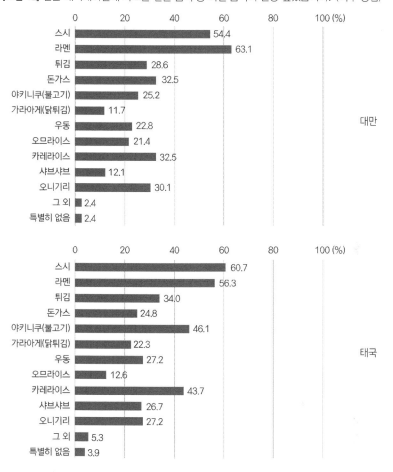

[그림 12] 일본 애니메이션에 나오는 일본 음식 중 어떤 음식이 인상 깊었습니까? (복수 응답)

대만

스시	54.4
라멘	63.1
튀김	28.6
돈가스	32.5
야키니쿠(불고기)	25.2
가라아게(닭튀김)	11.7
우동	22.8
오므라이스	21.4
카레라이스	32.5
샤브샤브	12.1
오니기리	30.1
그 외	2.4
특별히 없음	2.4

태국

스시	60.7
라멘	56.3
튀김	34.0
돈가스	24.8
야키니쿠(불고기)	46.1
가라아게(닭튀김)	22.3
우동	27.2
오므라이스	12.6
카레라이스	43.7
샤브샤브	26.7
오니기리	27.2
그 외	5.3
특별히 없음	3.9

쿨재팬 정책은 본질적으로 이러한 부분을 염두에 두어야 한다. 단 판 승부가 아닌 맞춤전략을 준비해야 한다. 이러한 전략은 해외에서 의 콘텐츠의 경쟁력을 높일 것이다. 그리고 이는 일본의 차별성이 되 어 인바운드inbound 관광을 촉진시킬 것이다. 다만, 실제 현장에서는 쿨재팬 정책이 다양한 부처에서 제각각 실시되는 경향이 있어 효율

성이 떨어져 보인다. 일본 내각관방과 문화청의 '문화경제전략'이 어느 정도의 효과를 창출할 것인지, 또 도쿄 올림픽 이후의 지속가능성과 관련된 문제들에 대해서도 주시해야 한다.

관광입국 차원에서 전국 각지에 설치된 DMO가 어느 정도의 역할을 해 줄 것인가는 중요한 문제이다. 특히 콘텐츠 투어리즘과 관련된 논의는 좀 더 구체적으로 이루어져야 한다. 이는 단기간에 결과를 낼 수 있는 문제는 아니지만, 구체적인 전략에 대한 활발한 논의가 필요하다. 또, 지역은 지금보다 더 적극적으로 전략수립을 위해 노력해야 하며, 방문객을 끌어들이기 위해 지역마다 인바운드 관광 전략에 대한 고민 또한 진행되어야 한다.

스토리텔링 전략

마케팅 영역에서 스토리텔링의 중요성이 강조되고 있다. 쿠스노키(楠木, 2010), 이와이·마키구치·우치다(岩井·牧口·內田, 2016) 등이 이를 언급하고 있다. 이와이 등은 다음과 같은 비즈니스 모델을 제시했다(그림 13). 이러한 개념은 지역에도 적용할 수 있을 것이다. 스토리텔링 요소의 강조를 통해 관광이나 산업 진흥의 맥락에서도 지역을 매력적으로 보이게 할 수 있다.

최근의 '지방창생'에 대한 논의에서도 이 점에 관해서는 그다지 부각되지 않고 있지만, 이것은 앞서 언급한 PPL과 유사하게 콘텐츠 투어리즘의 필수적인 요소이다. 콘텐츠 투어리즘이란 '이야기를 여행한다'는 것이기도 하기 때문이다. 사람들의 마음을 끌어들이는 매력

은 어떻게 만들어낼 수 있을
까? 이는 관광과 주민의 일상
성의 안정을 모두 목적으로
하는 전략 수립과정에서 충분
히 고려되어야 한다. 즉, 지역
의 스토리텔링으로 집약되는
것이어야 한다. 이야기가 있
는 지역은 이미지를 구축하는
과정에서도 경쟁력을 갖는다.

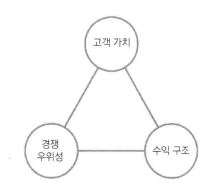

[그림 13] 스토리텔링 전략의 개념

* 2016, 이와이·마키구치·우치다(岩井·牧口·内全)

스토리텔링의 핵심은 무심코 남에게 이야기하고 싶어지는 '재미있는 이야기'에 있다. 대개 큰 성공을 거두고 그 성공을 지속하는 기업들은 일관된 흐름과 움직임을 가진 이야기에 바탕을 둔 전략을 가지고 있다는 공통점을 갖고 있다. 전략이란 마지못해 만들어지는 것이 아니다. 누군가에게 말하고 싶어 견딜 수 없는 재미있는 이야기를 창출해내는 것이다. 또 기업의 상징적인 스토리는 ① 기업의 강점을 잘 나타내고 ② 기업의 전략방침에 부합하며 ③ 자기도 모르게 다른 사람에게 말하고 싶어야 한다. 지역도 경영의 관점에서 보면, 기업들이 가진 스토리텔링 전략을 검토해야 한다. 다시 말하면 독자적인 지역 자원의 활용법이라고도 할 수 있다. 지역에서는 그 도시와 지역을 연상시키는 '캐치프레이즈'가 여기에 해당된다.

지역이 가진 고유의 이야기를 통해 사람들을 끌어들일 수 있다면, 콘텐츠 투어리즘의 중요성은 더욱 커진다. 외부인에게는 관광의 동기가 되고, 내부인에게 있어서는 지역민으로서의 자부심이나 정체성을 형성하게 한다. '이야기'는 지역자원의 가치를 돋보이게 한다. 이 작업은 단기간에 이루어지는 것이 아니다. 또, 계획한 그대로 이루어지는 것도 아니다. 유연하게 이를 발전시키는 것이 중요하다. 그러나 오랫동안 이를 기다릴 수 있는 지속가능성이 반드시 전제되어야 한다.

다도코로(田所, 2017)는 지역의 '테마화'가 애니메이션 성지순례와 대하드라마 관광 모두에서 창조적인 도시를 만든다고 주장했다. 그는 인구감소의 시대에 사람들이 모여드는 장소가 어떻게 생겨나는 것인지, 지역특산품이나 문화유산이 없는 도시를 콘텐츠 마케팅을 통해 어떻게 예술마을로 만들 수 있는가 하는 브랜드화 등을 언급하고 있다. 이러한 그의 주장에는 분명 '테마화'의 관점도 반영되어 있다.

결국 콘텐츠 관광과 스토리텔링 모두 다시 경험하는 행위라고 볼 수 있다. 필자가 지난 몇 년 동안 조사하고 고찰한 콘텐츠 투어리즘 역시 재미있는 이야기로서의 스토리텔링 특성을 잘 활용한 지역활성화의 사례라고 할 수 있다. 성공 사례의 공통점은 이야기가 잘 작동하고 팬들의 관심을 모은다는 점이다. 물론, 이것은 콘텐츠 투어리즘에 국한된 것은 아니다. 일반적인 지역 관광정책을 고려하는 데도 역시 중요하다.

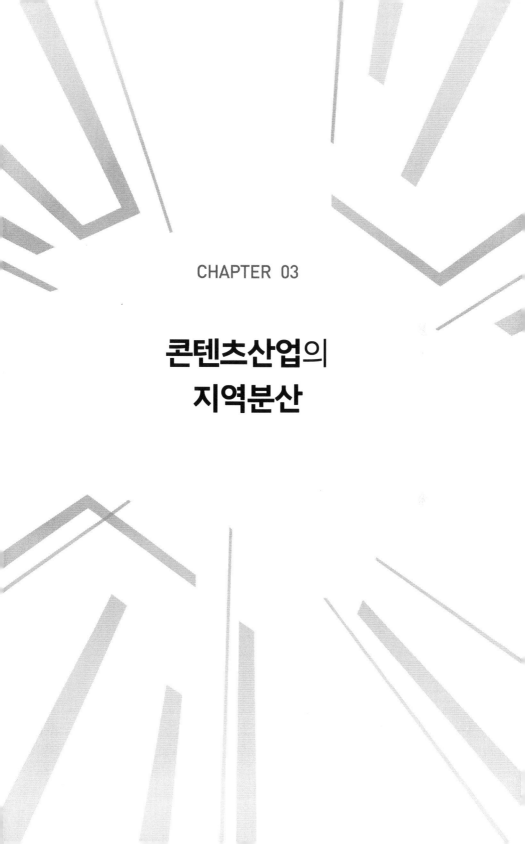

CHAPTER 03

콘텐츠산업의
지역분산

콘텐츠산업의 지역분산

콘텐츠산업의 정의

이 즈음에서 잠시 콘텐츠에 대한 이야기를 다시 해보도록 하자. 이번 장에서는 콘텐츠산업을 중심으로 하는 지역활성화에 대해 이야기하고자 한다. 콘텐츠의 개념은 이 책의 서두에서 설명한 일본 경제산업성의 「콘텐츠의 창조, 보호 및 활용 촉진에 관한 법률」(2004년)의 정의에 따르고자 한다. 일반적으로 일본에서는 콘텐츠를 다루는 산업을 콘텐츠산업이라고 지칭한다. 해외에서는 크리에이티브 산업creative industry, 직역하여 창조산업이라고 부르기도 한다. 그러나 일본의 경우, 국가의 법률에 '콘텐츠'라는 용어가 명시되어 있기 때문에 이 책에서는 '콘텐츠산업'으로 통일하여 사용하고자 한다. 덧붙여, 이 법은 디지털 콘텐츠의 보호와 보급을 전제로 만들어졌다. 한 예로, 컴퓨터 프로그램에 대해서 '전자계산기에 대한 명령에 하나의 결과를 산출할 수 있도록 조합한 것이다'는 추가설명이 있다. 그러나 콘텐츠는 디지털뿐만 아니라, 아날로그 콘텐츠(예를 들면 라이브, 연극 등 실시간 공연, 캐릭터 상품 등)도 포함된다. 그렇기 때문에 이 책에서 이야기하는 콘텐츠는 엔터테인먼트 요소를 갖고 있는 창작물 전체를 의미한다.

물론 콘텐츠의 발전과정은 장르별로 다소 다르기 때문에 이를 일반화하여 접근하기 어려운 부분도 있다. 그러나 창조 또는 표현이라는 큰 맥락은 공통적이고, 그것이 콘텐츠의 본질이라는 점은 분명하다. 또, 영화가 종합예술로 불리듯 각본, 연출, 영상, 음악, 미술 등이 복합적으로 얽혀 작품이 제작되고 있는 것을 고려해서, 여기서는 어디까지나 콘텐츠라는 개념을 중심으로 이야기하고자 한다. 디지털화로 웹툰[1] 등 새로운 장르가 나타나면서 장르 간 경계의 모호함은 더욱 가속화됐다. 음성 합성 소프트웨어인 '하츠네 미쿠初音ミク'는 음악일까 캐릭터일까, 그것도 아니면 '하츠네 미쿠'라는 콘텐츠 그 자체인가 하는 질문을 하게 된다.

마셜 매클루언Marshall McLuhan(1987)은 콘텐츠를 미디어 속의 미디어라고 주장한다. 그렇기 때문에 콘텐츠는 미디어 그 자체로 설명된다. 또 그는 "미디어는 메시지다"라고 하며, 콘텐츠=미디어=메시지의 해석을 내놓았다. 콘텐츠는 온갖 정보와 관련하여 사용되기에 매우 모호한 단어이기도 하다. 이는 정보재로서의 성격도 있다. 또한, 콘텐츠는 표현, 유통, 전달 방식에 따라 달라진다. 예를 들면, 방송 프로그램이라고 하는 콘텐츠는 방송 행위를 통해 프로그램으로 종합된 콘

---

1   한국에서 만화는 디지털화와 함께 스마트폰에 적합하게 독자적으로 세로 스크롤하며 이동하는 형태가 등장했다.

텐츠이다. 그 안에서 다루는 내용이 드라마인지 음악인지는 상관없다.

영화는 상영을 전제로 하는 콘텐츠이다. 즉, 상영 후에 DVD 등으로 배포된다. 이것은 영화 콘텐츠의 2차적 이용으로 볼 수 있다. 처음부터 DVD로 나온 동영상은 일반적으로 영화로 분류하지 않는다. 그러나 영화의 기법으로 촬영된 TV용 동영상은 TV영화 혹은 TV드라마라고 부르며 영화의 범주로 넣기도 한다. 결국 명확한 구분은 쉽지 않다는 점을 나타낸다.

이러한 영역을 다룬 대표적인 연구자로 플로리다(2002)가 있다. 그는 특히 미래 시대를 이끌어갈 주요한 계급에 대해 '창조계급creative class'이라는 개념을 새롭게 주장했다. 이에 세계가 주목했다. 그는 미국 노동국 직업고용조사의 직업분류에 의거하여 크게 ① 창조계급–핵심 창조인력Super Creative Core ② 창조계급–창조적 전문가Creative Professionals ③ 노동계급 ④ 서비스계급 ⑤ 농업이라는 직업군으로 구분하고 있다.

그는 이러한 분류기준에 따라 ①은 컴퓨터 및 수학 관련 직업, 건축 및 엔지니어링 관련 직업, 생명과학, 물리학, 사회과학 관련 직업, 교육, 훈련, 도서관 관련 직업, 예술, 디자인, 엔터테인먼트, 스포츠, 미디어 관련 직업, ②는 관리직, 업무 서비스 및 금융 서비스와 관련된 직업, 법률 관련 직업, 의료 관련 직업, 고소득의 판매 및 영업 관리와 관련된 직업 등으로 구분했다.

플로리다의 분석은 일본 고유의 콘텐츠산업보다 광범위하다. 영국의 창조산업의 범위는 ① 광고 ② 건축 ③ 미술 및 골동 ④ 공예 ⑤ 디자인 ⑥ 디자이너와 패션 ⑦ 필름과 비디오 ⑧ 인터랙티브 레저 소프트웨어(컴퓨터, 게임 등) ⑨ 음악 ⑩ 공연예술 ⑪ 출판 ⑫ 소프트웨어 ⑬ TV와 라디오의 13개 분야이다. 일본에서는 요시모토(吉本, 2009),

도쿄도(東京都, 2010), 노무라종합연구소(野村総合研究所, 2013) 등에서 콘텐츠산업에 대해 정의하고 있다. 그러나 역시 창조산업은 매우 광범위한 영역을 포함한다.

위의 정의가 산업 소분류에 근거하고 있는 반면, 아사다(朝田, 2015)는 창조산업을 일본 표준 직업분류에 따라 도출 후, 이를 통해 종업원 수를 추정하려 시도했다. 이는 콘텐츠산업보다는 광범위한 영역을 포함한다. 요시모토의 분류에 의하면, 콘텐츠란 ① 영화, 영상, 사진 ② 음악 ③ 출판 ④ 무대예술 ⑤ 컴퓨터·소프트웨어 ⑥ 디자인 ⑦ TV, 라디오 정도이다. 이를 중심으로 놓고 광고, 건축은 관련 산업에 위치하게 된다.

스로스비Throsby의 창조산업의 동심원 모델을 참고한 사사키(佐々木, 2008)의 모델은 창조산업 핵심core에 해당하는 부분이 이 책에서 설명하고자 하는 콘텐츠산업에 가깝다(그림 14).

[그림 14] 창조산업의 동심원 모델

* 2008, 사사키(佐々木)

또한, 플로리다가 제시한 창조지수인 보헤미안지수에 해당하는
계급 역시 콘텐츠산업 종사자라고 볼 수 있다. 플로리다는 기존 부르
주아와 보헤미안의 대립 구조에서 자본으로 흡수되는 보헤미안에 주
목하고 기존 문화 양식을 변혁시키는 창조계급의 중심이 되고 있다
고 이야기했다. 그리고 창조계급은 3개의 T, 즉 'Technology(기술)'
'Talent(재능)', 'Tolerance(관용성)'이 전제된다고 설명한다. 즉, 재
능을 가진 보헤미안과 콘텐츠산업의 종사자가 일치한다고 봐도 될
것이다(그림 15).

[그림 15] 창조지수

Technology(기술)	• 창조계급(Creative Class) • 인적 자원(Human Capital) • 과학기술 인재(Scientific Talent)
Talent(재능)	• 혁신지수(Innovation Index) • 하이테크지수(High-Tech Index)
Tolerance(포용성)	• 게이지수(Gay Index) • 보헤미안지수(Bohemian Index, 예술적으로 창의적인 사람들의 비율) • 멜팅팟지수(Melting Pot Index, 외국 태생 인구의 상대적 비율)

* 플로리다(2002)를 필자가 수정

플로리다가 말하는 보헤미안은 하워드 베커H. Becker의 낙인이론
Labeling theory과 관련이 있다. 어떤 사안에 대해 이름표를 붙임으로써
규범(사회적 반응 기준)이 내부에 있는지 바깥에 있는지를 규정한다
는 주장이다. 만약, 이 규범을 벗어날 경우 일탈자라는 꼬리표가 붙
게 된다. 하지만 일탈자도 일탈자들의 사회 안에서는 규범 내에 들어
있게 된다. 즉, 이 일탈자의 사회 안에서는 마약 사용이나 반사회적
인 사상도 정당화된다.

베커는 이 논의를 바탕으로 일탈자의 사회 속에서 문화적 창조가 이루어지고 있는 측면을 강조한다. 그리고 모든 형식의 문화 생산을 실제적이고 미적인 기존의 관습을 전제로 한 협동작업으로 설명한다. 예술작품은 그 작품이 만들어지는 데 필요한 공동작업에 참여한 모든 사람들에 의한 협력활동의 결과물이다. 이것을 그는 '계界'의 개념으로 설명한다. 음악업계나 영화업계가 대표적인 사례가 될 수 있다.

일본의 콘텐츠산업 관련 학술서는 데구치·다나카·고야마(出口·田中·小山編, 2009) 또는 가와시마·이쿠이네(河島·生稲編, 2013) 등의 성과가 있다. 앞의 책은 콘텐츠산업의 정의를 제시하고 있으며, 전술한 것처럼 이전의 문화산업이라는 개념에서 창조산업으로의 이행, 스로스비, 플로리다의 논의, 일본의 저작권법 등에 주목하고 있다. 그러나 관련 산업에 대해 설명할 뿐, 콘텐츠산업의 범주를 구체적으로 명시하고 있지는 않다.

후자는 콘텐츠산업을 음악, 영상, 출판, 미디어, 게임, 만화, 애니메이션 등의 문화적·오락적 작품을 상품으로 생산, 유통, 판매하는 영리營利 산업으로 정의한다. 이 책에서 설명하는 정의와 거의 일치한다. 즉, 문화산업, 창조산업에서 좀 더 범주를 좁혔다. 반복적으로 강조하지만, 이 책은 콘텐츠산업을 ① 영화, 영상, 사진 ② 음악 ③ 출판 ④ 무대예술 ⑤ 컴퓨터·소프트웨어 ⑥ 디자인 ⑦ TV, 라디오의 범주로 정의한다.

콘텐츠산업의 특징

이 장에서 다루는 콘텐츠산업은 창조산업의 핵심에 해당하는 부분으로, 콘텐츠산업의 특징은 창조산업의 전반적인 특징과 공통되는 부분들이 많다. 또한 콘텐츠산업의 엔터테인먼트적인 특성은 상업적으로도 매우 중요하다. 이는 보헤미안적 특성이 자본에 유입되는 것과 같다. 근본적으로 예술성을 중시하는 창작의 확장된 형태로 볼 수 있다. 이것은 결국 작품은 소비자가 수용하는 것이라는 점을 의미한다. 또 콘텐츠산업은 경험가치[2]의 개념과도 긴밀하게 연결되어 있어, 제품이나 서비스 그 자체가 가지는 물질적·금전적인 가치가 아니라 이용 경험을 통해서 얻을 수 있는 효과나 감동, 만족감이라고 하는 심리적·감각적인 가치를 기반으로 한다. 앞에서 서술한 플로리다 역시 창조계급 스스로의 경험을 추구하고 있다고 설명한다. 이는 콘텐츠산업의 매우 중요한 기본 특징이다.

콘텐츠산업의 특징에서 한 단계 더 들어가보자. 이제까지의 논의로는 제2차 세계대전 이전의 프랑크푸르트학파의 테오도어 아도르노 T. Adorno나 막스 호르크하이머M. Horkheimer에서 비롯된 음악산업 비판이 잘 알려져 있다. 이들은 콘텐츠산업으로서의 음악 이윤을 극대화하기 위해 음악의 규격화를 추진하고 상품으로서 음악을 시장에 내놓

2　이 개념을 제창한 슈미트에 따르면, 경험 가치에는 다음과 같은 다섯 가지 측면이 있다고 한다. ① SENSE(감각적 경험 가치) : 시각, 청각, 촉각, 미각, 후각의 오감을 통한 경험 ② FEEL(정서적 경험 가치) : 고객의 감정에 호소하는 경험 ③ THINK(창조적·인지적 경험 가치) : 고객의 지성과 호기심에 호소하는 경험 ④ ACT(육체적 경험 가치와 라이프 스타일 전반) : 새로운 라이프 스타일의 발견, ⑤ RELATE(준거집단이나 문화와 관련된) 특정 문화나 그룹의 일원이라는 감각 관련 가치이다.

는 것이 용이하다고 주장했다. 예를 들어, 재즈의 즉흥 연주 역시 기계적인 수순을 밟은 작업일 뿐이며, 이런 사소한 개성의 존중 또한 규격화된 틀의 규제를 받는다고 볼 수 있다. 더 거슬러 올라가면, 발터 벤야민W. Benjamin의 《기술복제시대의 예술작품》이 이러한 논의의 시발점이라 할 수 있다.

제2차 세계대전 이후, 필립 허쉬(P. Hirsch, 1971)는 문화산업은 개인의 기호성이나 가치관에 의해 좌우되기 때문에 시장에 받아들여질 것인가 하는 부분에서는 불확실성이 따른다는 점에 주목했다. 또 키스 니거스(K. Negus, 1996)는 음악산업 종사자들의 특성을 ① 여가와 일의 구별이 없고 ② 개인적인 기호와 일의 구분이 모호하며 ③ 아티스트, 직업인, 팬의 세 가지 인격을 갖는다고 규정했다. 이는 콘텐츠산업 전반에 나타나는 공통된 특징이다.

앞에서 이야기한 데구치·다나카·고야마(2009)는 콘텐츠산업이 갖는 특징을 ① 수요의 불확실성 ② 슈퍼스타 현상 ③ 저작권 ④ 내재적 동기 ⑤ 유연한 전문화에 의한 네트워크로 설명한다. 이는 다시 말해, 콘텐츠의 비즈니스에는 위험요소가 상존하고 한정된 작품 및 예술가가 시장을 독점하고, 지적재산이 비즈니스의 근원이며, 때로는 비즈니스보다 예술지향성이 크게 작용하기도 해 산업의 구조가 프로젝트 방식처럼 외부 인재의 활용을 통해 지극히 유연하게 작동한다는 것이다. 하지만 이런 특징들은 명확하게 규정하기 어려운 속성이다.

그러나 콘텐츠산업이 가진 창의적인 속성은 많은 젊은이들의 취업욕을 자극한다. 일본의 경우 소위 '매스 커뮤니케이션'이 콘텐츠산업과 많은 부분 중복되지만, 대학생들의 '매스 커뮤니케이션'에 대한 동경은 여전히 남아 있다. 물론, 콘텐츠산업은 보다 '자유로움'을 추구한다. 일반 기업에 비해 자유로운 정도가 높아 보이기도 한다. 즉, 앞에서 설명한 보헤미안적 요소가 강하게 반영된 세계라고 할 수 있다.

예를 들어, 대학교수들에게도 적용되는 사항이 있다. 시간의 '자유로움'이다. 콘텐츠산업계의 공통점은 근무시간이 자유재량에 맡겨진다는 점이다. 구체적으로 들어가자면, 콘텐츠 업계 내에서도 회사의 직간접적인 비용과 관련되는 부서의 경우, 근무시간이 정해져 있지만, 창조적인 기획 영역의 경우 자유로운 편이다. 정장을 일상적으로 입을 것을 요구하지도 않는다. 이것이 숨겨진 포인트 중 하나이다. 개인적으로 대학교수에게도 창의성은 꼭 필요하다고 생각한다. 사색하는 시간이 주어지는 것은 일의 기본이기 때문이다.

시간에 얽매이지 않는다는 점은 자유롭지만, 반면에 불안함을 유발하기도 한다. 필자 역시 가끔은 규칙적인 생활을 해보고 싶기도 하지만, 결국 시간의 자유로움을 선택하고 여기까지 온 것 같다. 다만, 확실한 것은 창의적인 기획자는 시간과 장소에 구애받지 않는다는 점이다. 가만히 생각해보니 필자는 벌써 40년 가까이 이 시간의 자유로움을 잘 활용해온 셈이다. 나의 경험에 비추어 볼 때, 콘텐츠산업 종사자에게 이 부분은 큰 힘이 된다. 주변에서는 이들에게 어떤 일을 하는 사람인가 묻는 경우도 적지 않지만, 이는 앞서 설명한 콘텐츠산업의 특징을 통해 알 수 있을 것이다.

도쿄의 산업 집중 과정

일본의 콘텐츠가 근대적인 산업화를 시작한 것은 제2차 세계대전 이후이다. 중심이 된 곳은 연합군사령부GHQ, 그중에서도 민간정보교육국의 영향이 크다. 약칭 CIE라고 부른 이 부서는 교육 전반·교육 관계자의 적격 심사, 각 미디어·예술·종교·여론 조사·문화재 보호 등 교육과 문화에 관한 매우 광범위한 개혁을 지도하고 감독했다.

예를 들면, 미국 영화의 최우선 배급을 통해 일본 국민에게 미국 문화를 알리는 데 주력했고, 이를 위해 할리우드 영화의 통괄 배급창구회사 CMPE를 도쿄에 설립했다. 당시의 일본 영화는 종전 후의 파괴된 도시나 미군의 지배를 표현하는 것이 금지되어 있었기 때문에, 장기간에 걸친 로케도 어려운 상황이었다. 또 일본도日本刀가 몰수되어 시대극을 촬영하기 힘든 상황이기도 했다.

야마다 후타로山田風太郎의 《전중파 전흔 일기戰中派焼け跡日記》[3] 1946년 5월 11일자에는 "미국 영화가 대부분인 상황에서 문화극장에서는 〈왕국의 열쇠王国の鍵〉, 토호극장에서는 〈무도회의 수첩舞踏会の手帖〉(프랑스 영화), 데이토자帝都座에서는 〈권총의 마을拳銃の町〉,[4] 무사시노관에서는 〈이 벌레 10만불この虫十万弗〉(다만, 원작명이 〈Once Upon a Time〉이므로, '옛날 옛적'이라고 번역해야 맞을 것이다), 일본 영화는 쇼치쿠에서 〈유부녀 츠바키人妻椿〉[5]라는 정말 오래된 작품을 상영

---

3 (옮긴이) 전중파(戰中派)는 제2차 세계대전을 실제로 겪은 세대를 말한다. 작가 자신이 당시 젊은 의대생으로 지병으로 병역에서 면제되어 전쟁에 참여하지 못해서 기록한 일기 시리즈 중 하나이다.
4 (옮긴이) 원제 〈Tall in the Saddle〉은 1944년 존웨인 주연 미국 영화로 한국 개봉명은 〈快男(쾌남) 락크린〉이다.

하고 있을 뿐"이라고 기록되어 있다(山田, 2002, 204). 이것은 종전 후 얼마 지나지 않았을 당시의 신주쿠 풍경으로, 미국 영화 중심의 영화산업 분위기를 알 수 있다.

기타무라(北村, 2014)도 당시 도호, 다이에이, 쇼치쿠 등 대형 제작 사들이 현실도피적인 오락영화나 희극영화를 생산하기 시작했으며, 대중의 오락에 대한 수요가 커지면서 독립적인 영화제작사가 늘어나 기 시작했다고 지적했다. 우치사이와이초內幸町에 위치하고 있던 NHK 는 종전 직후 GHQ가 일부를 접수, 민간정보교육국이 들어와 방송의 검열과 지도를 실시해 미군을 위한 방송이 실시되었다. 영화뿐만 아 니라 미디어, 콘텐츠에는 GHQ로부터 일정한 압력이 가해졌음을 알 수 있다. 전후의 일본 콘텐츠산업의 배경에 미국의 영향력은 막대했다.

필자의 저서《욕망의 음악: '취미'의 산업화 프로세스欲望の音楽「趣味」 の産業化プロセス》는 음악 산업의 집적을 다룬다. 전후의 산업 재편기에 는 우치사이와이초에 위치한 NHK의 빌딩에 민간정보교육국이 들어 왔다. 또한, 히비야와 유락초 일대에는 3대 신문사(요미우리는 별관), 대형영화사, 전쟁 이전 음악 콘텐츠 기업(킹, 테이치쿠를 제외)과 함 께 NHK를 시작으로 초창기 방송국 대부분이 집적했다. 당시는 지금 처럼 교통수단이 발달하지 않았기 때문에 이동의 효율성을 위해서 도쿄의 히비야, 유락초 지역에 정보 미디어 관련 기업들이 집적하게 되었다. 즉, 이 시기 무렵 일본 콘텐츠산업의 입지적 기반이 형성되 었다고 볼 수 있다.

---

5 (옮긴이) 고지마 세이지로(小島政二郎)의 동명 원작을 1967년 멜로드라마 영화로 만든 작 품이다.

그리고 텔레비전이 등장하며 도쿄의 키스테이션을 중심으로 한 계열화가 시작됐다.[6] 특히 민영방송에서는 키스테이션이 제작한 프로그램이라는 콘텐츠를 지역의 방송국이 송출하여 지역 시청자에게 전달하는 형태가 일반적이었다. 이와 함께 정보의 불균형이 발생하게 됐다. 도쿄는 정보를 발신하는 입장, 지역은 그것을 수용하는 입장이라는 도식이 성립됐다. 이에 따라 지역의 고유문화에도 변화가 찾아왔다. 지역 방언이 희석되고 역 주변이나 교외의 풍경이 균질화되는 등의 현상이 나타났다. 이러한 의미에서 20세기 후반은 매스미디어의 시대였다.

방송국 시스템의 구축은 정보의 면에서도 도쿄의 우위성을 강화했다. 따라서 이전에 유락초의 예는 아니지만, 콘텐츠 관련 기업들이 미디어와의 지리적 근접성을 고려하여 입지하는 경향이 강해졌다. 카가요(鳥賀陽, 2005)는 음악산업을 예로 음악 콘텐츠산업, TV, 광고 대행업의 3개 업종을 일종의 산업복합체로 파악했다. 이들은 도쿄의 콘텐츠산업 집적의 새로운 기반이 되었다. 전쟁 이전에는 간사이를 거점으로 하는 영화나 음악 기업이 많았지만, 결국 자본력이 막대한 도쿄의 기업들로 순차적으로 통합, 흡수되었다. 현대로 올수록 도쿄는 콘텐츠산업에서 압도적인 우위를 차지하게 되었다.

전쟁 이후에는 도쿄로 인구가 집중되기 시작했다. 전쟁이 끝나고 얼마 지나지 않아 지방으로부터 도쿄로 노동자층이 유입되어 도쿄는 비대해져 갔다(그림 16). 즉, '사람·물자·돈'이 도쿄로 모여들었다.

---

6   1953년 NHK, 니혼테레비가 개국하고 민영방송의 계열화는 뉴스네트워크에서부터 시작됐다.

[그림 16] 도쿄의 인구추이(단위: 명)

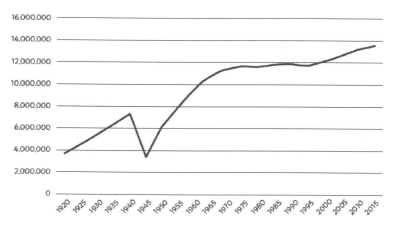

* 도쿄의 통계를 바탕으로 필자가 작성

콘텐츠산업에서 보면 데즈카 오사무의 상경으로부터 만화작가가 잇달아 상경해오는 것이 1955~1964년(쇼와 30년대)이다. 도키와장トキワ荘 등 간사이에서 활동했던 만화작가들[7]도 비슷하게 도쿄로 이동했다. 즉, 콘텐츠산업에 종사하며 생계를 유지하기 위해서는 도쿄로의 이동이 불가피하게 되었다. 이 배경의 중심에는 콘텐츠산업과 미디어의 도쿄집중현상이 있다.

콘텐츠산업에서 가장 중요한 것은 경영자원으로서의 창조인력이다. 이것은 곧 노하우의 축적으로 이어지며, 이는 지역 콘텐츠산업의 한계와 연결된다. 산업이 존재하지 않으면 노하우는 축적되지 않는다. 그리고 도쿄는 노하우를 독점하게 되었다. 또 지방의 도시에서 콘텐츠를 만들려고 해도 미디어가 도쿄로 몰리면서 전국 규모의 시

---

7   사이토 타카오, 다쓰미 요시히로 등이 있다.

장을 상대해 나가기가 어려웠다. 지방의 도시는 자체 시장에서 수지타산을 맞춰야 했고, 결국 아날로그 시절에는 비용 부담 문제로 도쿄와 상대가 안 됐다.

지금까지 살펴본 것처럼 일본 콘텐츠산업에서는 분명히 도쿄의 우위성이 확립되어 있다. [그림 17]에서 볼 수 있듯이 긴키경제산업국近畿経済産業局의 2012년의 추산에 의하면, 콘텐츠산업의 규모는 도쿄가 입지해 있는 간토(関東) 지역에 집중되어 있다. 전국 대비 59.7%가 해당하며, 이는 도쿄 과전현상으로 해석된다. 이러한 경향은 사업체 수, 종업원 수에 대해도 유사하다. 결국, 콘텐츠산업, 미디어, 광고대행업 등이 비즈니스 계획과 주요하게 연결된다는 점과도 일맥상통한다.

난바(難波, 2012, 165)는 이러한 집중행위와 관련하여 콘텐츠산업,

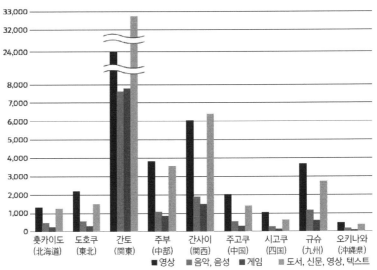

[그림 17] 콘텐츠산업의 규모(단위: 억 엔)

* 2012, 긴키경제산업국

미디어산업 종사자에 대해 '출판에서 시작된 각종 매스컴의 기능이 집중되어 있었다. 특히 중심 방송국 중심의 텔레비전 방송 구조 속의 도쿄는 역시 서브컬쳐의 수도이며, 어떤 젊은이들에게는 도쿄 이외의 선택은 있을 수 없었다'고 설명했다. 이것이 그동안의 흐름이었다.

물론 간사이 지방도 일정한 규모를 갖고 있었으나 전국적으로는 그 존재감이 미미했다. 일본 콘텐츠산업이 도쿄를 중심으로 이루어진 것은 분명하다. 그러나 아날로그에서 디지털로 전환된 이후, 지역도시로부터의 콘텐츠가 현저히 늘어나고 있다. 디지털화로 인해 아날로그 대비 비용이 줄어든 것이 주요한 이유 중 하나이며, 동시에 인터넷 보급에 의한 유통구조의 변화도 영향을 미쳤다고 할 수 있다. 즉, 기존의 생산자–도·중매–소매점이라는 도식이 무너져가고 있고, 생산자와 소매점을 동일시하는 흐름이 만들어지며, 인터넷을 통한 무점포 판매도 일반화되고 있다.

인터넷은 외국과의 경계를 허문다. 지역이 도시에서 해외로 콘텐츠를 내보내는 일이 쉬워졌다. 20년 전에는 감히 생각조차 할 수 없는 일이다. 즉, 도쿄로 '사람·물자·돈'이 집중되어 있는 현실의 그늘에서 지방도시에도 콘텐츠산업이 발전할 수 있는 여지가 생겼다. 시대는 아날로그에서 디지털로 이행하고 있다. 이것은 도쿄와 지역 도시의 관계성에도 변화를 주는 계기가 되었다. 디지털화를 통해 제작비용도 크게 절감되었다. 음악산업을 예로 들어본다면, 드럼을 직접 녹음해야 하는 커다란 녹음스튜디오가 불필요해졌다. 컴퓨터를 활용한 디지털 음원이 활용되기 시작하며 제작비용을 상당히 줄일 수 있게 되었기 때문이다. 이러한 현상은 다른 콘텐츠산업에서도 마찬가지이다.

또, 인터넷으로 인해 지역도시에서 해외로의 정보발신이 가능해졌다. 이전까지 지역도시에서 정보를 발신하기 위해서는 도쿄를 경유해 해외로 전달하는 흐름이 일반적이었다. 그러나 이러한 상황은 이미 사라지는 중이다. 자본력이나 인력의 풍부함, 노하우의 축적이라는 면을 제외하고는 이제 서서히 지역의 태동에 주목해야 한다는 목소리가 높아지고 있다.

일본 콘텐츠산업 현황

한때 일본에서 한류와 K-POP의 열기는 가라앉는 듯 보였으나, 최근 점차 되살아나고 있다. TV 드라마 〈겨울연가〉 이후 한국의 콘텐츠는 일본을 휩쓸었다. 또한, 중국이나 동남아시아에서 만화, 애니메이션 이외의 콘텐츠에서는 한국 콘텐츠가 일본 콘텐츠보다 선호도가 더 높게 나타난다. 한국 콘텐츠산업의 진흥은 국가의 뒷받침이 있었으며, 그 중심에 한국콘텐츠진흥원이 있다. 한국의 콘텐츠 진흥은 1997년 IMF 위기 이후 일어났다. 이를 계기로 한국에서 콘텐츠에 대한 국가의 개입이 가능했다.

콘텐츠산업 진흥정책 면에서는 서울 DMC의 미디어, 콘텐츠 기업의 집적에서 볼 수 있듯이 국가적인 대응이 이루어지고 있다. 일본의 콘텐츠산업이 민간 중심의 자구적 노력으로 성장한 반면, 한국은 국가가 주도하여 콘텐츠산업의 해외진출 등에 있어 일정한 역동성을 창출하는 데 성공했다.

그러나 일본의 경우, 근대 이후의 오랜 콘텐츠산업의 역사 때문에

국가의 정책적 지원이 직접적인 효과를 견인하지 못한다. 앞서 기술한 것처럼 지금까지 산업 진흥이라는 맥락에서 보자면 개인이나 민간기업, 즉 업계의 자구적인 노력을 통해 산업이 형성되었다. 때문에 업계의 질서는 국가의 관여와는 관계없이 구축되었다. 예컨대 지브리 스튜디오의 애니메이션 영화 〈천공의 성 라퓨타天空の城ラピュタ〉 DVD는 일본 아마존에서 구입하면 3,691엔(세금 별도)이지만 영국 아마존에서는 12유로(약 1,600엔)에 살 수 있다. 아마도 업계 단체를 중심으로 한 이권 구조가 성립되어 있으며, 그러한 업계의 관습이 일종의 질서로 자리잡고 있기 때문이다.

음악 CD의 경우, 업계 단체가 재판매가격 유지제도[8]의 완전 철폐에 찬성하지 않기 때문에, 여전히 일본 국내판 CD의 가격은 기본적으로 소매점에서 결정할 수 없는 상황이다. 일본에서 국내판 CD 앨범을 구입하면 3,000엔 안팎이지만, 미국에서는 동일한 상품을 1,500엔 안팎으로 구입할 수 있다. 일본공정거래위원회가 여러 차례 지적했지만 현재도 이 제도는 유효하다. 즉, 일본 콘텐츠산업은 업계가 업계 질서나 상관습을 오랜 시간에 걸쳐 구축해왔기 때문에 국가 정책이 시행되어도 좀처럼 현실적으로 통제가 어렵다는 특징을 갖고 있다. 또한, 쿨재팬 정책에 대해서도 적극적으로 관여하지 않겠다는 입장을 분명히 하는 기업들도 있다.

메이지 유신 이후 이루어진 근대화를 통해 수많은 소설, 영화, 음

---

8 (옮긴이) 재판매가격 유지제도(resale price maintenance) : 사업자가 상품 또는 용역을 거래함에 있어서 거래상대방인 사업자 또는 그 다음 거래단계별 사업자에 대하여 거래가격을 정하여 그 가격대로 판매 또는 제공할 것을 강제하거나 이를 위하여 규약 기타 구속 조건을 붙여 거래하는 행위를 말한다.

악, 만화, 애니메이션 등의 콘텐츠 작품이 양산되었다. 제2차 세계대전 중에는 전투의지를 높이기 위한 목적으로 콘텐츠가 활용된 점은 사실이지만, 적어도 서구와 함께 비교해보면 긴 역사를 가지고 있다는 점만큼은 일본 콘텐츠산업의 특징이라고 할 수 있다.

2016년 동영상, 음악, 게임, 도서·신문·잡지 등의 콘텐츠산업의 시장 규모(매출)는 약 12조 엔이었다. CD/DVD, 서적, 잡지가 어려움을 겪은 반면, 게임이나 인터넷 유통 부문은 성장했다(그림 18). 또, 디지털콘텐츠협회가 2017년 8월 31일 발표한 내용을 콘텐츠별로 보면, 동영상(TV 및 영화 등)이 전년 대비 2.1% 증가한 4조 4,613억 엔,

[그림 18] 일본 콘텐츠산업[9] 규모

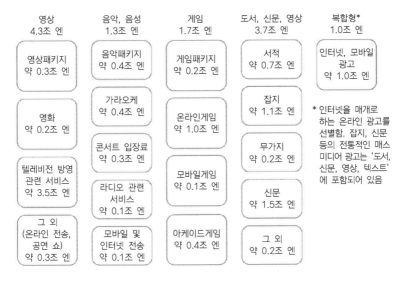

* 2016, 경제산업성

---

9 (옮긴이) 일본 콘텐츠산업은 영상, 음악, 게임, 도서(이미지·텍스트) 등 분야별로 구분하고, 패키지, (전송)네트워크, 극장·전용공간, 방송 등 미디어별로 정리·구분하였다.

도서·신문·잡지 등이 2.1% 감소한 3조 5,897억 엔, 게임은 12.2% 증가한 1조 9,232억 엔, 음악·음성은 0.5% 감소한 1조 3,809억 엔, 복합형(도서·신문 등에 포함되지 않는 인터넷 광고나 모바일 광고)이 12.9% 증가한 1조 378억 엔이었다. 전년 대비로 보면, 게임이나 동영상, 복합형이 증가한 반면, 도서·신문·잡지와 음악·음성 부문은 감소했다. 그중에서도 〈포켓몬 GO!〉의 히트로 온라인 게임이 20%로 성장했으며, 〈너의 이름은〉의 대히트로 일본 국내 영화의 흥행 수입도 23.5%로 크게 성장했다.[10]

콘텐츠 수출로 눈을 돌리면 2014년 총무성 정보유통 행정국의 '방송 콘텐츠의 해외진출' 자료에서는 미국의 수출 비중이 약 17%인 데 비해 일본은 약 5%로 나타났다. 이와 같이 다른 나라와 비교하여 내수로 산업을 지탱해온 것이 일본 콘텐츠산업의 특징 중 하나이다. 한국이 해외 수출이라는 목표를 전면으로 내세운 반면, 일본의 경우 쿨재팬 이전에는 내수 비중이 컸음이 명확히 드러난다. 즉, 독자적인 콘텐츠산업 생성의 길을 걸어왔다고 할 수 있다. 다만 이러한 방식은 GDP가 성장기일 때는 전략적일 수 있으나, 경제가 성숙기를 맞이하며 저성장기로 이행하고 있으며 저출산·고령화라는 문제도 안고 있는 현재 단계에서는 재고해봐야 할 문제이다. 향후 내수시장 축소를 예측해본다면, 해외 시장 개척이 급선무가 되어야 한다.

또한 콘텐츠산업의 최근 시장 규모가 정체한 상황을 살펴보면 비즈니스 모델의 전환이 요구된다는 측면도 있다. 즉, 패키지로부터 데

---

10 https://www.excite.co.jp/News/economy_clm/20170903/Jcast_kaisha_307479.html 을 참고했다.

이터로의 전환이다. 음악으로 말하면 CD 판매에서 스트리밍 등으로 비즈니스모델이 이행되는 것이라 할 수 있다. 이러한 변화를 통해 도쿄일극집중의 체계를 바꿀 수 있는 가능성도 내포하고 있다. 지금까지는 지역의 콘텐츠 기업이 해외진출을 시도하는 과정에서 도쿄를 경유해야만 했다. 만약, 해외에서 사업을 시작하려고 한다면, 제일 먼저 도쿄의 레코드 회사에 상담을 하고 나서 사업이 진행되기 시작했다. 지역은 그에 상응하는 노하우가 축적되지 않았고 경험치도 높지 않았기 때문이다. 그러나 현재는 인터넷을 활용하는 것으로 유통은 물론, 홍보의 방법 자체도 완전히 바뀌었다.

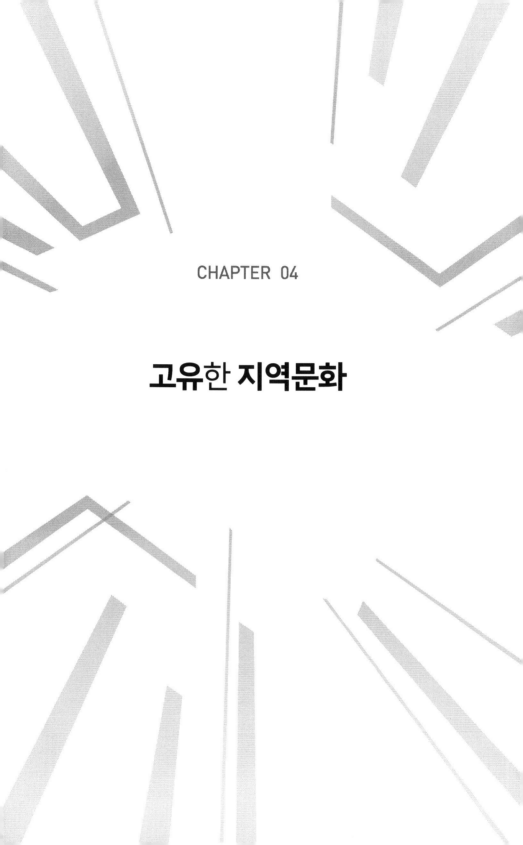

CHAPTER 04

고유한 지역문화

고유한 지역문화

고유문화의 확인

도쿄 이외의 도시들에도 독자적인 문화가 형성되어왔다. 지역의 로컬문화라고 해도 보통은 기껏해야 오사카, 교토, 후쿠오카 등 대도시 정도가 알려져 있었다. 필자도 일찍이 그 점에 관심을 가져 음악 영역을 중심으로 수년간 관련 조사를 진행한 적이 있다. 그것이 졸저, 《욕망의 음악: '취미'의 산업화 프로세스》로 결실을 맺었다. 그러나 음악 이외의 영역에서도 각각의 도시에서 독자적인 문화가 형성되고 있다고 할 수 있다. 다만 그 과정이 거의 확인되지 않은 채 도서관 한쪽 구석에 처박혀 있거나 가판대 정보지 등에 기록이 남아 있을 뿐이다.

  도쿄의 출판사들이라고 하더라도 대중의 반응을 생각한다면 사실 지방도시를 다루는 기획안은 좀처럼 통과되기 어렵다. 이는 미디어의 도쿄 집중에 따른 폐해이기도 하다. 학술적으로도 지역문화에 대한 내용을 많이 찾아보기는 어렵다. 다만, 세부적으로 재즈의 영역에서 아즈마야(東谷, 2005)나 아오키(靑木, 2013)가 각지에 있던 클럽 진주군에 주목해, 전쟁 이후에 있어서 일본 재즈의 생성과정을 고찰한 연구가 있다. 카토(加藤, 2006)나 요카타다(四方田, 2000)가 전쟁 이전 교토와 오사카, 고베의 영화촬영소 전개를 살펴본 예도 있다.

지역 출판계에서도 연극이나 미술, 클래식 음악 등에 관한 서적을 내는 곳도 적지 않지만, 고급문화가 중심이 되는 경우가 대부분이다. 즉, 콘텐츠산업과 연결되는 대중문화에 관한 경우는 거의 없다고 해도 과언이 아니다. 또, 1960년대에 활약했을 때 실제 생존자라 할지라도 불확실한 기억이 문제가 된다. 시급히 기록 수집 활동이 진행되어야 하는 이유이다. 필자는 지역도시의 독자적인 문화 생성과정에 관심을 가져야 함을 주장해왔다. 1990년대부터 나이Joseph Nye가 제창한 '소프트 파워'에 의해 콘텐츠가 산업의 한 축으로서 잠시 주목받은 이후, 창조도시론이나 쿨재팬 정책 등은 지역의 산업 창출에 눈을 돌리게 하는 배경이 됐다. 이러한 순풍 속에서 지역산업 발전의 노력이 시작되었지만, 해당 도시의 문화적 독자성을 무시한 사례도 눈에 띈다. 따라서 지역에서의 문화 생성 프로세스에 대한 검토가 필요하다.

앞서 이루어진 성과에 대해서는 일정한 경외심을 가져야 한다. 효율성 측면에서도 그렇다. 특히, 최근 일일이 열거하기 어려울 정도로 늘어난 영화제 등이 대표적이다. 관광객을 끌어모으는 사업으로써 확실한 효과를 거둔 사례도 확인되지만, 그것은 어디까지나 일시적인 효과에 지나지 않는다. 중요한 것은 지속가능성뿐 아니라 지역의 독자적인 산업화의 필연적인 흐름을 충분히 고려하는 것이다. 즉, 시간의 흐름이 만들어온 기반 위에서 산업 발전의 방법론을 충분히 생각해보는 것이다. 이 작업은 매우 소소하고, 수고나 시간이 걸리는 작업이기도 하다. 필자도 몇 개의 지자체에 여전히 이런 방법을 제안하고 있다. 하지만 지역에서는 가능한 한 빨리 가시적인 결과를 내고 싶어 하여 좀처럼 좋은 대답을 들은 적이 없다. 하지만 이런 작업은 중장기적인 관점으로 접근해야 한다.

지역의 특징 중 하나는 일회성에 그치는 이벤트형 사업이 너무 많다는 점이다. 확실히 이벤트는 관광객을 모으는 효과 그 자체가 눈에 보인다는 점에서 안정성이 있다. 하지만 대부분의 이벤트는 이벤트에 지나지 않는다. 이벤트를 계기로 해 산업까지 발전하기 위해서는 장기적인 접근이 필요하다. 그러나 그런 부분까지 고려하고 있는 지역은 찾기 어렵다. 몇 개의 단계를 만드는 형태가 필요하지만, 그 전제로서 콘텐츠산업의 창출을 위해 지역의 독자적인 문화생성 구조가 만들어지는 것이 중요하다. 예를 들어보자. 혼다, 스즈키, 야마하 등이 탄생한 하마마츠浜松는 에도시대부터 직물, 제재製材, 목공가공산업의 기반이 있었다. 이는 다시 다양한 기계를 개발하는 발명가나 사업가들로 이어졌다. 이러한 의미에서 지역문화의 생성 과정을 충분히 고려해야 한다. 필자는 지방도시들에 독자적인 문화가 존재하고, 이를 기반으로 콘텐츠가 창출되며 콘텐츠산업이 형성된다고 믿고 있다.

지역 고유문화의 상실

도쿄의 미디어를 중심으로 한 계열화는 지역에 일방적으로 정보를 보내어 도쿄의 정보를 찍어내는 구조를 만들었다. 즉, 독자적인 지역 문화를 잃게 되었다. 바꿔 말하면 전국이 균질화, 균등화되어가는 현상이다. 일본에서는 오키나와 이외의 지역은 대부분 그러했다. 오사카의 텔레비전 방송의 경우, 자체 제작 비중은 놀라울 정도로 낮아지고 있다. 오사카는 오사카 사투리로 상징되지만, 오사카 사투리를 듣는 일이 점점 줄어들고 있다. 아마, 오사카 출신의 사람이라도 비즈니스 회화에서 표준어를 사용하는 것이 일반적이기 때문일 것이다. 이 역시 사투리에 반영된 지역문화가 도쿄화되는 경향 중 하나이다. 지금과 같은 네트워크 계열에 연결되는 한 지역의 자립은 어려워 보인다. 콘텐츠 영역에서도 이러한 흐름은 지배적이었다. 그러나 최근 몇몇 성공사례들을 통해 지역방송국의 가능성을 기대해보게 된다.

일본에서는 일찍이 전국에 '긴자'라는 이름의 상점가가 우후죽순 생겨났던 적이 있다. 제1호는 관동대지진 이후의 시나가와구品川区의 '도고시긴자戸越銀座'라고 알려져 있다. 도쿄의 긴자가 번화가의 대명사가 되어, 전국 곳곳에 '긴자'의 브랜드를 빌린 상점가가 생긴 것으로 전국에 약 200개소 이상이었다. 이 역시 도쿄화를 대표하는 하나의 전형이다.

또 최근에는 이온AEON이나 세븐 & 아이·홀딩스 등의 대형 유통 시설들이 전국으로 확대되고 있다. 이에 따라 지방도시에서도 도쿄처럼 쇼핑이 가능해졌다. 물론 이러한 현상이 지역 상점가의 쇠퇴와 연결되어 있다는 점은 부정할 수 없다. 이러한 현상도 도쿄화의 맥락에서 살펴볼 수 있다. 본사·지사의 관계 역시 도쿄에 본사가 집중되는 현상을 생각하면, 이른바 방송국의 계열화와 같이, 지역은 도쿄의 의사결정에 의해 움직일 수밖에 없도록 시스템이 짜여 있다. 이러한 맥락에서 보면 지역은 도쿄와의 관계에 따른 균질화, 균등화를 피할 수 없고 독자성이 점차 줄어들 수밖에 없다.

오키나와만은 1972년 본토 반환까지 미국의 시정施政에 있었고, 도쿄로부터 매스미디어 영향이 매우 적었다. 종전 직후부터 유입된 미국 문화의 영향이 오히려 컸다. 물론 본토 반환 후에는 도쿄의 매스미디어가 진출했지만, 그럼에도 독자적인 문화의 보존에 성공했다고 볼 수 있다. 흔히 오키나와의 문화적 특징은 찬푸루チャンプルー1에 있다고 한다. 즉, 혼합체라는 의미이다. 오키나와에서 예로부터 이어져 온 문화에, 유입된 다양한 문화가 혼합된 것이 현재의 오키나와의 문화가 되었다. 하지만 이는 일본 지역에서 보기 드문 경우이다.

지금까지 대부분의 지역은 도쿄화되는 상황이 진행되었고 이러한 흐름에 저항하기는 어려웠다. 이와 함께 젊은층의 유출은 문화의 보존과 계승에도 영향을 미쳤다. 지역들은 낡은 건물을 부수고, 새로운 빌딩을 건설하는 노력을 통해 깔끔한 외형을 갖추고자 노력했다. 그러나 여기에서도 풍경의 균질화, 균등화가 나타난다. 예를 들면, 신칸센의 많은 역에 보행자용 데크pedestrian deck가 있고 JR의 호텔이나 상업시설이 여기에 인접하고 있다. 기차역에서조차 몰개성적 현상들을 찾아볼 수 있다.

---

1 (옮긴이) 찬푸루(チャンプルー)는 채소와 두부 등을 볶은 동남아에서 영향받은 오키나와 요리이다. 오키나와 문화의 융합적인 특성을 상징적으로 나타낸다.

새로운 '장(場)' 만들기

지역의 차별화를 통해 매력을 만들어내는 것은 지방도시가 살아남기 위한 방법이지만, 사람들은 역시나 새로운 것에 끌린다. 2012년에 필자는 "골목이 문화를 낳는다!"라는 글을 썼다. 거기서 필자는 전국의 도시공간에서 뒷골목이 소멸해가는 현실에 대해 이야기했다. 창작자들이 유익한 시간을 보낼 수 있는 장소, 때로는 서로를 비판하고 자극하는, 그리고 인정하는 '장'으로서의 뒷골목에 주목했다. 치안을 위해서라면 뒷골목을 정비하는 것도 필요하다. 하지만 뒷골목은 도시문화의 본질을 보여주는 장소이다.

도시 공간을 이야기할 때 진짜 '장소'에 대해서만 이야기할 수는 없는 상황이 되어버렸다. 어느새 현대는 가상공간이 인터넷을 통해 형성되어 있는 시대가 되었다. 아마도 기존의 실재하는 '장소'에 관한 논의만으로는 그 의미를 다 설명할 수 없을 것이다. 가상의 장에 의한 공동체 형성에 있어서 사람들의 유대관계 자체가 근본적으로 변화하고 있음을 생각해야 한다.

실재하는 도시로 눈을 돌려보자. 제인 제이콥스Jane Jacobs(2010)는 도시의 다양성에 주목했다. 이 주장은 뒷골목의 이야기로도 연결된다. 그녀는 도시의 다양성의 조건을 ① 도시의 구역 중 상당 부분이 두 개 이상의 주요한 기능을 수행해야 하며 ② 도시 구역들은 보행자들이 상호작용할 수 있는 기회를 주는 밀집한 교차점들을 갖고 작아야 하며 ③ 건물들은 그 사용기간이나 기능이 다양해야 하며 ④ 한 지구는 인구 및 건물 밀도가 충분히 높아야 한다고 주장했다.

예를 들어, 밥 딜런Bob Dylan을 비롯하여 1950년대에는 비트족 작가

잭 케루악Jack Kerouac, 긴즈버그Allen Ginsberg, 재즈 분야의 파커C.Parker, 몽크T.Monk 등이 그리니치빌리지 근처 카페, 클럽, 스튜디오, 아파트에 드나들기 시작했다. 이러한 움직임 속에서 인근의 워싱턴스퀘어는 1960년대 포크송과 반체제 문화의 본거지로 활기가 넘치게 되었고, 동시에 일종의 혼돈도 생겨났다고 할 수 있다.

다양성이 재능을 만들어낸다는 측면에서 혼란의 상황은 중요하다. 아티스트와 창작자가 여기서 성장하게 된다. 다양성은 상호자극을 통해 새로운 정보나 식견을 얻는 것이 가능하다는 연구결과가 있다. 거리 위에서 또는 문화적 장치의 측면에서 창조도시론에서 말하는 창조의 '장'이 생겼다고 할 수 있다. 근대화의 맥락에서 균질화, 균등화는 불가피한 것이었다고 하더라도 역사적으로 보면 지역의 도시마다 창조의 장이 있었다. 도시의 독자적인 문화 생성 과정에서 '장'의 존재 여부를 파악하는 것은 중요하다.

1970~80년대 일본의 후쿠오카 덴진, 삿포로 미나미산조거리 등은 창조적 '장소'로서 집적된 공간이었다. 물론 이런 류의 '장소'가 가장 많이 형성된 것은 역시나 도쿄였다. 다만, 도쿄와 함께 같은 시기에 후쿠오카나 삿포로뿐만 아니라, 오사카, 교토, 고베, 나고야, 히로시마, 센다이 등도 이처럼 지역의 독자적인 움직임이 나타났다. 또한 중소도시에도 부수적인 움직임들이 나타났다.

그러나 시간이 지나면서, 버블경제와 함께 이전의 혼재된 공간은 사라져 버렸다. 이러한 '장소'의 상실은 인터넷 공간이 대체해가는 것 같다. 도시 공간은 변용되고, 그에 따른 창조적 '장소'의 커뮤니티도 재편되었다. 다만, 앞에서 기술한 것처럼 지방도시에서 정보를 창출한다는 면에서 인터넷의 영향은 매우 크다.

플로리다는 사회적 자본에 대해 다소 부정적인 견해를 보인다. 콘텐츠의 산업화 과정에서 깊이 있는 인간관계보다는 느슨한 인간관계의 형성이 더 중요하다고 주장한다. 즉, 콘텐츠를 만드는 작업은 프로젝트가 기본이기 때문에 깊은 인간관계가 어려움을 발생시키기도 한다. 반면, 인터넷 속 커뮤니케이션은 느슨한 속성이 있다. 가상의 '장소' 창출에서 이러한 점은 주목할 만하다.

지역에시 창조적 '장'의 재편 과정에서 일정한 패러다임의 전환이 이루어지고 있다. 가상의 개념을 포함하지 않고 이를 논할 수는 없다. 사물을 생각하는 데 있어 해당 도시의 독자적 문화 생성 과정을 파악하는 작업이 중요하다. 그러나 필요 이상으로 이러한 상황에 매몰될 필요는 없다. 기술적 혁신의 전환사회를 맞이한 현대의 상황에서 과거의 연장선상에서 모든 일이 진행되리라고 한 마디로 단언할 수도 없기 때문이다. 유연한 사고가 필요하다. 다시 말해, 독자적인 문화의 생성 프로세스를 따라가지만, 한편으로는 역동적인 통찰력과 구상력도 요구된다.

콘텐츠산업의 여명기

1970년대는 지역에서의 콘텐츠산업 여명기에 해당한다. 물론 이것은 도쿄도 마찬가지였다. 이 시기에 현재 음악산업의 기본적인 비즈니스 모델이 확립되었다. 1990년대까지 일본 내 음악콘텐츠 시장의 확장은 이 시기의 시스템을 기반으로 이루어졌다. 이른바 TV프로그램·광고 영상물과의 제휴 등이 주요 전략이었다. 이후 방송국 계열의 음악출판사에 출판권을 넘겨주면서, 방송 미디어 측면에서 이점이 생겨 음악콘텐츠가 팔려나가며 쌍방의 이윤창출이 가능해졌다. 음반회사, 미디어, 광고대행사로 구성된 비즈니스 전략이 확립되었다고 보기도 한다.

그러나 일본 콘텐츠산업을 살펴볼 때에는 일본 미디어가 가진 특성을 잘 고려해야 한다. 예를 들어, 신문사 계열에 방송국이 편입되어 있다는 점이다. 일본 민영방송국의 특징은 미디어 사업에 능숙한 신문사가 참여하여 경영 안정을 도모할 수 있도록 자본 관계를 맺는 형태를 취했으며, 그것이 오늘날까지 계속되고 있다. 매스미디어 집중배제의 원칙이 있지만, 실질적으로는 매스미디어는 개별 영역이 아닌 집중의 방향을 선택했다.

일본 경제는 전후 부흥으로부터 고도성장을 맞이한 1950년대 후반부터 1970년대에 크게 성장했다. 이 가운데 일본의 방송 미디어는 산업적으로도 안정된 성장을 이루었다. 이 배경에서 텔레비전국의 대량 면허가 전자산업에 대한 TV수상기의 수요를 가져왔으며, 그것이 대량생산 체제와 수출 경쟁력 강화로 이어져 크게 일본 경제의 성장에 기여할 수 있다는 기대로 이어졌다.

이 시기 산업 분야 시스템도 변화했다. 음악산업의 경우, 기존 음반사들은 작사자·작곡자부터 가수·연주자에 이르기까지 모두 전속형식을 취해 자체 스튜디오에서 녹음하고 음반을 만들어 자체 공장에서 찍어냈다. 그러나 1960년대에 들어서면서 그 시스템에 변화가일어난다. 아티스트의 '전속제'가 무너지면서 제작 기능이 회사 외부

로 확산되었다. 매니지먼트 회사가 제작하던 레코드에서 우에키 히토시植木等 등의 〈수타라절ス-ダラ節〉(와타나베프로덕션), 음악 출판사가 관련된 것이 조니 틸롯슨Johnny Tillotson의 〈눈물군, 안녕涙くんさよなら〉과 마이크 마키マイク真木의 〈장미가 피었다バラが咲いた〉(제작은 신흥악보출판新興楽譜出版), 그리고 방송국 계열에서는 포크 크루세이더스フォーク·クルセイダーズ 〈돌아온 요파라이帰って来たヨッパライ〉(퍼시픽음악출판パシフィック音楽出版, 현 후지퍼시픽음악출판フジパシフィック音楽出版) 등으로 각각 외부 제작의 시초가 됐다.

영화는 1971년 저작권법이 개정되면서 저작권이 영화제작사에 귀속되었다. 따라서 감독에게는 저작권이 없는 상황이다. 다만, 저작자로서 '저작자 인격권(동일성 유지권, 이름 표시권, 공표권)'은 존재한다. 감독협회에서는 저작권 획득과 저작권법 개정을 위해 노력하고 있지만, 지금까지는 영화 제작사와의 단체협약 형태로 권리 확대·옹호라는 형태로 나타났다. 즉 콘텐츠의 권리가 주목받게 되었다. 디지털화 이행에 따라 현재도 이 권리를 둘러싼 논의가 계속되고 있다. 이 점은 콘텐츠산업의 핵심이기도 하다.

정리된 기록은 찾기 어렵지만, 이 흐름과 함께 지역 도시들에서도 관련 움직임이 나타났다. 예를 들면 지역 도시에도 신문, 방송, 정보지 등의 미디어가 속속 탄생했고, 그 주변에서도 다양한 움직임이 나타났다. 음악의 산업화 관련해서는 이벤트 기획자가 등장했다. 예전에는 엔카나 가요가 흥행사 중심으로 지방도시에서 공연을 진행했지만, 포크가 젊은이들의 지지를 받으면서 대학축제 등에서 이러한 이벤트를 진행한 학생들을 중심으로 기업화된 사례들이 나타났다.

그러나 이러한 경우들은 겨우 흉내만 내는 수준이었다. 당연히 메뉴얼도 없었다. 도쿄나 미국의 정보를 단서로 삼았을 것으로 판단된다. 그리고 문화의 산업화라고 하는 압도적인 기세에 휘둘린 부분도 분명히 있었다. 다만, 이러한 과정들을 통해 지역도시들은 독자적인 문화 생성의 기반을 차차 만들어가게 되었다.

지역 콘텐츠산업의 태동기

본격적인 문화공간들의 등장도 이 시기부터 시작되었다. 음악 분야에서는 야마하의 활동이 지역에서 공연자, 창작자들의 배출에 기여한 것으로 알려져 있다. 야마하는 악기 판매, 음반 판매, 음악교실, 음악홀을 만들며 지역거점을 조성했다. 청년들은 이곳에 모여 정보를 교환하며 인맥을 넓혔다. 삿포로와 후쿠오카에서도 일정 기간 많은 영향을 주었다. 라이브 공연장의 등장도 이 시기 전후이다.

1960년대 말부터 1970년대 초까지 삿포로에서는 야마하를 중심으로 미나미산조거리가 학생을 중심으로 한 젊은층이 모이는 지역이었다. 미나미산조거리의 서쪽 47번가 근처에는 록 찻집, 재즈 찻집, 라이브하우스 등의 음악공간들이 집적되어 있었다. 미나미산조거리 일대에는 그러한 음악공간의 집적 속에서 아티스트나 팬들이 네트워크를 구축하고, 서로를 자극했다. 이것이 삿포로에 있어서 음악산업화의 단초라고 할 수 있다(그림 19).

[그림 19] 1976년경 삿포로의 주요 음악 관련 장소 분포도

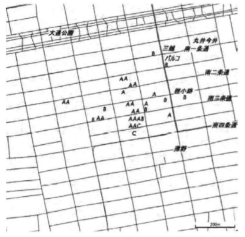

A: 재즈, 록다방
B: 레코드점, 악기점
C: 라이브하우스

* 亞璃栖社(1976)을 바탕으로 필자 정리

　이때는 인터넷 같은 정보시스템이 없던 시절이라 대면 커뮤니케이션을 중심으로 활동이 이루어졌다. 즉, 미나미산조거리 근처는 창조적 커뮤니티 형성의 '장소'였다고 해석할 수 있다. 결과적으로 이러한 도시 공간으로부터 나카지마 미유키中島みゆき 등 수많은 아티스들이 배출되었다.

　그 후 삿포로에서는 조직적이고 복합적인 문화 창출의 움직임이 있었다. 삿포로의 창작자들에게 1981년에 오픈한 '역 뒤 8호 창고駅裏8号倉庫'를 중심으로 자립심을 키워가기 시작했다. 삿포로역 북쪽 출구 옛 삿포로척식창고札幌拓殖倉庫 건물이 재개발로 헐리게 되자, 이를 연극, 영상, 음악 관련 리더들이 공간을 빌려 일정 기간 자체적으로 운영했다. 창작자가 주체가 된 이러한 시도는 당시 삿포로의 젊고 창의적이고, 재능있는 인재들을 양성하는 계기가 됐다. 또한 다른 공간과의

교류 거점으로서도 존재감을 갖게 되었다. 1986년 '역 뒤 8호 창고' 는 소멸되었지만, 지역 콘텐츠산업의 생성과정에 큰 영향을 미쳤다.

이러한 '장소'들은 각각의 지역들에 존재한다. 즉, 지역의 독자적인 문화의 태동 역시 이와 같은 배경 속에서 시작되고 있었다.

후쿠오카에서는 1970년, 포크 찻집 '쇼와照和'가 덴진天神에 생기면서 그때까지 나가하마 공원, 스자키 공원, 마이즈루 공원 등지에서 연주 활동을 하던 젊은이들이 모이기 시작했다. '쇼와'는 포크 카페라고 소개되었지만, 라이브 공연도 이루어졌다. 후쿠오카가 현재와 같은 음악도시가 될 수 있었던 첫걸음이 '쇼와'에 있었다고 할 수 있다. 이후 음악공간들이 주변에 차례차례 만들어졌다. 1979년 마이즈루에 록을 중심으로 한 라이브 공연장 '80's Factory'가 오픈되었다. 월 1회 공개 오디션을 실시하면서 음악 관련 경관이 활성화되기 시작했다. 또 야외 라이브 이벤트도 '덴진 개방지대天神開放地帯', '정글잼ジャングルジャム' 등이 실시되면서 많은 파급효과를 가져왔다. 쇼와라는 '점点'에서 시작해서 덴진이라는 '면面'으로 확장되었다고 할 수 있다(그림 20).

한 예로, 1980년에 개봉한 영화 〈폭렬도시爆裂都市, BURSTCITY〉는 로커스와 루스터스 멤버를 배우로 기용했으며, 감독은 후쿠오카 출신의 이시이 가쿠류石井聰互였다. 후쿠오카가 이들의 출신 지역이라는 이슈도 있었다. 또한 인디레이블의 활동 시작도 이 시기였으며, 현재 후쿠오카를 비롯해 기타큐슈 지역에 다수의 점포를 가진 라이브 공연장 'DRUM' 그룹의 제1호점인 '도라쿠몽徒楽夢'이 이마이즈미今泉에 오픈한 것이 1977년, 제2호점인 'Be-1'이 하카타역博多駅 앞에 오픈한 것이 1988년이었다.

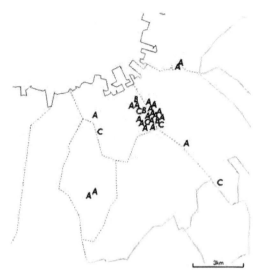

[그림 20] 1976년경 후쿠오카의 주요 음악 관련 장소 분포도

A: 재즈, 록다방, 라이브하우스
B: 녹음, 연습 스튜디오
C: 악기점

* 有文堂(1976), キューミュージック他(2002)를 바탕으로 필자 정리

1980년대의 후쿠오카는 지하철 개통부터 시작하여 본격적으로 덴진天神 지구의 도시가 개발된 시기로 버블기로 향해 달려가던 시기에 해당한다. 음악 관련 공간들의 정비와 확대는 이처럼 후쿠오카 도시 형성의 흐름과 관련이 있다. 포크에서 록으로의 음악 장르 전환에 따라 관람객 규모, 기자재 등의 측면에서 음악다방 수준으로는 더 이상 대응이 어려워지자 라이브 공연장 등 음악공간들이 늘어났다. 또, 이 시기 음악공간의 내실화를 토대로 창조산업의 발전을 목표로 하는 활동들이 창작자들의 네트워크 속에서 나타나기 시작했다.

이 당시 지역의 미디어들은 삿포로나 후쿠오카에서도 주목받았다. 음악 분야에서는 라디오의 디렉터나 프로듀서가 지역 창작자나 공연자들을 지원했다. 텔레비전은 키스테이션의 의견이 프로그램의

편성에 영향을 미쳤지만, 라디오는 여전히 지역방송국의 자유도가 높았다. TV에 비하면 저예산이었지만 라디오가 라디오로서 존재감을 갖고 있던 시대였기에 영향력은 생각 이상으로 컸다. 예를 들면 오사카에서는, 마이니치 방송毎日放送〈MBS 영타운MBSヤングタウン〉은 젊은층을 대상으로 하는 라디오로서 교토, 오사카, 고베 일대인 게이한신京阪神 지역에 많은 문화적 영향력을 행사했다. 그 후도 FM 오사카, FM802 등은 독자적인 음악적 발전전략을 펴나가며 각각 지역 음악팬의 커뮤니티 형성을 성공적으로 이끌었다. KBC 교토 〈하이영 교토ハイヤング京都〉도 〈MBS 영타운〉과 같은 시기에 츠보이 노리오つボイノリオ 등이 출연한 심야 라디오 프로그램으로 알려져 있다.

라디오와 함께 이 시기 게이한신의 정보 플랫폼인 마을정보 잡지 《플레이 가이드 저널プレイガイドジャーナル》도 주목할 만하다. 1971년에 창간된 이 정보지는 특히 수많은 작가, 만화가들을 길러낸 것으로 잘 알려져 있다. 도쿄의 《피어ぴあ》《시티로드シティロード》 발간이 1972년이니 《플레이 가이드 저널》은 그보다 앞서갔다고 할 수 있다. 창간한 해 전 고베대학과 간사이대학 학생들이 발간했던 《월간 플레이 가이드月刊プレイガイド》를 참고로 했다고 한다. 또, 파리 《스코프スコープ》, 런던의 《타임아웃タイムアウト》 등의 해외 정보지의 일본판을 만들려는 의도도 있었다. 처음에는 연극 장르의 내용이 많았지만, 점차 문화 전반으로 범위를 넓혀갔다. 그 후도 게이한신에서는 《Meets》를 시작으로 다양한 정보잡지, 문화 관련 정보지가 음악 발전을 지지하고 있었다는 점 역시 지역문화 형성에 크게 기여했다고 볼 수 있다.

《플레이 가이드 저널》은 애초에 연극 관련 인맥 중심으로 창간했지만, '오사카부립문화센터편(2008)'에서 3대 편집장이었던 야마구치 유미코山口由美子는 당시 음악의 영향력이 지금과는 비교되지 않을 정도의 수준이었던 점을 지적했다. 또 잡지의 이전 상황을 봐도 당시 오사카 도시 공간의 변용을 확인할 수 있다. 결국, 유행을 포착하는 정보지의 성격상 당시 가장 활성화된 '장'에 주목하고 있다. 잡지의 편집실은 미나미구 다니마치 6초메(南区谷町六丁目, 1971), 기타구 노자키초(北区野崎町, 1972), 기타구 도미타초(北区富田町, 1974), 미나미구 니시시미즈초(南区西清水町, 1975), 미나미구 미나미선바장(南区南船場, 1980)으로 이전을 반복했다. 기타구 노자키초는 매스미디어의 집적지구였으며, 미나미구 니시시미즈초는 새롭게 시작되던 아메리카무라[2] 지역이었다. 이른바 청년문화와의 접근성을 우선시하고 있다.

　이 당시 정보지는 거리문화로서 인근 지역과의 관계성이 중요했다. 아직 인터넷도, 휴대전화도 없던 시절 사실적인 소통수단으로서 사람들이 의존할 수밖에 없었기 때문이다. 정보제공뿐만 아니라 커뮤니케이션 수단으로서 정보지의 존재는 컸다. 당시의《플레이 가이드 저널》의 활동을 보면, 우선 다양한 이벤트를 기획하여 실시했다. 연극, 음악, 영상 등 분야도 다양하다. 영화 〈가키테이고쿠ガキ帝国〉 (이즈츠 카즈유키井筒和幸 감독)의 제작 등에도 관여하고, 만화가 이시이 히사이치いしいひさいち가 머물던 '채널 제로 공방チャンネルゼロ工房'의 지원도 하는 등 정보지로부터 사업이 확장되는 모습을 볼 수 있다.

2　(옮긴이) 일본 오사카부 오사카시에 있는 상가지역이며, 1970년대 창고를 개조한 점포에서 미국 서해안으로부터 수입해온 헌 옷이나 중고 레코드, 잡화 등을 판매하기 시작한 것이 화제가 되어서 주목받은 곳이다. 이와 함께, 중고 의류점, 잡화점, 카페, 갤러리 등이 늘어나면서, 오사카 청소년들의 문화의 중심지가 된 지역이다.

더하여 해외투어 기획도 하는 등 종합적 의미에서 정보 플랫폼으로서의 역할을 수행했음을 알 수 있다.

만화를 포함한 단행본도 출판했다. 유분사有文社라고 하는 출판사를 시작해《오사카 청춘가도大阪青春街図》등 전국 각 도시 문화 가이드 관련 정보도 다루었다. 이들은 도쿄의 정보지와 차별화된 내용을 다루었다.《플레이 가이드 저널》은 이들의 선도적 위치에 있었다. 유감스럽게도 도쿄에서의 인지는 낮았다. 그러나 지역의 정체성 형성에 기여한 바가 크며, 성공한 창의적 인재 대부분이 도쿄에 유출되었다고는 해도 적어도 일부의 인재는 오사카를 떠나지 않았고 그것이 현재 오사카의 생명줄이 되었다. 지역 미디어로서의 정보지는 적어도 지금까지 이어지는 지역문화의 거점으로서 인식되어야 하지만, 일부는 웹으로 이행하거나 폐간되는 등의 현실적인 문제를 맞기도 했다.

이러한 정보지의 존재는 지역에 살고 있는 사람들의 의미를 형성하기도 한다. 단순히 정보를 제공하는 것만이 아니라 그 도시에 살아가는 사람들의 공통된 감성을 만들어나가기 때문이다.

지역 중소도시의 움직임

앞서 이야기한 것처럼 지역에는 각각의 문화생성 과정이 있다. 그러나 그것은 어디까지나 정령시政令市 규모의 도시에 해당하는 이야기이다. 그렇다면 중핵도시 이하 규모의 지역도시는 어떨까? 이나(伊奈, 1999)는 정령시로 승격하기 전 오카야마의 하위문화 생성에 관련된 인물의 인터뷰를 통해 문화 기반 형성에 대해 알아보았다. 영화 동아리나라이브 공연장에 대해 다루며 문화공간에도 주목했다. 다만, 그는 하위문화 자체를 하나의 문화적 장치로 평가했다. 이나 역시 "이전의 '지방 하위문화'는 많은 '한계'를 안고 있었고, '지방을 거점'으로 하더라도, 활동 장소나 '정보'를 얻거나 교류하는 데 있어 '중앙'과의 소통은 중요하다"라고 말했다. 도쿄와 지방의 관계를 '중앙'과 '주변'의 틀 안에서 바라보고 있음을 알 수 있다. 분명, 지역과 도쿄와의 교류는 중요했을 것이다. 삿포로, 후쿠오카와 같은 대도시에서도 이 부분은 중요했다고 들은 바 있다.

필자는 몇 년 전, 폐점한 지역의 레코드점과 악기상점의 조사를 진행했다. 아사히카와旭川를 기점으로 조사를 시작했었다. 연구는 문화공간으로서 악기상점의 의의를 살펴보는 것이 목적이었다. 아사히카와에는 전쟁 이전부터 마치이악기町井楽器 상점이 있었다. 1923년 창업했는데, 안타깝게도 1997년에 도산했다. 이 악기점의 단골 중 아마추어 시절 유명한 밴드 '안전지대安全地帯'의 멤버가 있었다는 사실은 잘 알려져 있다. 악기점에는 다양하게 아르바이트생도 있었고, 밴드를 운영하는 직원도 있었다.

당시 아사히카와에는 해당 지역에 본사가 있는 쿠니하라国原가 등장했고, 오타루에 본사가 있는 타마코도玉光堂가 진출하기도 했다. 마치이 악기는 스튜디오를 만드는 등의 기업 차원의 노력도 진행했다. 당시 아마추어였던 안전지대는 이후 나가야마永山에 자신들의 스튜디오를 세우고, 곡 작업에 집중했다. 이처럼 아사히카와에도 당시 콘텐츠산업 기반 형성의 움직임이 있었다고 볼 수 있다. 당사자들이 이를 산업 기반의 형성으로 인식하고 있었는지는 알 수 없지만, 결과적으로 그런 움직임이 있었던 것은 사실이다. 또한, 1972년에는 라이브 공연장으로서 '공상여행관空想旅行館'의 경우 수많은 아마추어 및 프로 가수들의 라이브를 기획하기도 했다. 아마추어 시절의 안전지대와 수많은 밴드가 이곳에서 연주한 바 있다.

지역의 자료를 찾다 보면, 의외의 발견이 있기도 하다. 보통은 해당 도시의 도서관이나 자료관에서 만나게 된다. 아사히카와에서도 아카시(明石, 1996)라는 사람이 모아놓은 비매품 자료로서 개인 편집본 문헌을 찾아낸 바 있다. 전쟁 전부터 아사히카와 영화관의 계보를 기록한 것이었다. 안전지대가 아사히카와에서 활동하던 시기는 전후 얼마 안 된 전성기에 미치지는 못했지만, 영화관이 다시금 증가하고 있던 현상도 관찰된다. 이런 문화환경의 변화도 지역의 창조적 비전을 만드는 데 일정 부분 기여하고 있었을 것이다.

영화관에서 영화를 본 사람 중에 창작자가 되려는 마음을 먹은 경우도 있었을 것이다. 또 다른 시각에서 다양한 문화현상들이 나타나는 것을 문화적 환경이라고 부를 수도 있다. 《아사히카와 춘추旭川春秋》라는 정보지 1976년 7월호에는 '아사히카와 젊은 즉흥시인들'이라는 제목으로 안전지대를 처음 소개했으며, 지역에서 활약하고 있는 아티스트와 창작자들이 소개됐다. 당시의 아사히카와에서 독자적인 대중음악 '장'이 형성되었다는 것을 알 수 있다.

아사히카와의 사례에서 볼 수 있듯이 중소도시에서도 각각의 문화가 형성되고 있었다. 그러나 추정일 뿐, 아쉽게도 이에 대한 기록은 거의 남아 있지 않다. 이러한 문화가 세대를 초월하여 계승되지 못했기 때문이기도 하다. 콘텐츠의 산업화에 있어서 이러한 문화적 특성과 변화의 역할은 매우 크다. 그럼에도 도쿄와의 교류는 여전히 중요한 부분이다. 소설이나 만화 등의 개인 작업은 장소를 가리지 않지만, 비용이 많이 드는 작업이나 고용기회를 얻으려는 콘텐츠 장르들에는 지금도 이러한 양상이 남아 있다.

그러나 지역에서 콘텐츠 창출에 관한 움직임이 가시화되는 요즘에는 기존과는 다른 새로운 전략도 조금씩 생겨나고 있다. 디지털화와 인터넷이 이러한 현상을 뒷받침한다. 지역은 쌓아온 흐름을 중시하는가 하면, 그렇지 않기도 하다. 즉, 앞에서 말했던 계승이 충분히 이루어지지 않았다는 것이 하나의 증거가 된다. 지역 고유의 문화화가 향후 산업 발전의 기반이나 단서가 될 것이다.

버블시기 이후

버블경제는 지역에도 많은 영향을 미쳤다. 땅값은 오르고 대규모 재개발이 속속 진행됐다. 이 시점부터 지역에 대기업의 자본이 무지막지하게 투입됐다. 지역에는 타워레코드나 HMV 등의 대형 CD숍이나 기노쿠니야紀伊國屋 서점, TSUTAYA 등의 대형 서점이 생기고 시네마 콤플렉스가 등장했다. 지역 자본에서 도쿄 자본으로 중심이 옮겨갔다. 결과적으로 잘 되지 않았지만, 도쿄의 대기업 음악 매니지먼트사가 지역 현지 이벤트와 제휴해 라이브 공연장을 운영하려는 시도도 이루어졌다.

삿포로에는 유이음악공방ユイ音楽工房, 센다이에는 페니레인ペニーレーン과 아뮤즈アミューズ, 나고야에는 모닝문モーニングムーン, 하트랜드ハートランド

가 그 예이다. 이와 함께, 콘텐츠산업의 시장 규모도 크게 확대되었다. 확실히 음악산업의 시장 규모가 급팽창한 시기였다. 즉, 지역에서도 라이브 공연장이 증가하며, 도쿄에서만 볼 수 있었던 라이브나 퍼포먼스 등도 볼 수 있게 되었다. 기회의 균등이 이루어졌다.

일본의 국내 음악산업 콘텐츠 매출은 1998년 정점으로 6,000억 엔을 넘어섰으나 이후 계속 감소 추세이다. 라이브 공연의 경우는 비교적 잘 되고 있다고 하지만, 콘텐츠는 이미 전성기의 절반 수준으로 감소했다(그림 21).

그런데 이것은 음악산업에만 국한되는 것이 아니었다. 출판 분야는 1996년에 매출이 최고점을 찍었다. 만화도 비슷한 추세였다. 참고로 만화 잡지《주간 소년 점프》는 1994년 12월과 1995년 3-4호로

[그림 21] 일본 내 음악시장의 추이(단위: 억 엔)

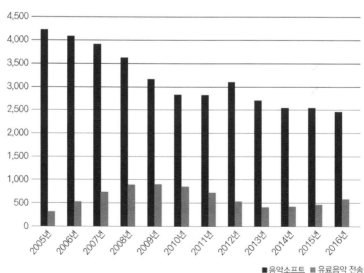

■음악소프트 ■유료음악 전송

* http://www.garbagenews.net/를 토대로 필자 수정

653만 부의 역대 최고 부수를 달성했다. 영화는 영화관이 1993년 1,973개에서 다시 증가세를 보였다. 관객 수는 1997년에 1억 4,100명으로 바닥을 쳤고, 조금 증가세를 보였다. 애니메이션산업은 2000년 이후에 증가세를 보이다가 2005년에 최고점을 달성했다. 그러나 대체로 일본의 콘텐츠산업은 버블 이후 시장 규모의 급격한 확장세가 나타났다. 단, 주목해야 할 것은 종이에서 디지털로의 이행이다. 특히, 단행본에서 두드러지게 나타난다(그림 22). 기술적 혁신은 출판업계에도 큰 영향을 미치기 시작했다.

또 산업화가 가속되면서 청년층의 콘텐츠산업에 대한 관심이 높아졌다. 대학에서도 미디어 관련 학부, 학과 신설이 잇따르고 지역에

[그림 22] 만화 시장의 추이(단위: 억 엔, %)

구분	유형	2014	2015	2016	2017	전년대비
종이	만화책	2,256	2,102	1,947	1,666	85.6
	만화잡지	1,313	1,166	1,016	917	90.3
	소계	3,569	3,268	2,963	2,583	87.2
전자	만화책	882	1,149	1,460	1,711	117.2
	만화잡지	5	20	31	36	116.1
	소계				1,747	117.2
합계		4,456	4,437	4,454	4,330	97.2

구분	유형	2014	2015	2016	2017	전년대비
만화책 (단행본)	종이	2,256	2,102	1,947	1,666	85.6
	전자	882	1,149	1,460	1,711	117.2
	소계	3,138	3,251	3,407	3,377	98.1
만화잡지	종이	1,313	1,166	1,016	917	90.3
	전자	5	20	31	36	116.1
	소계	1,318	1,186	1,047	953	91.0
합계		4,456	4,437	4,454	4,330	97.2

* ITmediaNEWAS, http://www.itmedia.co.jp/news/articles/1802/26/news102.html를 필자 수정

서도 미디어, 콘텐츠 관련 전문학교가 늘어났다. 관련해서 산업예비군 확대가 이 시기에 두드러졌다. 지역에 인력양성 시스템이 만들어진 것에 주목할 수 있지만, 여전히 도쿄를 목표로 한 사람들이 많다. 지역 도시의 기업들은 채용인원이 많지 않았고, 이러한 한계는 산업의 기반 형성으로 연결되지 못하는 결과를 낳았다.

그러나 이 시기 몇몇 지역도시에서는 행정을 중심으로 한 움직임이 나타났다. 시작은 전국 각지의 IT기업에서 시작되었다. 디지털시대와 함께 콘텐츠산업과 친화성을 갖는 IT산업은 벤처기업이 주축이 되었기 때문에 지역에서도 충분한 성공 가능성이 있었다. 대규모 산업과는 달리 지식집약형이라 비용도 많이 들지 않는다. '애플'의 창업 스토리를 생각해보자.

삿포로에는 JR삿포로역 북쪽 출구를 중심으로 삿포로 시내 IT기업들이 모여 있는 '삿포로밸리'가 있다. IT에 의한 지역 산업발전의 성공적인 사례로 여겨진다. 1976년 '마이콘연구회マイコン研究会'가 결성된 것이 시작이었다고 한다. 홋카이도대학 학생들이 벤처를 창업해 성장하는 기업도 있었다. 삿포로역 북쪽 출구에 이들이 모여든 것이 1990년대이다. 교통이 편리하고, 홋카이도대학과도 가까웠으며, 중심지치고는 비교적 오피스의 임대료가 저렴한 것 또한 이유가 되었다. 홋카이도 전역을 대상으로 했으며, 경제산업성의 산업클러스터 계획 「홋카이도 IT 이노베이션 전략」(2007~2010년, 사무국: 홋카이도 IT 추진협회)이 실시되고 있었다(그림 23).

앞에서 설명한 산업클러스터 계획은 지역의 중견·중소기업이나 벤처기업이 대학, 연구기관 등의 시드머니를 활용하여 전국 각지에 산업

[그림 23] 삿포로 IT클러스터의 형성

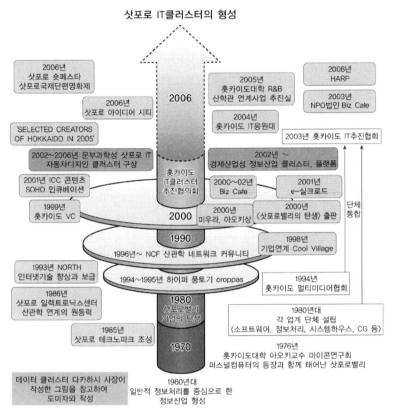

삿포로 IT클러스터의 형성

2006년
삿포로 숏페스타
삿포로국제단편영화제

2006년
삿포로 아이디어 시티

'SELECTED CREATORS
OF HOKKAIDO IN 2005'

2002~2006년 문부과학성 삿포로 IT
자동차디자인 클러스터 구상

2001년 ICC 콘텐츠
SOHO 인큐베이션

1999년
홋카이도 VC

2006
홋카이도
IT클러스터
추진협의회

2005년
홋카이도대학 R&B
산학관 연계사업 추진실

2004년
홋카이도 IT응원대

2002년 ~
경제산업성 정보산업 클러스터, 플랫폼

2000~02년
Biz Cafe

2000년
미우라, 아오키상

2000년
《삿포로밸리의 탄생》 출판

2001년
e-실크로드

2006년
HARP

2003년
NPO법인 Biz Cafe

2003년 홋카이도 IT추진협회

단체
통합

1990

1996년~ NCF 산관학 네트워크 커뮤니티

1998년
기업연계 Cool Village

1993년 NORTH
인터넷기술 향상과 보급

1994~1995년 하이퍼 풍토기 oroppas

1994년
홋카이도 멀티미디어협회

1986년
삿포로 일렉트로닉스센터
산관학 연계의 원동력

1985년
삿포로 테크노파크 조성

1980
삿포로밸리
기업의 탄생

1970

1980년대
각 업계 단체 설립
〈소프트웨어, 정보처리, 시스템하우스, CG 등〉

1976년
홋카이도대학 아오키교수 마이콘연구회
퍼스널컴퓨터의 등장과 함께 태어난 삿포로밸리

데이터 클러스터 다카하시 사장이
작성한 그림을 참고하여
도미자와 작성

1960년대
일반적 정보처리를 중심으로 한
정보산업 형성

* 2006, 도미자와(富沢)

클러스터를 형성하여 국가경쟁력 향상을 도모하고자 하는 내용이었
다. 2001~2005년 진행된 제1기에서는 클러스터 실태파악과 정책 수
요를 바탕으로 국가 중심의 산업클러스터 계획 프로젝트로서 20개
정도를 출범시키고, 지자체가 독자적으로 추진하는 클러스터사업과
연계하면서 산업클러스터의 기초가 되는 대면 네트워크를 형성하고
자 하였다.

그러나 같은 시기에 경제산업성뿐만 아니라 문부과학성에서도 '지적클러스터 창성사업'이 이루어졌다. 이는 연구기관, 벤처기업 등의 연구개발(R&D) 기업에 의한 국제적인 경쟁력 토대 기술혁신을 위한 집적 '지적知的클러스터' 조성을 목표로 했다. 지자체의 자체능력을 중시한 지자체 지원 사업이었다. 사업 기간은 5년, 예산 규모는 연간 60억 엔이었다. '지적클러스터 조성사업'은 2002년 4월에 12개 지역 10개 클러스터를 '사업실시지역'으로 지정해, 이 중 6개 지역을 1~3년간의 시범사업을 실시하는 '시행지역'으로 지정했다(그림 24).

[그림 24] 지적(知的)클러스터 조성사업

* http://www.it-cluster.jp/english/index.html

실제로 남아 있는 것이 많지는 않지만, 이러한 사업은 어떤 형태로든 지역 콘텐츠산업의 기반 형성에 영향을 주었다. 후쿠오카에서는 2000년대에 들어서면서 콘텐츠산업 발전을 목표로 몇 가지 프로젝트가 진행되었다. 음악산업 관련하여 후쿠오카의 독자적인 음악발전을 위해 후쿠오카시는 음악·디지털 콘텐츠산업 분야 '뮤직시티 덴진ミュージックシティ天神' 사업을 비롯하여 공연자나 밴드를 중심으로 한이벤트 개최, 영상을 통한 홍보, 거리 퍼포먼스 지원 및 정보 확산등 다양한 노력을 기울였다. 나아가 콘텐츠 분야 창작자를 중심으로하는 산·학·관 협력 조직의 설립을 지원하고, 창작자와 고객을 연결하는 프로듀서의 역할을 담당했다. 2003년 성장이 뚜렷한 후쿠오카의 게임 제작회사 세 곳이 현지에서 게임 이벤트 'GAME FACTORY FUKUOKA'를 개최했다. 이 이벤트가 계기가 되어 2004년 GFF가 출범하였고, 2005년에는 GFF와 규슈대학의 제휴가 시작되었다.

2006년에는 후쿠오카를 세계적인 게임산업도시로 만드는 것을 목표로 GFF, 규슈대학, 후쿠오카시의 3자가 협력한 '후쿠오카게임산업진흥기구福岡ゲーム産業辰興機構'가 탄생했다. 일본 게임업계 최초의 산·학·관 연계기구로 전국에서 큰 주목을 받았다. 이 움직임이 〈레이튼 교수〉시리즈나 〈요괴워치〉의 성공으로 연결되었다. 이처럼 디지털사회로의 전환은 콘텐츠산업의 진흥과 IT 관련 기업의 성장이 미묘하게 맞물리는 상황을 초래했다.

버블기를 지나 일본은 '잃어버린 20년'을 맞이했다고 일컬어진다. 그러나 한편으로는 이 시기 현지 콘텐츠산업의 기반 형성을 위한 정책적인 지원이 착실히 이루어지기도 하였다. 아울러 2000년대 초부터 활발한 접근은 지역도시의 독자적 문화자원을 활용한 창조도시로서 의미가 있다. 가나자와와 요코하마에서 이러한 움직임이 시작되었다. 다양한 방법으로 창작자 육성을 위한 환경 조성에 중점을 두었다. 그 후 유네스코의 '창조도시 네트워크'에 고베, 나고야, 삿포로, 니가타, 가나자와, 쓰루오카 등이 참여하며 창조도시를 지향했다. 또한 동시에 일본 내에서의 '창조도시' 네트워크도 구축되고 있다. 창조도시는 일반적으로는 문화, 예술을 활용한 도시 재생의 방식으로 여겨지지만, 콘텐츠산업과 직결되는 대중문화 영역은 크지 않다. 행정의 시각에서 문화예술을 앞세우는 경우가 많다.

그러나 산업화로 이어질 가능성이 큰 분야는 대중문화이다. 쿨재팬 정책도 이런 맥락에서 보면 흥미롭다. 앞에서 살펴본 바와 같이 지금까지 일본에서는 대중문화에 대해 정책적으로 적극적인 지원이 이루어진 적이 없었으며, 민간기업의 자체적인 노력으로 산업이 형성되어 왔다. 또 대중문화에는 대항문화로서의 반문화反文化적 요소가 중요하며, 이는 체제 비판을 의미한다. 음악 중에는 펑크록이 대표적이다. 이런 시각에서 본다면, 국가가 대중문화 또는 콘텐츠산업을 지원한다는 것은 모순이 있다. 그러나 이론적인 것은 차치하고 정책지원이 지역에서 콘텐츠산업의 진흥에 도움이 된 것은 틀림없다. 이런 의미에서 지역과 콘텐츠산업의 관계성은 새로운 패러다임에 들어섰다고 볼 수 있다. 삿포로에서 취업 경험이 있는 필자의 관점에서 보면, 드디어 지역에서도 콘텐츠 기획을 해 볼 만한 기회가 찾아왔다고 느껴진다. 이러한 패러다임의 전환은 콘텐츠산업 전체의 기본방향도 변화시키고 있다. 특히, 데이터화에 의한 비즈니스 모델의 전환이 가까워지고 있다. 이전의 콘텐츠산업 수익 창출 방식은 콘텐츠의 패키지화가 대부분이었고, 그 패키지를 주력 상품으로 확장 판매하며 시장을 형성했다.

실제로 살펴보면 콘텐츠산업은 잠시 정체기에 있다. 그 원인은 패키지 매출의 둔화에 있다. 정부에서도 노력하고 있지만, 내수의 미래는 불안하다. 따라서 일본 콘텐츠를 수출하겠다는 방향에 수긍이 가는 점도 많다. 그러나 역시 그 기반은 내수시장의 새로운 구축에 있다. 즉, 해외, 특히 아시아권에서는 일본에서 인기가 있는 콘텐츠가 해외의 수요로 이어지기에 이 점을 무시할 수 없다. 당연히, 현지 콘텐츠산업 진흥에서도 이 점은 중요하다.

미시적 시각과 거시적인 시각을 동시에 고려해야 하는 것이 디지털 시대의 핵심이다. 기술은 날로 발달하고 있다. 예전과 같은 느슨한 자세로 비즈니스에 임해서는 큰 위험요소를 감수해야 한다. 콘텐츠산업은 외부 요인의 변화에 따라 비즈니스 모델을 전환해온 업종이다.

방송국의 역할

지역의 콘텐츠산업 진흥을 살펴보다 보면 방송국의 역할이 중요하며, 콘텐츠 투어리즘의 맥락에서도 중요한 위치를 차지하고 있음을 알 수 있다. HTB 〈수요방랑객水曜どうでしょう〉의 성공은 삿포로의 매니지먼트 기업인 '크리에이티브 오피스 큐Creative Office Cue'의 성공으로 이어졌다. 방송 처음에 등장하는 HTB 앞 공원은 팬들에게 성지가 되었다.

이처럼 지역TV가 영향력을 충분히 발휘할 수 있다면, 방송국 자체의 존속 여부뿐 아니라 지역발전을 위한 가능성을 갖고 있다고 해도 좋을 것이다.

그런데 일본의 방송 미디어는 자본구조상 신문사의 계열에 편입되어 있고, 도쿄를 키스테이션으로 한 계열화라는 점에서 네트워크적 특징이 있다. 최근에는 경기 침체 및 미디어의 다양화로 방송 미디어 역시 경영에서 어려움을 겪고 있다. 특히, 지방의 방송국은 더욱 어려운 상황이다. 이러한 상황은 방송 미디어의 패러다임 전환과 관련이 있다. 미디어 환경이 급격하게 변화하는 가운데 지역과 밀접한 관계가 있는 정보발신 주체들로부터 새로운 상황이 전개되고 있다. 그동안 키스테이션에 종속되어 있었던 지역방송국들이 찾아낸 하나의 생존방식이라고 할 수 있다.

지역방송국들의 최대 임무는 지역과 밀착된 방송서비스이다. '지역 밀착'의 의미를 몇 가지 관점에서 살펴보고자 한다. 제도적인 측면을 우선 살펴보면, 방송국은 어디까지나 총무성의 인가사업이다. 방송법상으로는 "방송은 전파법에서의 '무선국의 개국'에 기초하는 면허사업이며, 단일 도도부현都道府県을 사업 구역으로 하는 현역 면허를 원칙으로 한다"라고 기록되어 있다.

20세기를 정보사회라고 하지만, 사실 그 당시는 인터넷도 휴대전화도 광범위하게 보급되지 않았었고 디지털화도 초기 단계였다. 하지만 21세기에 들어서면서 기술혁신이 방송 미디어에 지대한 영향을 미쳤다. 하지만 지역방송국은 기본적으로 키스테이션을 중심으로 한 네트워크로 연결된 방송국으로 모든 프로그램을 자체 제작하지는 않았다. 일본 민영방송의 경우, 도쿄에 본사를 둔 니혼TV, TBS, 후지TV, TV아사히, TV도쿄가 키스테이션에 해당한다. 이들을 중심으로 지역에 각 계열[3]의 지역방송국들이 존재하는 방식이다. 일부 지역방송국 중에는 키스테이션의 계열에 포함되지 않는 독립 방송국들도 존재한다. 이들은 UHF국이므로 독립 U국이라고도 부른다. 독립방송국을 개설하는 방송사업자는 전국독립방송협의회JAITS를 조직하고 있다. 일반적인 지역방송국은 키스테이션으로부터 받은 프로그램을 중심으로 방송하며, 일부 지방에 특화한 보도, 정보 프로그램을 제자하는 정도를 맡아서 업무를 수행한다.[4]

그러나 현재는 방송위성을 사용한 BS, 통신위성을 사용한 CS 등 위성방송이나 유선방송인 CATV의 보급에 의한 다채널화와 인터넷의 보급으로 인한 SNS의 침투, 지상파 디지털로의 이행, 인터넷TV의 대두 등 주변 환경의 변화로 인해 지역방송국의 존재 여부에 대한 회의적 반응이 나오고 있다. 일부 지역방송국에서 도전적인 시도가 이루어지기도 하지만, 대부분 비용 절감을 위해 자체 프로그램 제작이나 기타 사업에 적극적이지 않다. 키스테이션에서조차 유튜브, 넷플릭스, 훌루, 아마존 프라임 등의 인터넷 영상서비스에 위협받고 있기에 지역방송국의 미래는 더욱 불투명하다.

---

3 (옮긴이) 키스테이션의 특징에 따라 NNN 계열(니혼TV가 키스테이션인 일본민간방송 TV뉴스 네트워크), JNN 계열(TBSTV가 키스테이션, 일본 최초의 TV네트워크), FNN 계열(후지TV가 키스테이션), ANN 계열(TV아사히가 키스테이션), TXN 계열(TV도쿄를 키스테이션으로 하며 뉴스네트워크와 프로그램 공급네트워크와의 구별이 없음) 등으로 계열이 구분된다.
4 (옮긴이) 키스테이션에 대한 의존도가 높아 자체제작 비율은 평균 10% 중반 수준으로 낮은 편이다.

대부분의 방송국들은 뉴스 네트워크를 통한 그룹을 구성하여 키스테이션들의 프로그램이나 전국 규모의 광고를 전달받거나, 지역의 뉴스를 키스테이션을 통해 계열의 각 지역방송국에 제공하는 등의 일을 하고 있다. 독립방송국들은 광역방송을 실시하는 영역에서 지역방송을 진행하기도 한다. 일본의 방송국은 미국과 같은 신디케이션syndication[5] 방식에 의한 프로그램 구매가 일반적이지 않기 때문에 외부로부터 거의 100% 키스테이션의 프로그램 공급에 의지하게 된다. 서구의 방송여건과 비교해봐도, 키스테이션과 지역방송국은 매우 밀접한 관계로 연결되어 있다. 또한 광고에 대해서도 지역방송국 프로그램의 상당수는 키스테이션에서 전국규모의 스폰서에게 일괄 판매하는 경우가 많다. 그리고 스폰서로부터 들어오는 프로그램 제공료 중 광고회사에 대한 수수료, 프로그램 제작비를 제외한 전파료는 일정 비율로 각 계열사에 배분된다. 프로그램을 받아들이기만 하면, 키스테이션으로부터 네트워크 분배금도 들어온다.

지역방송국은 네트워크로 맺어진 관계에 따라 키스테이션에서 보내오는 전국 프로그램을 받아 대부분의 프로그램을 편성한다. 스폰서로부터의 광고수입도 있으므로, 스스로 지역 프로그램을 개발하는 것보다 도쿄의 키스테이션 프로그램을 받아 운영하는 편이 효율적인 경영방식이 될 수 있다. 키스테이션의 입장에서도 계열 지역방송국에 네트워크 특징에 따라 프로그램을 공급할 수 있으므로 전국 미디

---

5 (옮긴이) 신디케이션은 네트워크를 거치치 않고, 프로그램 제작사에서 개별 독립방송국으로 완성된 프로그램을 직접 공급하는 방식이며, 미국 방송 콘텐츠 시장에서 유통의 특징으로 주로 나타난다. 신디케이션의 전형적인 업무는 네트워크에서 최초방송을 한 프로그램들의 방영권을 케이블 네트워크나 독립방송국에 판매하는 것이다.

어와 함께 스폰서로부터 고액의 광고료(프로그램 제공료)를 얻을 수 있다. 골든타임 프로그램의 경우, 한 사이클 제공 시 수백억 원 수준의 금액이 되기 때문에 여러 회사가 제공스폰서가 되는 것이 일반적이다.

이러한 이유로 일본에서 지역방송국의 독립성은 독립 방송국 이외에는 불가능에 가깝다. 이러한 부분이 어려운 점이다. 일본의 방송국의 체제는 키스테이션을 중심으로 하며 계열화가 이루어지고 있기 때문에 프로그램의 자체 제작률은 지극히 낮다. 기무라(2009)는 홋카이도·후쿠오카 지구를 제외한 지역방송국(독립 U국 이외)에서 자사 제작 비율과 이익률 사이에 유의미한 마이너스 상관관계(자사 제작 비율이 높은 방송국은 이익률이 낮다)가 나타난다고 보았다. 즉, 지역방송국은 키스테이션에서 제작한 방송을 내보내면 손쉽게 방송수입을 얻을 수 있는 구조라는 것이다. 결국, 자체 제작은 수지타산이 맞지 않는다고 생각하게 된 배경이 여기에서부터 출발한다.

지역방송국이 지금까지 경영을 지속할 수 있었던 것은 키스테이션이 다양한 방법으로 지역방송국을 지원하고 있기 때문으로 풀이할수 있다. 예를 들어, 키스테이션이 지급하는 네트워크 분배금은 지역방송국 수입의 25~30%를 차지한다. 키스테이션에서 만든 프로그램을 지역방송국에 내보내기 위해 일정한 비용을 지급하는 방식이다. 키스테이션은 사실상의 경영보조의 역할을 하고 있다. 그렇기 때문에 지역방송국은 프로그램을 제작하지 않는 것이 오히려 효율적이다. 이러한 이유로 경제력이 없는 지역에 자리 잡는 방송국은 자체 프로그램을 제작하지 않는 경향이 나타난다(半澤·高田, 2007. 1.).

정보미디어백서(2017)에 따르면, 민영방송국 127개 중 방송시간 전체에서 자체 제작 프로그램의 비율이 10% 미만인 방송국은 전체의 약 60%(70사)를 차지한다. 또한 전체 방송 시간에서 차지하는 자체 제작 프로그램의 비율이 10~30% 미만인 경우까지 감안하면, 민영방송국 전체의 약 90%가 해당하므로 자체 프로그램 제작비율이 얼마나 낮은지 알 수 있다(그림 25).

이제 이전부터 논의되어 온 방송통신 융합에 대한 법·제도 논의에 대해서도 구체적으로 속도를 내야 할 단계에 이르렀다. 젊은이들의 TV 방송이탈이란 말처럼, 기존 지상파 디지털 채널은 시청률이 떨어지고 있다. 녹화방송의 경우 일부 시청자들을 중심으로 진행되고 있기는 하지만 넷플릭스, 훌루, 아마존 프라임 등 주문형서비스 on-demand, 인터넷TV의 보급 등으로 인해 밀려나고 있다. 또한, 불법 콘텐츠가 섞여 있기는 하지만 유튜브 역시 막강한 존재이다. 즉, 지

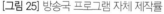

[그림 25] 방송국 프로그램 자체 제작률

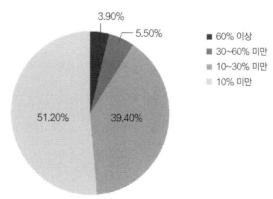

3.90%
5.50%
51.20%
39.40%

■ 60% 이상
■ 30~60% 미만
■ 10~30% 미만
□ 10% 미만

※ 1일 평균 방송시간 3시간 33분
* 2017, 정보미디어백서

상파 디지털로부터 새로운 영상미디어로 전환하고 있는 시대의 흐름을 부인할 수 없다.

한편, 경영 측면에서 후지TV의 개국 이후, 최초 적자현상이 화제가 되기도 했다. 민방 키스테이션의 2017년 4~9월 결산을 보면, 후지·미디어·홀딩스HD 산하의 후지TV는 유일하게 영업적자를 기록했다. 시청률 저조현상이 계속되면서 광고수입이 줄었다는 것이다. 후지TV 그룹의 매출은 1,272억 엔이었다. 전년 같은 기간보다 166억 엔, 11.8%가 떨어졌다. 영업손익은 8억 3,600만 엔 적자(전년 같은 기간에는 23억 500만 엔 흑자), 최종적인 손익은 5억 2,200만 엔 적자(전년 같은 기간 16억 4,700만 엔 흑자)였다. 이는 매우 중요한 시사점을 준다.

아베 전 총리는 2018년 2월 1일 제13차 미래투자회의에서 "기술혁신으로 통신과 방송의 경계가 사라지는 가운데 국민의 공유 재산인 전파를 효율적으로 이용하기 위해 주파수 할당 방법이나 방송 사업 방식에 대한 적극적인 재검토가 필요하다"라고 말한 바 있다.[6] 이 발언은 사업의 재편을 의도하고 있다고 볼 수 있는데, 일본에서의 방송업은 인허가 사업이기 때문에 신규 진입이 어렵고 그것이 경쟁 심화로 이어지지 않았다.

지역방송국은 미디어의 역할은 물론 지역 콘텐츠 기업으로서의 역할도 해나가야 한다. 특히 인재 육성에 크게 기여할 수 있다.

앞에서 살펴본 바와 같이 키스테이션의 상황도 고려하면, 지역방송국은 더욱 심각한 사태에 직면하게 될 것이 분명해 보인다. 결국, 각각이 지혜를 모아 새로운 사업모델을 창출하거나 콘텐츠 기업으로

---

6   https://www.kantei.go.jp/jp/98_abe/actions/201802/01mirai.htm

서의 새로운 시도를 해나갈 수밖에 없다. 그러한 의미에서 지역에서의 콘텐츠 창출이라는 관점에서 지역방송국의 역할이 결코 작지 않다고 할 수 있다. 특히 콘텐츠에 관한 인재육성, 고용창출의 관계에서 앞으로의 역할이 기대된다.

한국의 콘텐츠산업 정책

▘ 정책 수립의 배경

일본의 쿨재팬 정책은 한국의 뒤를 따른 정책이라고 말할 수 있다. 쿨재팬 정책이 한국에서 시작됐다는 점은 부인할 수 없다. 이번 절에서는 한국 콘텐츠 정책의 흐름을 살펴보고자 한다. 한국의 경우, 일본과는 다른 전개 상황을 살펴볼 수 있다. 한국은 1999년 김대중 정권 때 만들어진 「문화산업진흥기본법」을 바탕으로 1989년부터 존재하던 방송영상산업진흥원에 이어 한국문화콘텐츠진흥원, 게임산업진흥원 등의 조직이 차례로 만들어졌다. 2009년 방송통신의 융합 등 세계적인 디지털 컨버전스 추세를 배경으로 산업별 지원 조직을 일원화하여 한국콘텐츠진흥원을 출범시켰다. 즉, 한류 드라마나 K-POP도 일종의 국가 전략의 결과물로 볼 수 있다. 이러한 배경 속에서 한국은 중국이나 동남아시아 등지에서 문화적 경쟁력을 급속하게 높였다. 중국도 애니메이션이나 게임 등 콘텐츠산업 육성에 있어 국가적 지원을 시행하고 있다.

쿨 브리태니아Cool Britannia는 1990년대 중반 영국에서 만들어져 1990년대 말 한 시대를 풍미했던 정책 용어이다. 당시 블레어 총리는 '창조산업 특별위원회'를 조성하고 문화산업의 담당자, 미디어 관계자, 학자들을 모아 창조산업의 진흥을 논의하며 다양한 시책을 실행에 옮겼다. 동시에 '홍보특별위원회'를 조직해 영국의 브랜드 이미지를 쇄신하는 국가 홍보 전략을 시행했다. 정부 부처도 재편하여 국가 유산부가 문화·미디어·스포츠부(문화부)로 개칭돼 문화유산 관리뿐만 아니라 창조산업의 진흥 등을 담당하게 됐다.

한국 콘텐츠산업 진흥정책은 이러한 영국의 정책을 기반으로 한다. 물론 일본 경제산업성이 주도하는 쿨재팬의 배경에도 반영되었다.

2000년대 들어 한류 드라마와 K-POP으로 주목받은 한국의 콘텐츠산업 진흥정책과 미디어, 콘텐츠산업의 집적을 위한 디지털미디어시티DMC가 만들어진 점은 주목할 만하다. 그러나 대중문화와 공적지원에는 일정 거리가 유지되어야 하는 부분도 있다. 이들은 본래 전혀 다른 배경을 가지고 있기 때문이다. 즉, 콘텐츠산업의 기반이 되는 대중문화에는 체제와는 다른 문화가 반영된 경우도 있다.

한국이 IT산업과 콘텐츠산업 진흥에 본격적으로 뛰어든 것은 1997년 IMF 통화위기 이후이다. 한국은 한국전쟁의 타격을 극복하기 위해 박정희 대통령이 제안했던 경제정책을 통해 '한강의 기적'이라 불리는 경제성장을 달성했다. 급속한 경제성장의 내면에는 재벌을 기반으로 한 수출지향형 공업화 정책, 독재정권 아래 개발독점에 의한 노동조합의 억압 등이 있었다. 외적으로는 냉전 체제 속의 선진국가들, 특히 일본과 미국에 의한 경제 및 기술 원조, 구미 및 일본의 시장으로의 수용, 그리고 경제성장 초기의 한국의 수출노동자 등이 영향을 미쳤다.

그러나 한국이 선진국의 일원으로 공식 인정받는 계기가 된 1996년 OECD의 가입과 그 이듬해 직후 일어난 IMF 외환위기를 거치면서 이러한 기적은 일단락되었다. 아시아 통화 위기는 1997년 여름에 태국의 바트화 폭락이 단초가 되어, 12월에는 한국에도 불똥이 튀었다. 이 통화 하락은 미국의 헤지펀드를 중심으로 한 투자가의 통화의 공매도로 야기되었다. 당시 한국은 거시경제의 기초 여건이 탄탄했던 반면, 금융 부문에서는 부실채권을 안고 있었다. 과도한 빚은 경영 판단에서 큰 실수를 불러왔고 경영 교체를 불렀다. 기아자동차의 부도를 시작으로 경제상황이 악화되면서 IMF의 원조를 요청하는 사태가 빚어졌다.

IMF와의 합의 내용은 재정 재건, 금융기관 구조조정과 구조 개혁, 통상 장벽의 자유화, 외국자본 투자 자유화, 기업 거버넌스 투명화, 노동 시장 개혁 등이었다. 그러던 중, 1999년 정보통신부는 「사이버 코리아 21」이란 제목의 보고서를 발표했다. 이 보고서는 21세기가 지식경제로 이행한다는 전제로 향후 4년간 주력해야 할 세 가지 주제로 지식 기반 사회를 위한 정보기반의 강화, 정보 기반을 활용한 국가의 생산성 향상, 정보 기반의 신규사업 육성을 강조했다. 이것은 U-city 구상의 기본이 된다.

이는 2002년 e코리아비전 2006, 그리고 IT839 전략으로 이어진다. 이는 한국 사회의 유비쿼터스화를 추진하기 위한 목적으로, 일명 u-Korea라 불리는 IT기본계획이었다. 한국은 세계 최고 수준의 광대역 인프라와 높은 사양의 휴대단말기가 널리 보급되어 있다는 국제적 우위성을 기반으로 다양한 서비스를 제공하는 것을 목표로 했다.

이를 기반으로 경제발전을 촉진해, 결국 1인당 국민소득 3만 달러 달성에 성공했다.[7]

■■ DMC의 콘텐츠산업 집적

이러한 u-Korea 정책은 콘텐츠산업 진흥으로 이어졌다. 한국에서는 한류 영화, 드라마, K-POP의 성공으로 새로운 산업의 창출이 이루어졌다. 그러나 아직은 일시적 현상으로 보이기도 하기에, 산업으로서의 발전에는 일정한 시간이 더 필요해 보인다. 이와 관련, 한국경제도 큰 전환기를 맞이했고 이와 함께 '창조경제' 정책이 입안되기도 하였다.

그 중심이 되는 것이 서울시 마포구에 있는 디지털미디어시티DMC: Digital Media City이다. 서쪽으로는 인천국제공항과 연결되어 한강 이남으로 김포공항·여의도와 연결되고, 동쪽으로 신촌 및 마포 부도심을 연결하는 지역에 입지하고 있다. 이 지역은 인천국제공항과는 신공항 고속도로와 2010년 개통한 고속철도를 통해 30분 이내에 연결되고, 국철 경의선 디지털미디어시티역과 지하철 6호선 디지털미디어시티역으로 연결되어 국내외 어디서든 접근이 편리하다는 장점이 있다.

원래 DMC가 있는 서울의 상암·난지도 지구는 과거 쓰레기 집하장이었다. 시민들의 일반폐기물에 의해 높이가 95m, 길이가 2km나 되는 인공 쓰레기산으로 변했다. 도쿄에 있었던 '꿈의 섬夢の島'과 유사하다. 1996년부터 쓰레기 매립에 의한 환경오염 방지시설을 마련

---

7 (옮긴이) 2021년 3월 기준 한국은행이 발표한 '2021년 4분기 및 연간 국민소득(잠정)' 통계에 따르면, 1인당 국민총소득(GNI)은 3만 5,168달러로 전년(3만 1,881달러)보다 10.3% 늘었다.

하고, 개발사업을 유보하는 등 안정화 사업에 착수했다. 그 후 1997년에 택지개발사업지구로 지정되고, 1998년에는 고건 전 서울시장의 취임과 함께 '신서울타운조성' 계획이 발표되며, 기본계획이 시행되었다.

　이 계획의 목적은 '정보도시, 생태도시, 관문도시'의 실현이었다. 이후 '월드컵공원', '환경친화적 주거단지', 'DMC' 등 3개의 구체적 프로젝트가 추진되었다. 이를 '밀레니엄시티 계획'이라고 부른다. 서울시에 따르면 DMC는 정보미디어 산업 집적과 경제·문화·환경친화적 발전을 통한 첨단 비즈니스단지로 구상됐다. 즉, DMC는 정보산업, 미디어 산업, 엔터테인먼트 산업의 클러스터화를 목표로 하고 있다. 특히, 미디어 산업과 엔터테인먼트 산업에 특화되어 있다는 것이 DMC의 특징이다.

　'밀레니엄시티' 계획은 단기적으로는 2002년 월드컵 개최, 월드컵 경기장의 건설 및 필요한 지원시설 설치, 도시기반시설 확충과 정비 등의 내용으로 진행되었다. 중기적으로는 2011년 서울시 북서부 도심화, 택지개발사업과 경기장 주변 정비 종료, DMC 1단계 조성 완료, 그리고 신공항철도와 경의선 개통으로 3개 철도부지의 개통을 진행하였다. 또, 장기적으로는 2048년 밀레니엄시티 조성 완료, 고속철도 개통과 다양한 역사를 조사하여 추가 철도부지 개발, 한강 수상교통 개통과 난지도 개발 등으로 밀레니엄시티 조성을 목표로 하고 있다.

　DMC는 2010년 완공을 목표했으나, 현재도 개발 진행 중이다. 이미 MBC, SBS, CJ E&M 등의 방송국이 이전해왔으며 IT 및 엔터테인먼트 업계의 뛰어난 기술과 역동성으로 입주기업 간, M&E, IT기업 간의 활발한 네트워킹이 이루어지고 있다(그림 26). 정보·미디어

·IT 관련 첨단비즈니스센터, 산학협력연구센터, 외국인 장기체류형 임대아파트, 스탠포드호텔 서울, 미국 드와이트 스쿨Dwight School 서울 분교, 애니메이션·오락실, 영화촬영세트, 국내 최대 규모의 크리에 이터CG 제작시설, 한류 체험관 등의 영상문화지구가 순차적으로 건립되고 있다.

[그림 26] 디지털미디어시티(DMC) 시설배치도(2023년 1월 기준)[8]

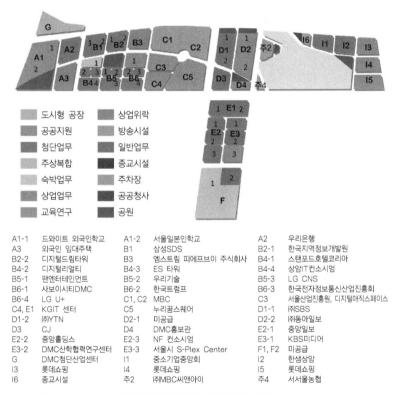

A1-1	드와이트 외국인학교	A1-2	서울일본인학교	A2	우리은행
A3	외국인 임대주택	B1	삼성SDS	B2-1	한국지역정보개발원
B2-2	디지털드림타워	B3	엠스트림 피에프브이 주식회사	B4-1	스탠포드호텔코리아
B4-2	디지털리얼티	B4-3	ES 타워	B4-4	상암IT컨소시엄
B5-1	팬엔터테인먼트	B5-2	우리기술	B5-3	LG CNS
B6-1	샤보이시티DMC	B6-2	한국트럼프	B6-3	한국전자정보통신산업진흥회
B6-4	LG U+	C1, C2	MBC	C3	서울산업진흥원, 디지털매직스페이스
C4, E1	KGIT 센터	C5	누리꿈스퀘어	D1-1	㈜SBS
D1-2	㈜YTN	D2-1	미공급	D2-2	㈜동아일보
D3	CJ	D4	DMC홍보관	E2-1	중앙일보
E2-2	중앙홀딩스	E2-3	NF 컨소시엄	E3-1	KBS미디어
E3-2	DMC산학협력연구센터	E3-3	서울시 S-Plex Center	F1, F2	미공급
G	DMC첨단산업센터	I1	중소기업중앙회	I2	한샘상암
I3	롯데쇼핑	I4	롯데쇼핑	I5	롯데쇼핑
I6	종교시설	주2	㈜MBC씨앤아이	주4	서서울농협

* https://www.sba.seoul.kr(서울산업진흥원) 자료를 토대로 필자 수정

8　(옮긴이) 원서에서는 2016년을 기준으로 디지털미디어시티의 시설도를 제시하였으나, 번역서에서는 이를 번역 시점인 2023년을 기준으로 재구성하여 포함시켰다.

또한, 외국인 및 외국계 기업에 다음과 같은 혜택을 제공했다. 토지·건물의 장기 임대(50년) 지원, 외국인 투자 구역 지정에 대한 조세 감면 시행, 연간 4%의 낮은 이자로 토지 매입금의 장기 분할 상환 가능(20년), 국세와 지방세의 7년간 면세 및 이후 3년간 50% 감면 실시, 외국인 전용 임대 주택 및 국제학교 등 인프라의 정비 등이다.

개인적인 견해로는 콘텐츠산업 육성에 대한 국가개입 관련 한국의 정책 및 DMC의 전략에 회의적인 부분도 있다. 일본에서도 창조도시론에 입각한 도시 재생이 주목되어왔다. 그러나 과연 얼마나 성과를 내고 있는지는 의문이다. 몇 가지 성공 사례가 나오고 있지만, '창조도시론'에 입각한 도시가 장기적으로 도쿄를 능가할 수 있을 가능성은 국가 시스템이 바뀌지 않는 한 사실상 매우 어렵다.

이전에는 자연발생적인 산업집적이 일반적이었다. 지금처럼 현실과 가상이 공존하는 시대에 이러한 접근방식이 과연 어떤 결과를 가져올까에 대해 주의 깊게 살펴보아야 할 것이다. 그러기에 주목해야 할 점은 DMC와 대학이 밀집한 지역으로서 청년문화의 발생지로 유명한 홍익대학교와의 접근성이다. DMC 인근에는 홍익대학교가 있고 그 주변은 '홍대'라고 불리는 대중문화의 진원지이다. 필자는 DMC와 그 주변의 인적교류 가능성을 주목하고 있다. 다만, 앞에서 지적한 바와 같이 현재는 현실과 가상이 공존하는 시대이기에 지리적 접근성이 절대적인 영향을 미치는 것만은 아니라는 점도 고려해야 한다.

사실 일본에서도 1970~1980년대의 대중문화의 여명기에는 도쿄와 지방도시 모두 대학과의 접근성이 중요했다. 대중문화는 청년 문화이며, 젊은이가 그 주체가 된다는 점이 특징이다. 이 점에 유의해야 한다. DMC는 대중문화의 생성과 콘텐츠산업 진흥이라는 관점에서 매우 흥미로운 정책이다. 종래의 산업 집적의 모델은 어디까지나 현실적인 공간에서의 일이었다. 그러나 이미 정보뿐만 아니라 일상적인 작업을 하는데도 같은 장소에 있을 필요가 없는 시대로 접어들고 있다. 이것은 결국 지역의 발전 가능성으로도 연결된다고 할 수 있다.

일본은 한국과 같은 콘텐츠산업 집적정책을 시행하지 못할 가능성이 높다. 사실 한국이 이런 형태를 취할 수 있는 것은 콘텐츠산업의 역사가 짧기 때문이다. 또한, 성과중심의 정책을 다양화할 수 없는 상황에 이른 것으로도 보인다. 콘텐츠산업의 역사가 길다는 것은 굳이 말하면 국가가 주도적 입장에 설 수 없다는 것이기도 하다. 좋은 의미든 나쁜 의미든 일본에서는 업계의 힘이 의외로 강력하다. 이처럼 민간 기업이 콘텐츠산업을 주도해온 일본의 경우, 한국과 같은 국가주도 정책 접근은 쉽지 않다. '쿨재팬'의 약점도 여기에 있다. 이른바 국가와 콘텐츠산업(민간)과의 합의를 만드는 것이 관건이다.

그럼에도 한국의 콘텐츠산업 발전은 매우 인상적이다. 물론 최근에는 중국의 발전 또한 주목할 만하다. 다른 나라의 콘텐츠산업 정책은 국가의 콘텐츠산업의 향후 방향을 정하는 데 매우 중요하다. 특히 해외시장을 염두에 둔다면, 동남아시아에서 한국의 콘텐츠가 우위를 차지하고 있음에 주목해야 한다. 일본은 아직 구미권에서 일시적인 성과밖에 올리지 못하고 있다. 이러한 상황을 고려한다면 일본 고유의 효과적인 시스템 구축에 관해서 더욱 많은 고민이 필요하다.

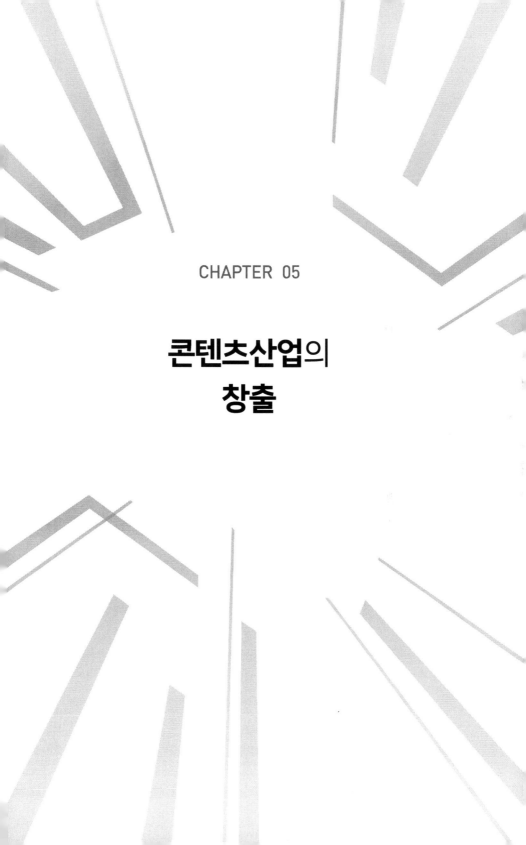

CHAPTER 05

콘텐츠산업의
창출

콘텐츠산업의 창출

하츠네 미쿠(初音ミク)

앞 장에서 디지털화의 영향으로 인한 유통경로의 변화, 비용 삭감 등의 문제를 계속해서 다루었다. 이러한 흐름과 함께 지역 콘텐츠산업화의 움직임은 1990년대 후반부터 시작되었다.

인터넷 보급과 디지털화는 패러다임을 전환시켰다. 이러한 성공의 시작은 '하츠네 미쿠'를 사례로 들 수 있다(그림 27). 이는 앞 장에서 설명한 삿포로밸리의 움직임과 함께 살펴보면 흥미롭다. 하츠네 미쿠에 대해서는 여러 문헌에서 다루고 있지만, 우선 이 상품을 개발한 크립톤 퓨처 미디어クリプトン·フューチャー·メディア를 살펴보려고 한다.

[그림 27] 하츠네 미쿠

© 크립톤 퓨처 미디어

하츠네 미쿠는 80년대의 MIDI와 DTM Desktop Music 문화를 배경으로 탄생했다. 신디사이저나 샘플러, 컴퓨터를 사용한 음악 제작이 가능해지면서 많은 아마추어 뮤지션이 생겨났고, 크립톤 퓨처 미디어의 역사도 여기서부터 시작되었다(柴, 2014, 44). MIDI란 전자악기의 연주데이터를 기기 간에 디지털 전송하기 위한 세계 공통규격으로 알려져 있다. 전자악기의 악보인 DTM은 PC와 전자악기를 MIDI 등으로 접속해서 연주하는 음악 혹은 그 음악 제작 행위로 '데스크탑 뮤직'이라고 총칭해 부른다.

최근 음악 제작 과정에서 디지털기술의 영향은 점점 커지고 있다. 크립톤 퓨처 미디어는 이토 히로유키伊藤博之가 삿포로에서 창업한 기업이다. 그는 홋카이도대학의 직원으로 재직하며 개인적으로 음악을 제작하고 이를 샘플링 음원으로 판매했다. 처음에는 주로 해외로 음원을 판매했으며, 또한 해외에서 제작된 샘플링 음원을 일본 이용자에게 역으로 수입판매하는 사업도 시행했다. 1995년 대학을 자퇴해 본격적으로 사업을 시작했다.

필자는 2011년에 삿포로시로부터 의뢰받은 연구조사사업을 통해 이토씨를 인터뷰한 적이 있다. 마침 동일본 대지진이 일어났던 날이기에 특별히 기억이 난다. 여러 차례 흔들림을 느끼며 인터넷의 지진정보를 신경 쓰면서 인터뷰를 진행했다. 동일본 대지진의 날을 생각할 때마다, 파도와 흔들림의 시간이 기억난다. 우연이라기에는 너무나 특별한 일이었다. 당시 장소는 삿포로의 오도리 공원에 인접한 옛 본사였다. 그때 당시 하츠네 미쿠는 이미 성공하여 CM송 협력제휴 등으로 인기를 얻고 있었다.

하츠네 미쿠는 크립톤 퓨처 미디어에서 야마하의 음성 합성 시스템 '보컬로이드VOCALOID'를 발전시켜 개발한 보컬 음원이다. 멜로디나 가사를 입력하면 음성에 의한 보컬 파트나 백 코러스를 작성할 수 있는 음성 합성 DTM용의 보컬 음원 및 캐릭터이다. 단순히 음악에만 한정된 상품이 아니라는 점이 중요하다.

음악으로 비유한다면, 힙합과 유사하다. 힙합은 음악뿐만 아니라 춤, 패션, 그래피티까지 포함하는 종합적인 문화이다. 하츠네 미쿠는 소위 말하는 이러한 복합콘텐츠의 디지털판이라고 할 수 있다. 콘텐츠를 하나의 카테고리로 묶는 것은 어려워졌고, 미디어 믹스의 전략 또한 변화했다. 이른 시기의 가도카와Kadokawa 미디어 믹스 전략과 같이, 소설, 영화, 음악, 머천다이즈 수준의 단순한 개념이 아니다. 게임, 애니메이션에서부터 동영상 사이트, N차 창작으로까지 연결된다. 최근에는 다양한 매체를 넘나드는 크로스 미디어가 일반화되고 있다.

하츠네 미쿠는 2007년 8월 31일, 음성과 함께 소프트웨어 자체를 가상의 아이돌로 캐릭터화하여 '캐릭터 보컬 시리즈'라는 첫 콘텐츠로 발매되었다. 크립톤 퓨처 미디어는 하츠네 미쿠가 노래하고 있는 동영상을 중심으로 하츠네 미쿠를 소재로 한 10만 곡 이상의 노래나 일러스트, 창작자에 의한 프로모션 등 다양한 작품을 발표했다. 하츠네 미쿠는 많은 사용자들의 손에서 탄생한 다양한 창작물로부터 만들어진 소비자 창작 미디어 기반 여성 아이돌이라는 해석도 나오고 있다.

크립톤 퓨처 미디어는 보컬로이드와 관련된 콘텐츠 사이트 '피아프로pia pro'에서 자사의 음악 레이블인 'KarenT'에 보컬로이드로 만든 음악을 판매하기도 한다. 또한, 보컬로이드 제품은 패키지에 캐릭터 일러스트를 사용하는데, 이는 독자적으로 정한 피아프로 캐릭터 라이센스PCL[1] 및 크리에이티브 커먼즈 라이센스CCL로 비영리 복제나 2차 저작물의 작성, 공개가 허용된다.

이러한 방식은 콘텐츠산업의 새로운 비즈니스 모델로 주목받고 있다. 물론, 토요타나 구글 광고 같은 경우는 영리적인 성격을 갖고 있기 때문에 라이센스 비용이 발생한다. 영리·비영리 부문에서 양방향 비즈니스 모델을 구축한 것이다. 디지털화 이후 현안으로 부상한 저작권을 둘러싼 각종 논의에 주목할 만한 선례가 되고 있다.

2013년 3월 9일 가비지뉴스는 도쿄공예대학이 2013년 2월 26일 음악을 감상하는 성향과 보컬로이드에 대한 인식조사 결과를 발표했다고 전했다. 연구 결과에 의하면, 음악감상을 즐겨하는 젊은층 조사대상 모집단 중에는 하츠네 미쿠를 알고 있는 사람이 95%에 이르렀다.

이 조사는 2013년 1월 28일부터 한 달간 '음악감상을 즐겨한다'고 밝힌 12~19세의 남녀를 대상으로 조사하였다. 조사대상은 1,000명이었다. 남녀 성비는 1 : 1로 하였으며, 세대 구성비는 10대, 20대 전·후반, 30대 전·후반을 100명씩 균등 할당했으며, 조사기관은 넷아시아였다. '음악감상'을 좋아한다고 밝힌 대상을 선정했기에 일반 조사대상 모집단에 비해 응답에 다소 음악성향의 편중이 나타나기는 한다. 또, 이 조사는 수년 전에 이루어졌기 때문에 현재는 더욱 인지도가 높아졌으리라 생각된다.

---

1 (옮긴이) 크립톤 퓨처 미디어의 정책으로 영리를 목적으로 하지 않고, 또한 대가를 받지 않는 경우 캐릭터의 2차 창작물의 이용에 대해서, 이용을 허락해 주는 방식을 뜻한다.

[그림 28] 하츠네 미쿠의 인지도

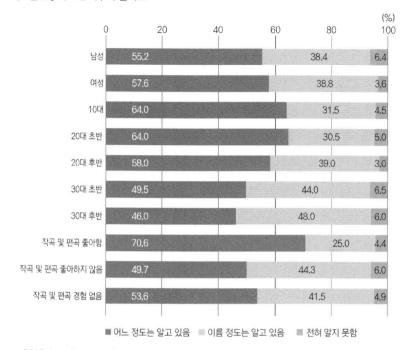

* 2013, http://www.garbagenews.net

　현재 하츠네 미쿠는 일본 내외에서 콘서트를 하며 가상 아이돌로서 활동의 장을 넓혀가고 있다. 앞서 소개한 시바(2014)의 인터뷰에서 이토는 홋카이도에 콘텐츠산업이 거의 존재하지 않는 점을 지적하며, 창작자가 지역활성화에 기여한다고 주장했다. "도쿄에 기대어 중앙에서 모든 것을 결정하고 있고 지방은 거기에 순응하는 구조이다. 이러한 피폐한 상황을 극복하고자 하는 노력들이 요구된다"라고 말한다.

　지역에서 주도적으로 어떤 성과를 만들어내는 것은 사실상 어려운 일이다. 이것을 가능하게 할 수 있는 기업의 출현은 지역의 희망이다. 크립톤 퓨처 미디어도 본사를 삿포로의 도심부로 이전하기는 했지만 앞으로도 삿포로의 지역 기업으로 남을 것이다. 인재육성이나 지역 내외의 네트워크 구축의 측면에서의 공헌도 기대된다. 현재, 삿포로에서는 2017년도부터 ① 창조산업의 활성화와 타 산업으로의 파급 ② 창조지원·신산업 창조·투자 촉진 ③ 창의적인 시민문화의 양성 ④ 삿포로·홋카이도의 국제적 지명도·매력 향상 ⑤ '세계 굴지의 혁신적인 도시 SAPPORO'의 실현을 표방하며 'No Maps' 사업을 시작했다. 이 중심에는 크립톤 퓨처 미디어가 있었고, 이들은 삿포로에서 중요한 위상을 갖는 기업으로 성장했다.[2]

〈수요방랑객(水曜どうでしょう)〉

〈수요방랑객〉(그림 29)을 기획한 스즈이 타카유키鈴井貴之와 이토 아유미伊藤亜由美는 삿포로에서 크리에이티브 오피스 큐(이하, 오피스 큐)를 창업했다. 이는 2015년 봄에 방송을 시작한 NHK 아침드라마 〈마레まれ〉에서 아버지 역, 2016년에는 NHK 대하드라마 〈사나다마루真田丸〉에 사나다 노부유키真田信幸 역을 맡았던 오이즈미 히로시大泉洋가 소속되어 있었던 창작 집단이다. 또 다른 소속 배우인 야스다 아키라安田顕는 2015년에 방영된 TBS 드라마 〈변두리 로켓下町ロケット〉으로 알려졌다. 이들이 참여하고 있는 TEAM NACS도 이제는 전국 규모의 인기 극단으로 성장했다. 오피스 큐는 배우, 탤런트의 매니지먼트 업무뿐만

---

2   이와 함께 삿포로의 이벤트 영상기획회사의 성장도 주목되는 부분이다.
    https://www.pronews.jp/column/20140828110020.html

[그림 29] 〈수요방랑객〉

© HTB(https://www.htb.co.jp/unite2013)

아니라 방송 프로그램, 영화, 연극 등의 제작도 진행하고 있다. 필자는 삿포로 FM방송에서 일하던 시절, 현지 연극인의 소개로 스즈이와 만난 적이 있다. 그의 에세이 《다메인간ダメ人間》에는 다음과 같은 에피소드가 실려 있다.

　"수고했어."
　제작진이 얘기했다.
　"죄송합니다. 너무 엉망이었어요."
　"뭐, 좋은 공부가 되지 않았나." 뒤돌아보니 마스부치 프로듀서가 있었다.
　"특별히 유창한 이야기를 기대하는 것은 아니야. 그냥 자네의 말로 하면 돼. 말로 자네를 전달해보게. 그럼 되는 거야. 자, 수고하게."
　와닿았다. 아마도 그 당시에는 그 말이 갖는 무게를 절반도 이해하지 못했겠지만, 나름의 무게감을 느꼈다(스즈이鈴井, 2009, 182).

사실 그와의 대화가 거의 기억나지 않는다. 내가 이런 건방진 말을 했었다니. 아마도 그가 라디오에서 첫 프로그램을 맡았던 때인 것 같다. 대화에서 등장하는 마스부치 프로듀서가 필자이다. 기억은 나지 않지만, 그의 에세이에 거론되는 것만으로도 영광이다. 어쨌든 시간이 거듭되며 그는 삿포로에서 창업하고 성공가도를 달렸다.

스즈이가 이토와 오피스 큐를 개인 사무소로서 설립한 것이 1992년, 오이즈미 히로시, 야스다 켄 등이 소속된 TEAM NACS의 결성이 1996년이었다. HTB〈수요방랑객〉은 휴방기였다. 스즈이는 영화감독을 맡아 2004년 대기업의 매니지먼트 회사인 어뮤즈アミューズ와 제휴했고 2008년에는 삿포로 도심부에 오피스 빌딩을 세웠다. 현재는 현장 실무를 충실하게 이끌어온 이토가 사장에 오르고, 스즈이는 회장에 취임했다. 그들은 2015년 봄에 방송된 TV도쿄의〈불편한 심부름센터不便な便利屋〉의 각본, 감독을 맡는 등 여전히 활발한 활동을 펼치고 있다.

HTB는 지역방송국의 성공 사례로 많이 소개된다. 독특한 연혁을 가진 이 지역방송국은 1968년에 개국했다. 처음에는 NET계열이었지만, 1970년에 현재의 TV아사히 계열로 들어갔다. 다만 창업자가 주식투기에 실패하고 1980년에는 HTB도 이에 영향을 받아 연쇄도산의 위기에 빠지기도 했다. 다행히도 TV아사히, 아사히신문 등 아사히신문 계열사들이 HTB에 구제 출자를 진행하면서 도산 위기를 모면할 수 있었다. 이를 계기로 아사히신문 계열사들과 긴밀하게 연결된 방송국이 되어 현재에 이르고 있다.

HTB는 여타 지역방송국과는 달리 지역 자체 프로그램의 제작에 의욕적이었다. 〈수요방랑객〉의 DVD 매상은 방송국 매출의 1%를 넘는다고 한다. 물론 프로그램 판매 수입도 무시할 수 없다. 또, 출연자였던 오이즈미 요도 현재 영화, TV드라마 등에서 빠질 수 없는 배우로 성장했다. 기획과 출연을 담당했던 스즈이는 자신의 기획·제작 회사를 성공적으로 키워냈다. 이것은 '지방도시'로서 삿포로에게 큰 의미를 갖는다. 즉, 지방에서도 엔터테인먼트 사업이 가능하며, 영화 제작에도 착수할 수 있는 등 여러 가능성을 보여주었기 때문이다.

〈수요방랑객〉은 1996년 10월 9일 방송을 시작했다. 제작국이 아닌 편성국 주도라는 극히 드문 형태로 제작되었다. 담당 부서를 초월해 만들어진 작품이라는 점이 특징이다. 또 〈모자이크의 밤モザイクな夜〉에서 깊이 있게 표현되었던 풍속적인 색채가 완전히 배제된 점도 주목할 만하다. 즉 스텝, 출연진이 일부 계승되었음에도 전혀 다른 프로그램으로 만들어졌다.

이 프로그램은 1999년 12월 8일, 최고 시청률 18.6%를 기록했다. 그 후 소문이 나며 인터넷, DVD 발매 등을 통해 팬덤을 만들어갔다. 2002년 9월 정규방송은 중단되었지만, 매년 한 작품씩 신작을 방송하고 있다. 현재는 〈방랑객 리턴즈どうでしょうリターンズ〉, 〈수요방랑객 Classic水曜どうでしょう Classic〉이 홋카이도를 비롯한 전국 각지에서 재방송되고 있다. 홋카이도에서 2005년 가을에 방송된 〈격투! 이리오모테섬激闘! 西表島〉 역시 전국적으로 방송되었다. 그 후, 2013년에 새로운 시리즈인 〈첫 아프리카初めてのアフリカ〉가 방송되었다.[3]

---

3 〈수요방랑객〉의 새 작품은 이 책이 집필되던 2018년에 방송 예정에 있었다. 2013년 〈첫 아프리카〉 이후 5년만이었다.
　(옮긴이) 여행 버라이어티로 현재도 심야 시간대에 재방송중이며, 한국에서는 2022년부터 넷플릭스에서 방영 중이다.

오피스 큐는 〈수요방랑객〉의 성공을 바탕으로 현재의 성과를 만들어냈다. 그 과정에서 지방이라는 핸디캡은 있었지만, 어뮤즈와의 제휴를 통해 이를 해결했다. 이는 지역에서 콘텐츠 기업이 살아남는 방식을 보여준다. 크립톤 퓨처 미디어가 성공하는 데 있어서도 야마하와의 제휴가 중요한 역할을 했다. 이는 곧, 지역에서 콘텐츠산업을 키워내는 과정에서 지역과 도쿄의 연합 방식을 보여준다.

이전에도 이러한 방식은 있었지만, 장기적이거나 유기적인 연계는 이루어지기 어려웠다. 소위 말하는 주도권을 도쿄에 제공하는 방식이 일반적이었다. 이는 자본력의 차이 또는 노하우의 차이 때문으로 볼 수 있다. 그러나 콘텐츠산업은 인적 자원이 가장 중요하다. 콘텐츠산업은 속인성屬人性이 높다는 특징이 있다. 이는 곧 창작자가 생산한 콘텐츠가 경영을 위한 자원이 되며 창작자나 출연자가 곧 상품으로서 가치를 갖게 됨을 의미한다.

즉, 인적자원의 확보는 지역 기업의 경쟁력이다. 앞에서 다루었던 삿포로의 두 기업은 이 부분에서 경쟁력을 갖고 있었다. 이제까지 지역은 인력의 유출이 고질적인 문제였다. 지금은 일부이기는 하지만, 청년층이 지역을 지향하는 분위기도 나타나고 있다. 물론 아직까지 문제를 역전시킬 만할 변화까지는 아니다. 지역에서의 지속적인 노력이 필요하다.

요괴워치

규슈에서도 활발한 움직임이 있었다. 후쿠오카는 레벨파이브의 〈요괴워치妖怪ウォッチ〉의 성공으로 콘텐츠산업 분야에서 큰 주목을 받았다. 후쿠오카는 1970년대 이후 대중음악이 독자적으로 발전하면서 주목을 받았다. 후쿠오카의 새로운 도약 과정에는 IT와 영상, 음악이 중요한 역할을 했다. 그 배경에는 국가의 클러스터 정책이 있다. 후쿠오카는 아시아 거점도시를 목표로 하는 'GATE WAY'를 추진해 20세기 말부터 정보산업, 로봇산업, 콘텐츠산업의 육성과 강화를 추진했다. 특히, 1987년에 개최된 '요카토피아(아시아 태평양 박람회)'의 철거대상지에 대한 모모치하마百道浜 정보거점 정비 사업은 도쿄와 오사카의 IT기업 연구·개발 거점사업으로, 특히 LSI 개발거점으로서 클러스터를 조성하였다. 신산업 또는 신사업 창조, 지원과 관련하여 후쿠오카 권역의 공학대학, 학부와의 산학 연계 매칭, 인큐베이터 등에 의한 전자산업과 콘텐츠, 로봇산업 등의 진흥이 이루어졌다.

당시, 정보산업 분야에서 규슈는 실리콘 아일랜드라고 불렸다. 오이타, 구마모토, 가고시마, 미야자키, 나가사키, 사가 등에 하드웨어 관련 제조거점이 입지했다. 반면, 후쿠오카는 설계·개발 중심의 정보산업 거점을 목표로 했다. 앞에서 이야기 했던 모모치하마에 후쿠오카 소프트 리서치 파크福岡SRP(제3섹터)를 설치했고, 해당 지역의 IT 관련 중소기업의 육성과 입주를 유도했다. 나아가 해외, 특히 한국, 중국, 대만, 싱가포르 등을 대상으로 한 '실리콘 시벨트シリコンシーベルト' 구상으로 한국계 IT기업을 유치하기도 했다.

2002년 후쿠오카시 경제진흥국은 '음악산업도시 구상'을 발표했다. 후쿠오카의 음악산업 활성화 및 '음악산업도시'로서의 정체성 만들기를 목적으로 한 계획이었다. 이 구상은 후쿠오카의 인재·도시 이미지 등의 기존자원을 활용하여 도시 브랜드로서 '음악 산업도시·후쿠오카'를 실현하고, 이를 통해 음악 관련 산업을 기조로 한 엔터테인먼트 산업의 진흥을 우선적으로 강조했다. 최종적으로는 광역 범위에서 동아시아를 대상으로 방문객들을 끌어 모으는 문화도시 형성을 목표로 한다.

앞서 이야기한대로 후쿠오카는 '산·학·관'의 협력구조를 구축했고, 이로부터 많은 성공사례를 만들어냈다. 한 예로, 인기 게임인 〈드래곤퀘스트〉 시리즈나 닌텐도 '위Wii'의 게임소프트 개발에 후쿠오카 현지 기업이 큰 공헌을 했다. 다른 대형 산업과는 달리 게임산업은 '상대적으로' 큰 자본력을 요구하지 않는다. 이는 인재가 경영자원이라는 콘텐츠산업의 특성과 연결된다. 산업의 성장에 있어 기업의 입지보다 개발 인재의 양성과 지속적인 공급, 기술자가 살기 좋은 환경 등이 중요하다는 특성과 연결된다. 이런 의미에서 규슈대학과의 산학 연계는 큰 의미를 갖는다. 게임산업 분야에서 우수한 인력이 지속적으로 공급될 수 있기 때문이다.

레벨파이브는 리버힐 소프트사의 히노 아키히로日野晃博를 중심으로 1998년에 설립됐다. 당초, 소니·컴퓨터 엔터테인먼트(SCE: 당시. 현 소니 인터랙티브 엔터테인먼트/SIE)의 자회사로 창업을 고려하고 있었지만, SCE의 부사장이었던 사토 아키라佐藤明의 조언을 듣고 독립 창업의 길을 선택했다. 이후 SCE의 지원을 받아 〈다크 클라우드ダーククラウド〉, 〈다크 크로니클ダーククロニクル〉 등의 게임을 개발했다. 〈다크

클라우드〉는 미국에서 밀리언셀러를 달성하여, 롤플레잉게임 제작에서 좋은 평가를 받았고, 이러한 평가를 발판삼아 〈드래곤 퀘스트 VIII: 하늘과 바다와 땅과 저주받은 공주〉의 개발도 담당하게 되었다.

또, 〈레이튼 교수와 이상한 마을レイトン教授と不思議な町〉 이후에는 제작뿐 아니라 퍼블리셔로 자체 브랜드 판매도 시작했다. 〈레이튼 교수와 이상한 마을〉에서 시작된 레이튼 교수 시리즈와 〈썬더일레븐イナズマイレブン〉은 애니메이션 등으로 미디어 믹스가 진행됐다. 이후, 〈골판지 전사ダンボール戦機〉, 〈요괴워치〉 등에서도 유사한 상황이 전개되었다.

〈요괴워치〉는 레벨파이브에서 2013년 발매한 작품으로 닌텐도 3DS 전용 게임 소프트 〈썬더일레븐〉 시리즈, 〈골판지 전사〉 시리즈를 이은 레벨파이브의 크로스 미디어 프로젝트이다. 앞의 두 작품과 마찬가지로 만화나 애니메이션 등에 의한 다양한 미디어 활용을 전제로 기획되었다.

이 작품은 2012년 12월부터 《월간 코로코로 코믹月刊コロコロコミック》에서 만화로 연재를 시작했다. 크로스 미디어 프로젝트 작품으로서 후에 판매된 게임보다 앞서 연재를 시작한 경우이다. 이후, 2013년 7월에 닌텐도 3DS 소프트 〈요괴워치〉가 발매되었다. 판매 3주 만에 10만 개, 14주 만에 20만 개를 판매했다. 판매량만 보면 그다지 특별한 성과는 아니었지만, 2014년 1월부터 TV 애니메이션이 방영되면서 단숨에 주목받게 되었다. 이와 함께 〈요괴워치〉의 판매량은 2014년 이후 계속 상승해 애니메이션 방송 개시 직전인 1월 초순에는 30만 개를 넘어섰다.

이어서 같은 해 1월에 반다이バンダイ에서 장난감 요괴 메달이 출시

되며 초등학생을 중심으로 엄청난 인기를 모았다. 판매 한 달 만에 요괴 메달은 누계 300만 개 이상이 판매되며 품귀현상을 가져올 만큼 인기 상품으로 부상했다. 또, 3월에는 도쿄역 지하 상점가에 오리지널 숍 '요괴워치 발견! 요괴타운'을 2개월 한정 팝업스토어 형식으로 개장했다. 당시 이 가게에는 예상보다 많은 사람들이 몰리며 제품의 품귀현상이 일어나 2일 만에 휴업할 수밖에 없었고, 사회적 이슈로 회자되기도 했다. 3DS 소프트 〈요괴워치〉의 판매량 역시 5월에는 100만 개를 넘어 대히트를 기록했다.

이러한 성공의 배경에는 크로스 미디어 전략이 있었다. 또한, 창업을 위한 환경 정비도 중요했다. 최근에는 후쿠오카로 클러스터 관련 IT엔지니어, 창작자 등의 이주나 정주가 이루어지고 있다. LINE이 국내 제2의 거점으로 자사 빌딩을 건축하려는 움직임도 확인된다. 또한, 아베내각의 규제와 제도 개혁의 핵심 축으로 2014년에 신설된 국가전략특구의 하나로 신설된 후쿠오카시 '창업 지원을 위한 개혁 거점(창업특구)'도 중요한 역할을 했다. 이를 기반으로 기업가에 대한 지원이 더욱 탄탄해졌고, 실제로 많은 기업가들이 양성되고 있다. 이러한 환경으로 인해 향후 스타트업 기업들이 후쿠오카에 모여들 것으로 예상된다. 또, 중국이나 한국과의 거래에서 후쿠오카가 유리한 지리적 위치에 있다는 점도 중요하게 작용했다는 의견도 있다.

레벨파이브는 이제 후쿠오카를 대표하는 기업이 되었다. 이처럼 지방도시에서 콘텐츠 기업이 성장하기 위해서는 정책 환경의 정비가 필수적이다. 그러나 이전에는 콘텐츠산업에 대한 행정의 인식이 높지 않은 상태에서 중앙정부가 주도하는 쿨재팬 정책의 일환으로 지역에 대한 이해가 이루어져 왔다고 할 수 있다. 삿포로시와 후쿠오카시는 다소 차이가 있기는 하나, 콘텐츠산업에서 지역 자립의 가능성을 단적으로 보여주는 예이다. 물론, 도쿄에 비교하면 취약한 경제적 기반이 그대로 드러난다. 그렇지만 삿포로와 후쿠오카의 이야기들은 현재진행형의 상태이다.[4]

〈꽃이 피는 첫걸음(花咲くいろは)〉

▀▚ 피에이웍스(P.A.WORKS)

중소도시의 사례를 하나 살펴보려고 한다. 최근에는 '애니메이션 성지순례'가 유명해졌다. 생소한 단어로 여겨졌던 콘텐츠 투어리즘은 만화, 애니메이션에 관한 성지순례가 유행하며 사회적으로도 주목을 끌기 시작했다. 이러한 콘텐츠를 이용한 관광은 일본에서는 이전부터 촬영지를 순회하거나 문학산책, 대하드라마 순회 등의 형태로 일부 관광객들을 중심으로 조용하게 확산되고 있었다. 그러나 본격적인 계기가 된 것은 '미즈키시게루로드水木しげるロード(사카이미나토境港)', 〈러키☆스타〉(구키久喜) 등에서 지역활성화의 효과가 확인되면서부터였다. 이후 현재까지 전국 각지에서 다양한 노력이 이루어지고 있다.

애니메이션 〈러키☆스타〉의 성지순례지로 와시노미야 신사鷲宮神社가 주목받았다. 〈러키☆스타〉는 구키, 유키테, 카스가베 등을 배경으로 한다. 이들 중 와시노미야 신사는 작품의 주요 무대로 등장한다.

---

4   木下斉(2018),《福岡市が地方最強の都市になった理由》(PHP研究所) 등을 참고하였다.

이 신사는 애니메이션 방영으로 인해 2007년에 12만 명이었던 새해 참배객이 2011년에는 47만 명까지 증가했다. 돗토리현에 위치한 사카이미나토는 NHK의 아침드라마 〈게게게 여보ゲゲゲの女房〉가 방영된 2010년에 372만 명의 관광객들이 방문한 것으로 집계됐다. 2000년 61만 명이었던 것에 비하면 놀라운 성장이다. 애니메이션과 만화의 인기가 만든 성과이다. 콘텐츠 투어리즘의 확산은 이 같은 배경에서 시작되었다.

콘텐츠 투어리즘을 정책적으로 시행하기 위해서는 지역 내 주체 간의 관계를 구축하는 것이 중요하다. 동시에 주체 간 공동의 문제의식이 공유되어야 한다. 민간, 행정 등이 사업주체가 된다고 하더라도, 지역 주민과의 관계가 형성되지 않는다면 단순한 수익사업으로 치우칠 수 있다. 일회성 정책으로 진행되는 것 또한 방지해야 한다. 앞서 언급한 NHK 아침연속극과 대하드라마의 경우도, 종영 후에는 관광객이 감소했다. 얼마나 지속적으로 정책을 유지할 수 있는가가 중요한 문제이다. 이를 위해서 지역 내 관계 주체들이 공통의 문제의식을 갖는 것이 매우 중요하다.

애니메이션 관광이 확산되는 데에는 피에이웍스P.A.WORKS라는 기업의 역할이 컸다. 이 회사는 지역을 기반으로 활동하는 애니메이션 제작스튜디오의 성공사례로 주목할 만하다. 피에이웍스의 창업자는 도쿄의 스튜디오룩スタジオルック, 타츠노코 프로덕션竜の子プロダクション, 프로덕션 I.G에서 재직한 뒤 1997년 공동으로 비트레인ビィートレイン을 설립했다. 이후, 2000년에 도야마현 난토南砺에 피에이웍스의 전신인 '에치나카야동화본점越中屋動画本舗'을 창업했으며, 2002년 현재의 피에이웍스로 회사명을 변경했다.

난토시는 도야마현 서부에 위치한 소도시이다. 평야지역과 산간 지역으로 구성되어 있으며, 세계유산 '시라카와고·고카야마 합장촌白川郷·五箇山の合掌造り集落'과 연극제로 유명한 '도가촌利賀村'이 잘 알려져 있다. 2004년 히가시토나미군東礪波郡의 후쿠노정福野町, 조하나정福野町, 다이라촌平村, 카미다이하라촌上平村, 도가촌利賀村, 이나미정井波町, 이노구치촌井口村과 니시토나미군西礪波郡의 후쿠미츠정福光町이 합병되면서 만들어졌다. 인구 약 5만 5,000명의 지방도시이다. 일본 지방도시의 대부분이 인구 감소에 직면해 있는 것처럼 난토시 역시 같은 문제에 처해 있었다.

피에이웍스는 초기에는 애니메이션 제작사 작품의 하청과 게임무비 등의 수주를 진행했다. 이후 첫 자체 제작 작품 〈트루 티어즈true tears〉를 제작했다. 이 작품은 수준 높은 제작기술과 작품성으로 좋은 평가를 받았다. 또한, 작품의 배경이 난토시로 설정되어 있어 애니메이션을 통한 팬들의 관광으로까지 연결됐다. 이 작품은 실재의 풍경을 사실적으로 묘사했으며, 치밀한 로케이션 작업이 이루어졌다.

작품은 2008년 1~3월에 걸쳐 독립 UHF국에서 방송됐다. 현지 방송국인 도야마TV에서는 2008년 4~6월에 방송되었다. 〈러키☆스타〉처럼 인접한 기차역인 JR 조하나역城端駅에 성지순례 관련 노트를 남기고 싶다는 팬들의 요청이 이어졌다. 또, 지역 상공회의소에서는 피에이웍스에 관련 상품을 제작할 것을 의뢰했다. 이러한 과정에서 포스터, 클리어 파일, 포인트 카드 등이 만들어졌다.

이 작품은 난토시의 조하나정 지역을 중심으로 실재하는 거리나

풍경이 충실하게 재현되었다. 주인공 여고생이 일하는 이마가와야키今川焼[5] 가게나 공원의 분수, 쇼핑몰 등 조하나에는 사실 없는 건물들의 경우도 도야마현에 실재하는 건축물을 모델로 해서 묘사되었다. 작품 속의 산줄기는 다테야마 산봉우리들立山連峰, 해안은 인근 히미氷見 지역 등의 해안선을 묘사했다. 극중 등장하는 '무기야마츠리麦端まつり'는 조하나에서 열리는 '조하나 히기야마마츠리城端曳山祭'와 '조하나 무기야마츠리城端むぎや祭' 축제를 원형으로 하고 있다.

이러한 움직임은 2009년에 영상 제작 회사인 팬 워크스와 공동으로 발족시킨 '도야마 관광 애니메이션 프로젝트富山観光アニメプロジェクト'로 이어졌다. 이 프로젝트는 도야마현의 관광지 홍보를 위해 도야마 TV방송, 피에이웍스가 참여하여 단편 애니메이션을 제작하는 것이었다. 도야마 TV방송이 2008년도 '경제산업성 지역자원 활용형 신규산업창조사업経済産業省地域資源活用型新規産業創造事業'의 사업자로 선정되며 이 프로젝트가 시작되었다. 〈트루 티어즈〉로 난토시 조하나 일대에 많은 관광객이 몰린 것에서 아이디어를 얻었다. 일본 내에서는 도야마 TV방송에서 2009년 도야마 지역에 방송됐고, 해외에서는 같은 해 랴오닝방송국遼寧電視台의 위성채널을 통해 중국 전역에 방송됐다.

이처럼 지역에서도 외국인 관광객의 유입에 주목하고 있다. 지역 미디어와 지역 콘텐츠 기업의 협업은 앞으로도 더욱 늘어날 것이다. 이러한 점에서 피에이웍스는 지역 애니메이션 제작사의 존재 의미를 단적으로 보여준다.

---

5   (옮긴이) 우리나라의 붕어빵과 같은 간식거리로, 묽은 밀가루 반죽을 타원형 구이판에 붓고 팥소를 넣어 구운 빵이다.

[그림 30] 〈꽃이 피는 첫걸음〉(2013, 포니캐니언)

피에이웍스는 2011년에 방송된 〈꽃
이 피는 첫걸음花咲くいろは〉(그림 30)
과 함께 인지도가 급상승했다. 이
작품은 단독 제작 애니메이션으로
는 첫 오리지널 작품이다. 작품은
이시카와현石川県에 있는 가상의 온
천거리인 '유노사키 온천거리湯乃鷺

* 피에이웍스(P.A.WORKS)

温泉街'를 주 무대로 한다. 가나자와에 있는 유와쿠온천湯涌温泉을 실제
모델로 삼았다. 유와쿠온천은 가나자와를 대표하는 온천 중 하나고,
가나자와의 대표 명소이다.

피에이웍스는 2010년 〈엔젤비트!Angel Beat!〉에서도 가나자와 공공시
설을 모델로 학교공간을 묘사한 적이 있다. 가나자와대학의 가쿠마
캠퍼스 내 풍경과 흡사하게 묘사되어 인터넷상에서 화제가 되기도
했다. 훗날 2011년 9월에 가나자와대학에서 열린 정밀공학회 추계학
술대회 공지 포스터에 해당 일러스트가 사용되었고, 식당에서 극작
품 속에 등장하는 '엄청 매운 마파두부'가 제공되는 등 애니메이션과
관련된 이벤트가 진행됐다. 〈꽃이 피는 첫걸음〉은 〈엔젤비트!〉에 이
어 가나자와를 배경으로 하는 작품이었다.

유와쿠온천은 아사노강浅野川에서 갈라지는 도로를 따라 아홉 채의
여관과 목욕시설인 '종합탕 백로탕総湯白鷺の湯', 몇몇 음식점과 상점들
로 이루어져 있다. 지금은 없어졌지만 등록유형문화재로 지정된 바

있던 백운루 호텔白雲楼ホテル은 작품 속에서는 주인공 할머니가 운영하는 '킷스이소喜翠荘'로 등장한다. 이처럼 외진 온천마을이 애니메이션을 통해 새로운 관광객을 유치할 것이라고는 전혀 예상하지 못한 일이었다. 그렇지만 이 지역은 애니메이션 투어리즘을 통한 지역활성화의 대표적인 사례가 되었다.

이 작품은 도쿄에서 자란 여고생인 오하나가 빚 때문에 야반도주한 어머니 고즈키와 떨어져 유노사키 온천거리에 있는 킷스이소 여관을 운영하는 할머니댁에 머물면서 시작된다. 이 여관에서 머물며 아르바이트와 학교 생활을 동시에 하게 된 오하나는 개성 있는 직원들과 함께 일하고 어울리며 다양한 경험을 쌓고 성장해나간다.

유와쿠온천은 유와쿠온천관광협회와 애니메이션에 대한 협력을 진행했다. 특히, 작품에 등장하는 가상의 행사인 '본보리마츠리ぼんぼり祭り'를 관광협회가 주최하는 '유와쿠 본보리축제'로 재현한 점은 주목할 만하다. 2011년 첫 번째 행사에는 약 5,000명이 모였다. 행사의 일부는 온라인으로 생중계되었고, 연간 1만 4,000여 명 이상이 시청했다. 유와쿠온천관광협회는 동일본 대지진이 있었던 2011년도에도 유와쿠온천의 관광객 수는 6만 2,261명으로 전년도 대비 7.4%가 증가했다고 발표했다.

피에이웍스의 기쿠치 노부히로菊池宣広 전무는 웹잡지인 《호쿠리쿠 이야기北陸物語》에서 "'본보리마츠리'는 작품 속에서 전통행사로 묘사되었습니다. 일회성 이벤트가 아닌 지속적인 행사가 되어 애니메이션의 팬들뿐만 아니라 일반인도 즐길 수 있는 행사가 될 수 있도록 노력했습니다. 마을사람들이 자체적으로 운영할 수 있는 규모로 만들기 위해 과도한 홍보는 하지 않았습니다. 그럼에도 축제 당일 예상치를 크게 넘는 5,000명이 찾아주셨습니다. 유와쿠온천관광협회 회장님이 유와쿠 최대의 인파가 모였다고 말씀하실 정도였습니다"라고 밝혔다. 이처럼 이 행사는 지속성에 주안점을 두고 있다.

피에이웍스의 사례는 지역활성화와 애니메이션 관광의 연관성을 보여준다. 또한, 지역의 재발견, 재확인의 측면에서도 바라볼 수 있다. 지금까지도 일본 미디어는 정보의 불균형이라는 상황이 기본 전제되어 있다. 물론, 지금은 인터넷으로 인해 일부 변화가 일어나고 있기는 하지만, 대중문화의 중심은 도쿄라는 입장을 아직도 고수하고 있다. 애니메이션 성지가 도쿄에 다수 분포하는 것 역시 이러한 내용이 반영된 것이다. 물론, 도쿄가 일본 최대의 문화 소비지인 탓도 있다.

결국 전반적인 관광산업의 흐름에서 일본 최대의 관광 도시는 역시 도쿄이다. 지방도시도 관광객의 유입에 대해 적극적인 태도를 보이지만, 도쿄가 쏟아내는 대규모 정보 앞에는 어쩔 수 없는 부분이 있다. 이러한 면을 고려한다면, 애니메이션 관광의 역할은 결코 작지 않다. 애니메이션이라는 콘텐츠를 통해 지역의 매력을 제시하는 것은 단순히 관광에 그치지 않는 잠재력을 갖고 있다.

관광객에 의한 지역의 재발견과 재확인은 지역의 문제를 공유하는 행동으로 이어진다. 현재 일본은 도쿄와 기타 지방도시라는 구도로 나누어진 듯 보인다. 지역은 셔터가 내려간 활기를 잃은 상점가의 이미지로 대표되어 있고, 중심 상업지구는 쇠퇴했고 인구 감소는 심각하다. 사실 도쿄에서 살고 있다면 지방도시의 쇠락은 그다지 심각하게 느껴지지 않을지도 모른다. 애니메이션 관광은 단순히 관광을 즐기는 것을 넘어 응용과 발전의 측면에서 가능성을 갖고 있다. 〈꽃이 피는 첫걸음〉은 2012년 〈꽃이 피는 첫걸음HOME SWEET HOME〉으로 영화화되었다. 애니메이션 관광이 일회성으로 끝나지 않기 위해서는 이러한 단계적 전략도 고려해 볼 수 있다.

이후에도 2012년의 〈어나더Another〉는 난토의 후쿠노고등학교, 후쿠노고등학교의 옛 건물인 쿠니시게후미国重文·이와사가쿠巖浄閣, 후쿠노역福野駅, 오야베 시립 이스르기 초등학교 건물小矢部市立石動小学校校舎 등을 배경으로 사용하였다. 2012년 또 다른 작품인 〈타리타리TARITARI〉에서는 호쿠리쿠를 떠나, 가나가와현神奈川의 에노시마県江の島 주변의 풍경이 묘사되었다. 2013년의 〈유정천가족有頂天家族〉에서는 교토, 2014년 〈글라스립グラス リップス〉에서는 후쿠이현福井県의 사카이坂井 미쿠三国 주변, 2016년 〈쿠로무쿠로クロムクロ〉에서는 도야마현의 쿠로베黒部 주변과 일상적 장소들을 무대로 설정했다. 피에이웍스가 어디까지 의도했는지는 알 수 없지만, 이들 작품들이 관광-애니메이션의 연계라는 의미를 가진다는 점은 주목할 만하다.

피에이웍스의 역할은 관광의 맥락뿐만 아니라, 지역의 산업 창출, 일자리 창출로도 연결된다. 이들은 창업 15주년을 맞아 난토시에 설치된 다목적창작플랫폼인 '난토시 크리에이터플라자 사쿠라 크리에南砺市クリエイタープラザ 桜クリエ'로 본사를 이전했다. '사쿠라 크리에'는 피에이웍스가 과거 설립한 '일반사단법인 지역발신력연구지원센터一般社団法人地域発新力研究支援センター'가 운영하고 있다(그림 31).

이 시설은 지금까지의 창작자 인큐베이터 시설과는 달리 피에이웍스가 깊숙이 관여하고 있다는 점이 차별화된다. 그러나 성과가 확

[그림 31] 난토시 사쿠라 크리에이터플라자 사쿠라 크리에

© 난토시 크리에이터플라자 사쿠라 크리에(http://sakura-crea.jp)

인되기까지는 조금 더 시간이 필요하다. 이러한 노력은 오랜 시간 정성을 들여 시도해야 한다. 제작의 구심점이 되는 제작 거점이기 때문에, 비즈니스적인 문제들이 발생할 가능성도 있다. 이전에는 콘텐츠산업에서 도쿄로의 집중, 지역인재의 도쿄로의 유출이 일반적이었다. 이러한 현상이 도쿄를 인재의 도가니로 만들고 나아가 콘텐츠산업 육성의 기반을 형성하는 밑거름이 되었다. 다른 한편으로 보자면, 지역은 장래성이 풍부한 인재를 놓쳐온 셈이다. 또, 도쿄와 지방도시 간 정보의 비대칭화가 극단적으로 이루어지면서 지역의 독자적인 문화는 약화되었다. 동시에 도쿄 자본의 기업들이 전국으로 퍼져나가는 현상 역시 이러한 상황에 영향을 주었다.[6]

---

6   애니메이션 속 가상의 지역인 마노야마에 거점을 둔 '마노야마 연구학회'를 2018년 설립하고, 피에이웍스 출판사를 설립하는 등 적극적인 움직임을 펼치고 있다.

▓▓ 활성화된 지역거점의 형성

피에이웍스는 지방도시에서 활동하는 애니메이션 제작사이다. 최근에는 이 회사와 같이 지방도시에서 애니메이션 작품을 활용한 관광활성화를 모색하려는 시도들이 일어나고 있다. 하지만 애니메이션 제작사가 지방도시에 위치한 사례는 많지 않다. 〈케이온!けいおん!〉, 〈빙과氷菓〉 등으로 알려진 교토애니메이션京都アニメーション이 우지宇治에 있고, 〈비밀결사 매발톱단秘密結社鷹の爪〉의 케로우토코상회蛙男商会가 시마네현에서 활동한다. 그러나 대부분의 애니메이션 작품은 도쿄를 중심으로 제작되고 있다.

지역 애니메이션 제작은 〈케이온!〉으로 화제를 모았던 교토애니메이션이 먼저였다. 1981년 (구)무시프로덕션虫プロダクション에서 일했던 현재의 전무가 인근 주부들과 함께 다츠노코프로덕션タツノコプロ과 선라이즈ンライズ의 마무리 작업을 하청받아 일을 시작했다. 그가 결혼과 함께 이주한 교토부 우지시에서 처음 시작되었다. 처음에는 교토애니메이션 스튜디오京都アニメスタジオ로 부르다가 후에 교토애니메이션으로 사명을 변경했다. 1985년에는 유한회사로 법인화되었다. 원래는 마무리 공정을 담당하는 전문회사였으나 1986년 작화 부문을 신설해 다른 회사의 하청 영상 제작을 시작했다.

교토애니메이션은 〈에어AIR〉, 〈클라나드CLANNAD〉, 〈스즈미야 하루히의 우울涼宮ハルヒの憂鬱〉 등의 제작으로 주목을 받았다. 그 이전에도 우수한 작업 수준으로 업계에서 알려져 있었다. 2003년 여름에 방송된 〈풀 메탈 패닉? 후못후フルメタル·パニック?ふもっふ〉를 통해 오리지널 작품의 단독 제작을 시작했다. 지역에 있는 프로덕션이기 때문에 근

처에 외주를 줄 수 있는 제작회사가 없는 경우도 있어 연출, 작화, 마무리, 미술, 촬영, 디지털 효과까지의 프로덕션 작업을 사내에서 조달하는 체제를 구축했다. 또, 외주에 의한 분업 체제를 취하는 프로덕션에 비해서 구성원들 간의 커뮤니케이션이 세밀하게 이루어지는 것이 특징이다. 일부 포스트 프로덕션 작품은 외부에서 진행될 필요가 있어서, 우지의 본사와는 별도로 사무실을 도쿄도 미나토구에 두고 있다. 연출 등 일부 주요 스태프들은 교토와 도쿄를 오고가는 일이 빈번하다는 이야기도 있다. 피에이웍스가 도쿄 고다이라小平에 지점을 두고 있는 것도 같은 이유일 것이다.

교토애니메이션은 현재 문고본 출판, 굿즈 제작 판매 등으로 사업을 확장하고 있다. 이들은 지역 애니메이션 제작사로서 가능성을 보여줬다는 점에서 높이 평가할 수 있다. 도쿄에서 외주로 내보는 작업들에 대한 내부 제작화를 실현했다는 측면에서 하나의 지역비지니스 모델을 제시하기도 했다. 피에이웍스도 같은 위상에 놓여 있다고 볼 수 있다.

시마네현 히라타平田에서 활동하던 DLE의 Adobe Flash 애니메이션 브랜드이자 창작자인 케로우토코상회[7]도 지역에서 활동해왔다. 현재 대표인 FROGMAN은 〈비밀결사 매발톱단〉 시리즈의 성공으로 바빠지면서 도쿄로 거처를 옮기기는 했지만, 시간이 날 때는 여전히 시마네

---

7 (옮긴이) 원래는 실사의 짧은 콘텐츠를 중심으로 한 영상 제작 브랜드이자 창작자로, 나중에 Macromedia Flash(현 Adobe Flash)를 사용하여 WEB 애니메이션 제작을 시작했다. 각본 감독 작화 성우 대부분을 혼자 소화하고 있다. 2006년 2월 14일에 주식회사를 설립해, FROGMAN이 대표이사 회장에 취임했다(사장은 DLE의 시이키 류타가 겸임). 현재는 주식회사가 아닌 DLE의 사내 브랜드로 자리매김하고 있으며, 2013년경부터는 FROGMAN과의 이름의 혼동을 피하기 위해 사용을 중단하고 있다. 현재도 웹사이트에서 Flash를 사용해 제작한 애니메이션 작품을 공개하고 있다.

로 돌아간다고 한다. 그는 히라타에서 아내와 만나 그곳에 거주하면서 한때 업계를 떠나기도 했지만, '지역에서 영상을 만들어 올린다'는 콘셉트로 웹사이트를 만들었다. 처음에는 큰 주목을 받지 못했지만, 2002년경 Adobe Flash로 제작 도구를 변경하면서 연습 삼아 만든 〈스가이군과 가족菅井君と家族石〉으로 주목받기 시작했다.

2009년 도쿠시마德島에 스튜디오를 설립한 ufotable은 〈마치★아소비マチ★アソビ〉를 중심으로 애니메이션, 게임 등의 종합적인 엔터테인먼트 사업을 시행하며 도쿠시마에서 활동하고 있다. 2016년 5월 3일부터 5월 5일까지 개최된 '마치★아소비 vol.16' 행사는 7만 5,000명을 동원했다. 이 행사는 '마치 아소비 키우기'를 주제로 대도시나 다른 지방도시에서는 할 수 없는 도쿠시마의 지리적인 여건과 매력을 활용한 기획이었다. 특정 콘텐츠에 편중하지 않고, 매회 다양한 관계자들이 참가하는 것이 특징이다. 이는 애니메이션 관광 중에서도 눈에 띄는 사례이다. ufotable은 도쿠시마에서 카페, 애니메이션 영화관도 운영하며 여러 방면에서 지역의 활성화에 기여하고 있다.

이처럼 이제는 다양한 방식으로 지역에서의 콘텐츠 생산이 이루어지고 있다. 애니메이션 또한 예외가 아니다. 도쿄 집중의 시대에서 지역이 독자적인 문화를 통해 자신들의 콘텐츠를 제작하는 시대로 점진적으로 나아가고 있다. 이러한 변화에는 디지털화에 의한 기술적 혁신, 그로 인한 비용 절감이라는 요인도 영향을 미쳤지만, 개별 기업들의 지역에 대한 공헌과 노력이 큰 역할을 했다.

이는 일본 콘텐츠산업의 구조적 변화의 실마리가 될 수 있다. 앞으로는 정책적인 지원이 요구된다. 지역의 쇠퇴를 생각한다면, 인재

유출 문제를 해결하는 것도 중요한 과제이다. 지역에서 콘텐츠산업이 가능해지면 그 효용성은 크다. 계속해서 강조하지만, 콘텐츠와 관련된 논의는 관광과 산업 양쪽에서 이루어져야 한다. 관광객의 유입과 주민의 정주라는 두 가지 측면을 모두 고려해야 한다. 이것이 앞으로의 지역재생이며 이 책의 주제이기도 하다.

삿포로 인터크로스 크리에이티브센터ICC와 시즈오카静岡의 시즈오카시 문화크리에이티브 산업진흥센터静岡市文化·クリエイティブ産業振興センター, CCC 등 콘텐츠산업을 위한 인큐베이션(보육지원) 프로그램이 나타난 것도 이 시기이다. ICC Inter-cross Creative Center는 삿포로시 경제국에서 다양한 창작자를 육성하기 위해 삿포로시 도시교육연구소 건물을 리모델링하여 2000년부터 운영했다. '인터크로스inter-cross'란 이종교배를 의미한다. 다양한 장르를 연계한 새로운 비즈니스 창출을 염두에 둔다. 삿포로 국제 단편영화제를 비롯한 행사들을 진행하며, 시민과의 교류에도 적극적이다. 이들은 2016년부터 삿포로시가 주체가 되어 실시하는 'No Maps'에도 중요한 역할을 한다. 'No Maps'는 콘텐츠산업의 컨벤션으로서 일본 내외의 콘텐츠산업 관계자들을 모으려는 목적으로 기획되었다.

삿포로시는 2011년, 일본에서 처음으로 콘텐츠 분야의 지역활성화 종합특구로 지정됐다.[8] 이듬해 5월, 구체적인 사업을 추진하기 위한 조직으로 일반재단법인 삿포로산업진흥재단一般財団法人さっぽろ産業振興財団

---

8 '삿포로콘텐츠특구'는 외국인에게 유상으로 촬영지 관광 가이드를 실시하는 지역활성화 종합 특별 구역 통역 안내사의 육성, 국제 공동 제작 활성화를 위한 세미나나 국제 견본시의 개최·출전, 리에종 오피서(연락관) 제도에 관한 조사 연구 등을 실시하는 '콘텐츠산업 강화 대책 지원 사업'의 활용을 목적으로 했다.

산하 삿포로 영상기구SAS가 만들어졌다. 삿포로 영상기구는 콘텐츠 특구와 관련된 사업의 추진 조직으로서 주로 아시아 국가들과 연계를 추진하면서 영상 콘텐츠의 매력을 적극적으로 해외에 알려왔다. 2015년 특구의 지정기간은 종료되었다.

2016년부터는 '영상의 힘을 통한 세계가 동경하는 삿포로를 실현하기 위한 조례映像の力により世界が憧れるまちさっぽろを実現するため の条例'의 이념에 근거하여, 삿포로의 매력을 국내외에 알리고 지역경제 발전에 기여할 수 있도록 촬영지원의 내실화를 통한 영상산업 진흥에 힘쓰고 있다. 초기에는 삿포로시의 위탁으로 공익재단법인 삿포로 국제 플라자가 MN빌딩 3층에서 2003년부터 '삿포로필름커미션さっぽろフィルムコミッション'으로 활동했으나, 2008년부터 ICC 220B호실로 이전했다. 이후 2011년 국가로부터 지역활성화 종합 특별 구역으로 지정됨에 따라 '삿포로콘텐츠특구札幌コンテンツ特区'의 추진 조직으로서의 역할을 겸하고 2012년 명칭을 삿포로 영상 기구로 변경했다.

이와 같이, ICC는 삿포로필름커미션의 활동에 깊이 관여하고 있다. 현재는 상위 조직인 일반재단법인 삿포로산업진흥재단이 있는 히가시삿포로東札幌로 이전했다. 이 삿포로시의 콘텐츠 사례는 기업이 주체이기는 하지만, 이면에는 이와 같은 행정의 흐름도 존재한다는 점을 눈여겨보아야 한다.

시즈오카시의 콘텐츠산업 육성은 CCC[9]가 설치되며 본격화되었다. CCC는 구 아오바초등학교青葉小学校 학교 건물을 리노베이션하여 2008년

---

9 (옮긴이) 시즈오카시 문화크리에이티브 산업진흥센터(The Center for Creative Communications) https://www.c-c-c.or.jp

에 설치되었다. CCC는 콘텐츠산업의 육성과 진흥을 도모할 목적으로 만들어졌으며, 영상, 음악, 디자인 등의 콘텐츠를 다루는 창작자의 보육과 교육을 위한 시설이다. 일본 내외의 유명 창작자를 초빙하여 크리에이티브 세미나와 워크숍, 전시회 등을 활발하게 진행한다. 국내외로 시즈오카 창조산업의 활동 거점을 홍보하기 위한 목적도 갖고 있다.

시즈오카와 인근 지역에서는 많은 창작자들이 배출되고 있다. 만화가로는 사쿠라 모모코さくらももこ, 시리아가리 코토부키しりあがり寿, 소설가로는 무라마츠 토모미村松友視, 이누이 구루미乾くるみ, 하츠노 세이初野晴 등 다수의 인재들이 있다. 어쩌면 현지인들에게는 잘 알려져 있지 않을지도 모른다. 시즈오카의 경우는 후쿠오카나 삿포로와 비교하면 브랜드로서의 영향력은 다소 부족하다. 그러나 시 자체는 인구약 70만 명의 정령시로 소비인구도 약 150만 명에 이르는 결코 작지않은 도시이다.

앞에서 서술한 '사쿠라 크리에'는 난토시라는 소도시에서의 콘텐츠 인큐베이팅을 시도하고 있다. 2018년 애니메이션 〈그날 본 꽃의 이름을 우리는 아직 모른다あの日見た花の名前を僕達はまだ知らない〉, 〈마음이 외치고 싶어해心が叫びたがってるんだ〉를 통해서 지치부시가 성지로 알려지며 많은 관광객을 모았다. 또한 두 작품의 원작을 쓴 오카다 마리岡田麿里의 첫 감독 작품인 애니메이션 〈이별의 아침에 약속의 꽃을 장식하자さよならの朝に約束の花をかざろう〉가 제작되며 이 또한 주목받았다. 이 작품은 2018년 상하이국제영화제에서 애니메이션 최우수작품상을 수상했다.

만화를 통한 지역진흥

■《코믹이와테(コミックいわて)》

《코믹이와테》는 만화를 통한 지역진흥의 대표적 사례이다.[10] 2011년
부터 이와테현岩手県에서 적극적으로 콘텐츠 진흥정책을 시행하였다.
2011년에 책정된 '이와테현민계획' 중 '소프트 파워-이와테구상'의 실
현을 위해 제안되었다.

　이 프로젝트는 만화를 통해 이와테현의 문화와 생활, 경관, 오모
테나시[11] 등 지역 내에 있는 다양한 소프트 파워의 핵심요소를 발굴
하고, 그 매력을 전국에 알리는 것을 목적으로 한다. 이와 함께 이와
테현을 중심으로 만화나 애니메이션 등의 대중문화, 청년문화 등에
서 활동하는 관계자들의 정보를 외부에 널리 알리는 목표를 가지고
진행되었다.

　2010년 여름, 지역에 있는 이시카미 언덕미술관石神の丘美術館과 요로
즈 데츠고로 기념미술관萬鉄五郎記念美術館에서 이와테현의 만화가 53명의
원화를 전시한 미술전이 개최되었다. 이 전시는 이케노 코이池野恋,
미타 노리후사三田紀房, 사이토 타카さいとうたか, 도리노 난코とりのなん子
등 지역 만화가들을 소개하는 계기가 되었다. 이후 이와테현청에서
는 만화 애호가 직원을 모아 프로젝트 팀을 꾸리고 만화 등을 활용한
사업에 대해 진흥계획을 계속하여 검토하였다.

10　필자는 현재 이와테현문화대사(希望郷いわて文化大使)를 맡고 있다. 만화를 통한 지역
　　진흥에 대해 미력하나마 자문을 진행하고 있다.

11　(옮긴이) 일본어로 '오모테'는 '겉면', 즉 남에게 보여지는 자신의 모습을 의미하고, '나
　　시'란 '없음'을 의미한다. '오모테'와 '나시'를 합친 오모테나시는 순수하고 열린 마음
　　으로 타인을 위해 서비스를 제공하는 것을 뜻한다.

《코믹이와테》는 '이와테 만화 프로젝트'
의 일환으로 이와테현과 이와테일보가 이
와테현을 주제로 공동으로 출판하고 있는
옴니버스 만화집이다. 이와테현 출신 혹
은 거주 만화가 9명이 그린 만화들로 구
성되었으며, 만화대상 수상 작품 총 10편이
실려 있다.

제1권은 2011년 1월 28일에 전국 발매

[그림 32] 《코믹이와테》

* 이와테현, 이와테일보사

되었다. 이와테일보사는 전국 규모의 출판
중개회사와 직접적인 거래를 하지 않기 때문에, 이와테현 외부의 유
통 업무 대부분은 도쿄의 미디어·펄사メディア・パル가 대행하는 형태
였다. 초판은 1만부를 발행할 예정이었지만, 서점 예약이 몰리면서
1만 3,000부가 발행됐다. 2011년 3월에는 3만 6,000부가 발행되어 성
공적인 판매기록을 기록하였다. 여기에 힘입어 2011년도에 제2권 발
매가 결정되었다. 그러나 제1권의 발매 직후에 동일본 대지진이 일
어나며 어려움을 겪기도 했다. 담당자가 재해지역의 지원 부서로 발
령받기도 했다. 그러나 극복을 위한 많은 노력의 결과로 현재에 이르
고 있다.

이러한 지속성 자체가 일종의 저력이라고 하겠다. 현재는 웹 중심
으로 옮겨지기는 했지만, 여전히 활발하게 사업을 진행하고 있다. 도
쿄에서 열리는 '코미케 스페셜 6'이나 '니코니코 초회의ニコニコ超会議'
등에도 부스 참여가 계속되고 있다. 또한, 2014년 《코믹이와테 from
WEB》, 2015년 《코믹이와테치》 등도 출판했다.

이와테 만화 프로젝트는 '이와테 만화대상'도 함께 진행하고 있다. 이와테를 소재로 한 투고 작품들을 대상으로 '일반 부문'의 자유 장르와 이와테의 미래에 대한 자유로운 발상에 대해 'SF 4컷 만화'의 2개 부문에서 작품을 모집하고 있다. 2017년 기준, 7회 대회를 개최했다. 이와테현에서는 만화나 애니메이션을 활용한 콘텐츠 투어리즘에도 관심을 갖고, 정기적으로 지역 외부의 전문가들을 초빙하여 세미나를 진행하고 있다.

행정 주도로 만화를 지역 문화자원으로 활용하고 있는 지역으로는 '만화 갑자원まんが甲子園'을 지속적으로 운영하며 '만화 왕국·토사まんが王国·土佐' 프로젝트를 발전시킨 고치현高知県, 국제프로젝트로 '만화 왕국 돗토리まんが王国とっとり'를 진행 중인 돗토리현 등이 있다. 이 중에서도 이와테현은 콘텐츠가 발표되는 플랫폼으로서의 차별성을 갖는다. 최근에는 웹을 통해서 자체적으로 작품을 발표하는 플랫폼에 접근하는 것이 어렵지 않지만, 이와테현에서는 활자와 웹 미디어를 복합시킨 형태의 전략으로 차별성을 갖고 있다.

이는 인재육성에 바탕을 둔 전략으로 해석할 수 있다. 만화가의 인재육성에는 통상, 세 가지 패턴이 있다. 첫 번째 방법은 프로 만화가의 보조작업자, 즉, 어시스턴트로 훈련을 받아 독립하는 방법, 두 번째는 대기업의 만화 잡지 투고를 통해 프로로 데뷔하는 방법, 마지막으로 최근 증가하고 있는 전문학교, 대학의 만화 코스를 졸업하고 전문 만화가가 되는 방법이다. 일본 정부 차원에서도 문부과학성 '애니메이션·만화 산학관 연계 컨소시엄アニメ·マンガ産学官連携コンソーシアム' 총괄위원회를 설치, 인재육성에 적극적인 입장을 보이고 있다. 또한,

'디지털 만화 캠퍼스·매치デジタルマンガキャンパス·マッチ' 등 각 대학이나 전문학교와 협력하는 사업들도 늘어나고 있다.

애니메이션·만화 산·학·관 연계 컨소시엄의 자료에 따르면, 만화 분야의 인력 수요 현황은 만화가 약 7,200명(2010년 조사), 어시스턴트 약 2만 4,000명(2009년 조사), 만화 출판사 195개 사(2010년 조사), 정기발행 만화잡지 400개 이상, 만화 편집자 추계 2,000명이다. 또, 만화 분야의 인재를 육성하는 교육기관은 대학원·대학·전문대 21개교 30코스, 전문학교 44개교 61개 코스가 있다.

만화 창작은 만화가, 출판사(편집자)의 개별적인 역량이 반영된다. 때문에 인재양성기관 역시 개인의 개성에서 재능을 발견할 수 있는 교육을 수행해야 한다. 한편, 최근 만화업계에 디지털 도구가 도입되면서 기존 프로 만화가들에 대한 디지털 기술 교육 수요가 늘고 있다. 교육기관에서의 디지털 도구를 활용한 창작 지도나 해외로 유학을 가거나 해외에서 직접 데뷔를 희망하는 경우에 대한 대응들도 필요하다. 산·학 연계차원에서 만화와 관련된 디지털 창작 지도가 필요하다. 이처럼 만화 인재 양성을 위한 디지털 창작인력 양성이 다방면에서 요구된다는 점이 '애니메이션·만화 산·학·관 제휴 컨소시엄' 설치의 배경이다.

▓▓ 지역의 움직임

지역들의 움직임 또한 점점 활발해지고 있다. 앞에서 소개한 고치현은 '만화왕국·토사' 사업을 오랫동안 지속하며, 콘텐츠산업 진흥 환경 조성 등 다양한 사업영역을 확장하고 있다. 얼마나 성과를 낼 수 있을 것인가가 과제이기는 하지만, 이러한 방식의 시도는 만화가 육성 자체에 의미를 두고 있어 충분하다는 것이 필자의 견해이다. 지역 안에서 예비 만화인력들을 육성하는 환경이 조성된다면, 그것만으로도 의미가 크다.

또 도쿄 내 개별지역들에서도 여러 움직임이 일어나고 있다. 그중 하나가 NPO가 주체가 되는 '도키와장 프로젝트トキワ荘プロジェクト'이다. 2006년 8월부터 시작된 이 활동은 만화가 인재 육성을 위해 저렴한 월세의 공유주택sharehouse을 만화가들에게 제공하는 프로젝트이다. 지금까지 연 인원 350명 이상에게 주거 지원 서비스를 시행했고, 이들 중 45명이 만화가로 데뷔했다. 도키와장 프로젝트는 NPO/특정비영리활동법인 'NEWVERY'가 운영하고 있다. 도쿄에 20채 이상의 독채를 빌려 120실 이상을 운영 관리하고 있다. 이외에도 2012년 4월부터 교토판 도키와장 사업으로 4채를 관리하고 있다. 지바현에서는 프로 만화가가 정기적으로 입주자와 면담을 실시하고 있다. 또, 만화 제작이나 프로 활동에 필요한 기술을 배우는 프로 스쿨의 개최, 강습회나 이벤트 등도 시행한다.

실제로 도키와장이 있던 도시마구 히가시나가사키豊島区 東長崎에서 도키와장 자체는 약 30년 전에 해체되었다. 그러나 지역 2상점가에 '도키와장의 히어로들'이라는 기념비를 설치하면서 만화 성지로서의 마을사업이 본격적으로 시작되고 있으며, 이와 함께 재건 계획도 세워지고 있다. 지역 관련 애니메이션 거점을 발굴하여 공동체·상가의 활성화와 함께 외부 관광객을 끌어들이려는 시도이다. 이와 함께 도키와장 인근 시운소紫雲荘에서는 만화가를 희망하는 청년들을 응원하는 인재육성 프로젝트가 진행되고 있다. 시운소의 2층 4개 방 중 아카츠카 후지오赤塚不二夫[12]가 예전 묵었던 202호실은 일반인에게 공개되고 있으며, 워크숍 장소로도 활용하고 있다. 그 외의 2층 3개 방은 공모를 통해 젊은 만화가에게 절반 수준의 월세로 제공되고 있어 다음 세대를 이끌어갈 만화가 육성의 거점이 되고 있다.

나카노구中野区에는 지역 내 고등학교나 기업과 제휴한 '나카노 만화 아트 코트中野マンガアートコート'가 있다. 이곳은 만화·애니메이션 등 대중문화를 비롯해 연극·성우·예술 등 나카노구가 육성해온 독자 문화를 보다 확대·심화해나가기 위한 문화·예술 정보 발신의 거점이다. 특히, 어린이부터 노인까지 '배움'을 통해 즐기고 교류할 수 있는 교육시설로, 인재 육성을 주요한 목적으로 한다. 또 아키바하라秋葉原, 핫초보리八丁堀에 동인지를 판매하는 '도라노아나とらのあな'를 경영하는 '유메노솔라ユメノソラ' 홀딩스, 아키하바라 스타일의 하위문화에 특화된 매칭·플랫폼형 서비스인 'AKIBAPOP·DOJO(아키바팝·도조)'를 개설, 행정과 민간이 함께 인재육성을 위해 다양한 시도를 하고 있다.

니가타시新潟市도 2015년 니가타판 도키와장의 형태로 주오구中央区에 있는 30여 년 된 2층 주택을 리모델링하여 여성 만화가 지망생을 대상으로 한 공유주택 서비스를 시작했다. 이름은 '고마치하우스古町ハウス'이다. 4명을 정원으로 2년간 머무를 수 있으며, 1인당 월 2만 엔을 시에 내는 구조이다. 입주 조건은 완성된 작품을 출판사에 제출하거나 투고해야 하며, 입주 후에는 매월 활동 내용을 니가타시에 보

---

12 (옮긴이) 일본의 만화가(1935~2008). 강렬한 개성을 가진 캐릭터가 등장하는 개그 만화로 폭넓은 인기를 얻은 작가이다.

고해야 한다.

니가타시는 '니가타만화대상にいがたマンガ大賞' 사업을 오랫동안 진행해오고 있다. 1997년 제9회 전국평생학습축제 내 행사로서 '만화 페스티발 '97 in NIIGATA'에서의 만화 콘테스트가 시초였으며, 1998년부터 '니가타만화대상'으로 이름을 바꾸어 개최하였다. 니가타시는 2011년, 향후 만화도시로서의 매력을 높여 전국에 알리고, 만화·애니메이션 관련 산업의 지속적인 발전을 지원해 시의 활성화를 도모하는 것을 목적으로 하는 '만화·애니메이션을 활용한 마을만들기 구상マンガ·アニメを活用したまちづくり構想'을 수립했다. 2013년에는 니가타시 만화·애니메이션 정보관新潟市マンガ·アニメ情報館과 니가타시 만화의 집新潟市マンガの家을 개설하여 만화와 관련된 플랫폼으로 활용하고 있다(그림 33).

또, 일찌감치 만화잡지가 만들어져 있던 오키나와현沖縄県도 2010년에 긴급 고용 창출 사업으로서 지역 내 젊은 만화가 양성사업을 시작했다. 총 30명을 채용해 특산품 소개 등을 주제로 만화 제작을 시도했다. 《코믹 오키나와コミック沖縄》를 발행하던 '코믹 찬푸루コミックチャンプルー'가 편집을 맡고, '킨비近代美術'가 발행하여 오키나와 패밀리마트에서 판매하는 지역 만화잡지 《패미마가ファミマガ》가 2015년 발행되었다. 〈삿포로 아가씨의 식사札幌乙女ごはん〉처럼 100엔에 판매하는 형태로, 현지의 전문학교가 협력하여 제작에 참여했다.

시즈오카静岡의 경우, 2012년 설립된 시즈오카 만화연구소静岡漫画研究所를 중심으로 시즈오카와 인연이 있는 창작자, 사회인, 기업 등이 만화라는 키워드로 함께 모여 사회문화적, 경제적 가치를 가진 창작활동을 추진 중이다. 주요 활동은 만화책과 전자책, 광고만화 제작

사업 등이다. 프로젝트별로 등록된 창작자들의 신청을 받아 협력을 통해 각각의 만화 콘텐츠를 제작한다. 시즈오카현의 옛 이야기나 오케스트라 등을 주제로 하여 만화화를 도모하거나 캐릭터를 만드는 등 가시적인 성과를 착실하게 쌓아가고 있다. 이러한 프로젝트의 배경에는 CCC가 있으며, 시즈오카 만화연구소는 그곳에 사무실을 두고 있다. 향후에는 자립하고자 하는 계획도 갖고 있다.

[그림 33] 니가타시 만화의 집

★ 필자 촬영

나가사키현이나 홋카이도처럼 해당 지자체를 만화의 모델로 삼아 관광을 활성화하기 위해 프로 만화가를 지원하는 사례들도 등장했다. 이 사업은 창업이나 인재육성의 목적은 아니지만, 만화 관련된 지자체의 지원사업이 늘어나고 있다는 점에서 놀라운 부분이다. 이와 같이 일본 각지에서 만화 콘텐츠를 활용한 인재육성과 정보와 콘텐츠 창출이 여러 가지 형태로 진행되고 있다.

《코믹이와테》도 그중 하나이다. 인재양성을 포함하여 지방 문화자원의 활용, 지역의 새로운 산업 창출이라는 흐름 속에서 이러한 움직임은 앞으로도 계속 발전해나갈 것이 틀림없다. 다만, 일본 정부의 국가정책과 괴리가 발생할 가능성이 있다. 때문에 정부는 현 상황을 충분히 파악하고 지역의 움직임을 정확하게 이해하여 거시적 시각에서 지원정책을 마련해야 하는 과제를 안고 있다.

[그림 34]에서 이와 관련된 지자체의 만화 지원정책들을 살펴볼 수 있다. 아직 큰 성과로 이어지고 있는 곳이 많지는 않다. 그럼에도 불구하고 지역에서의 콘텐츠산업화를 위해 가장 중요한 부분이 인재 육성임을 이해하고, 이를 위한 지원정책이 마련되어야 할 것이다.

[그림 34] 주요 지자체의 만화 지원정책

	이와테현	니가타시	돗토리현	고치현	기타큐슈시
담당부서	문화스포츠 문화진흥과	문화관광· 스포츠부 문화정책과	문화관광국 만화왕국관방	문화생활부 만화·콘텐츠과	시민문화 스포츠국
콘테스트	만화가 이와테를 응원하는 투어	니가타 만화 그랑프리	국제 만화콘테스트	만화 갑자원	기타큐슈 국제만화 대상
이벤트	–	가타페스 축제 등	만화박람회, 고치 × 돗토리 만화왕국 회의	만화교실, 고치 × 돗토리 만화왕국 회의	팝컬처 페스티벌
보조금	–	니가타시 만화· 애니메이션 지원 사업	'만화왕국 돗토리' 국가전략 프로젝트 추진 보조금	–	국제문화예술 발신거점 향상 사업
시설		니가타시 만화· 아니메 정보관, 니가타시 만화의 집	스즈키 시게루 기념관, 아오야마 고쇼 고향관	요코하마 류이치 기념 만화관, 가미(香美)야나세다카시기념관, 호빵맨 뮤지엄 등	기타큐슈시 만화뮤지엄
출판	《코믹이와테》	《니가타 만화 대상 작품집》	《스토리 만화 돗토리》 《국제만화 콘테스트 작품집》	–	

* 다음 사이트의 내용을 참고하여 필자가 수정함(http://www.region-labo.com/archives/post-6717)

지역영화의 등장

한편, 지역에서의 영화제작도 활발해지고 있다. 필자 역시 2011년에 카토리카치운상점가電戸香取勝運商店街에서 영화제작에 참여한 적이 있다. 해당 영화는 영화관 상영 목적의 영화가 아닌 상가 홍보 목적의 20분 짜리의 단편 영화였다. 지역진흥정책의 목적으로 해당 상가가 1955년 경의 분위기를 풍기는 레트로 상가로의 재출발을 알리기 위한 영상 이었다. 필자는 영화 전체 총괄을 맡았으며, 출연자는 모두 상가 주변 인물이었다. 영화제작 역시 프로 제작자들에게 의뢰한 것이 아니라, 반탄디자인연구소バンタンデザイン의 학생들이 스태프로 참여했다. 말 그대로 아마추어 영화였지만, 참가자들의 자발적인 주체성을 강화하는 좋은 계기가 되었다.

촬영 초기에는 출연자와 스태프 사이에 어쩔 수 없는 갈등이 존재 했다. 촬영장소를 섭외하는 데도 오래 걸렸고, 출연예정 아이들을 한 데 모으는 것만 해도 오랜 시간이 걸렸다. 그러나 함께 영화를 만든 다는 '장場'이 공유되면서, 상가사람들이 진지하게 대본을 읽기 시작했 다. 영화의 시간배경은 여름이었는데, 쌀쌀한 날씨에도 반팔을 입고 열연을 펼치기도 했다. 여기에 힘입어 촬영은 무사히 스케줄대로 마 무리되었다. 이후, DVD가 만들어지고 관계자에게 배포되었다. 안타 깝게도 상영회는 동일본대지진 시기와 맞물려 진행되지는 못했다. 협 력을 통해 무언가를 만들어간다는 것은 공동체를 만들어가는 과정과 유사하다. 해당 영화의 주제는 흘러가는 시간 속에 '변하지 않는 것' 이었다. 이러한 주제를 상가 사람들이 공감할 수 있었기에 적극적인 참여로 이어지지 않았을까 생각해본다.

이러한 접근방식은 교류 인구 확대를 위한 관광 영역, 지역정체성 형성을 위한 공동체 영역에서 주로 이야기되지만, 점차 쇠락해가는 지역 재생에 있어서도 그 효과를 확인할 수 있다. 다만 아직 본격적인 효과를 말하기에는 시간이 좀 더 필요하고, 연구결과 역시 부족하다. 그러나 제조업 산업의 유치 등으로 바뀌어가는 지역에서 문화자원을 활용한 활성화 방안으로 논의를 확장시켜나갈 여지는 충분하다고 생각된다.

지역단위 필름커미션들의 등장이 지역영화 발전에 있어 주요한 배경이 된다. 일본에서는 2000년에 설립된 오사카 로케이션서비스협의회大阪ロケーション·サービス協議会를 시작으로 이듬해 전국필름커미션연락협의회全国フィルム·コミッション連絡協議会가 설립되어 전국적으로 확대되었다. 이 단체는 현재 NPO/특정비영리활동법인 재팬필름커미션NPO/特定非営利活動法人ジャパン·フィルムコミッション으로 변경되었다. 지역의 영상위원회 조직은 지자체, 관광협회, 컨벤션협회, NPO, 일반사단법인 등 다양한 조직과 관련된다.

일본 내 필름커미션은 영화 촬영의 유치나 지원을 담당하는 공공기관으로, 영화 촬영의 유치를 통해 지역활성화, 문화진흥, 관광객 유도 등을 도모한다. 최근 촬영지 순례에 대한 관심과 함께 필름커미션의 역할 역시 자연스럽게 주목받게 되었다.

일본에서의 정책지원은 이처럼 촬영 유치와 지원 성격이 주를 이루나, 영국과 같이 투자의 성격은 거의 갖고 있지 않다. 앞에서도 언급했지만, 필자는 2008년에 영국 영상위원회를 조사한 적이 있다. 당시, 재원의 명확함과 각각의 영상위원회 지원사업의 숫자가 많다는 점이 놀라웠다. NPO의 형태가 기본이지만, 일본에 비해 상대적으로 훨씬 내실화된 조직이라고 느껴졌다.

앞으로의 일본 필름커미션의 역할이 기대된다. 그러나 이미 일본 지역영화에 있어서 필름커미션의 설립이 영향력을 발휘하고 있는 것도 사실이다. 이른 시기부터 촬영지 순례가 관광의 한 부분으로 인식되기는 했지만, 1995년 〈러브레터Love Letter〉부터 2004년 〈세상의 중심에서 사랑을 외치다世界の中心で, 愛をさけぶ〉를 통해 팬들 사이에서 '성지순례'가 본격적으로 시작되었다. 이를 통해 홋카이도의 오타루시와 다카마쓰시의 아지초庵台町에 많은 관광객들이 몰려들었다.

그 밖에 2004년 〈스윙걸즈スイングガールズ〉, 2006년 〈홀라걸스フラガール〉, 2008년 〈굿바이おくりびと〉 등이 촬영지로 관광객을 불러 모아 지역활성화를 이룬 대표적인 사례들이다. 각각 관광객 수에서 일정한 성과를 거두었다. 〈겨울연가〉에서 나타났던 열풍의 영향일지도 모르겠다. 현지 영화의 분위기도 느껴진다.

필자는 노래에 대한 연구를 진행하기도 했다. 연구결과, 지역의 노래는 지역브랜드의 확립을 위한 보완재의 역할을 할 것이라고 주장한 바 있다. 즉, 매력적인 지역이미지는 다양한 콘텐츠들이 미디어를 통해 전달되는 과정에서 만들어진다. 지역영화 역시 비슷한 효과를 기대할 수 있다. 지역에 대한 관심이 높아지는 지금, 이러한 접근은 앞으로도 지속될 것이다.

또한, 디지털기술의 발달로 인한 영상 제작 작업의 간소화 측면도 살펴보아야 한다. 음악에 대한 부분은 앞에서 서술한 바가 있다. 영화의 경우, 이른바 '탈필름화'가 진행되고 있다. 캠코더의 보급으로

가정에서도 영상 편집 작업이 가능해지면서 일반인들의 영상 제작이 가능해졌다. 과거와 같이 막대한 예산을 들이지 않고도 영상 제작이 가능해진 것이다.

이는 곧 프로와 아마추어의 경계가 모호해졌음을 의미한다. 물론, 다른 콘텐츠 영역도 마찬가지이다. 자크 아탈리Jacques Attali가 과거 음악에서 주창한 '작곡의 해결 방안'이 영화에도 적용되고 있는 것이다. 누구나 음악 제작자가 될 수 있다는 그의 주장은 20여 년 이후의 미래를 멋지게 읽어냈다. 그의 주장처럼 이제 지역민들도 쉽게 영화를 제작하는 시대가 도래했다. 생산자와 수용자가 혼재하는 상황이 온 것이다. 작품을 발표하는 방식도 인터넷 동영상 공유 파일을 활용하는 경우가 확연히 늘어났다. 이러한 부분들이 제작 활성화에 막대한 영향을 미쳤다. 유튜브나 니코니코=ニコニコ[13] 등이 단적인 예이다.

2015년 개봉한 〈그곳에서만 빛난다そこのみにて光輝く〉는 하코다테를 무대로 촬영되었다. 일종의 지역영화다. 1990년대 초반, 하코다테의 여러 영화사의 직영관은 줄줄이 문을 닫게 되었다. 당시 지역마다 나타난 공통된 현상이었다. 스카와라 카즈히로菅原和博를 대표로 하는 시민단체는 자체 상영의 장소를 물색했고, 하코다테 시민 470명의 출자 도움을 받아 상설 극장을 개관하고자 했다. 이것이 바로 소위 지역공동체의 영화라 할 수 있는 '시네마 아이리스シネマアイリス'이다. 2009년에는 스가와라 대표 등이 하코다테 출신의 소설가 사토 야스시佐藤泰志 원작의 〈카이탄시의 풍경海炭市叙景〉(그림 35)의 영화화를 기획하여

---

13 (옮긴이) 동영상 시청자가 직접 영상 화면에 자막을 달거나 코멘트를 삽입할 수 있는 것이 특징인 일본의 동영상 사이트이다(https://www.nicovideo.jp).

© 2010, 사토 야스시 영화 〈카이탄시의 풍경〉 제작위원회(http://movies. yahoo.co.jp/movie)

하코다테 로케이션이 이루어졌다. 작품은 2010년 가을에 개봉해《키네마순보사旬報社》연간 9위에 랭크되었다. 당시 자금을 모으느라 애를 먹었고, 상영도 전국 커뮤니티 시네마 네트워크에 의존했다고 한다. 〈카이탄시의 풍경〉 웹사이트에는 다음과 같이 적혀 있다.

> "'영화가 사랑하는 마을' 하코다테. 이국적인 거리와 아름다운 풍경은 많은 이들의 마음을 사로잡는 데 그치지 않는다. 지금까지 하코다테를 무대로 촬영된 작품은 70편이 넘는 것으로 알려져 있다. 그러나 하코다테의 마을 자체가 주인공인 영화는 없고, '오픈세트 같은' 마을을 무대로 그려진 지금까지의 영화에는 하코다테에 사는 평범한 사람들의 모습은 등장하지 않는다.

그래서 하코다테 시민들의 힘을 통해 하코다테 출신의 작가 사토 야스시가 변해가는 마을과 그곳에 사는 사람들의 모습을 그려낸 명작 '카이탄시의 풍경'을 원작으로 하코다테에 사는 사람들의 모습을 그대로 담아내는 영화를 완성했다.

바로 영화 〈카이탄시의 풍경〉이다. 관광도시 하코다테의 아름다움을 그리는 것이 아니라, 변해가는 지방도시로서의 있는 그대로의 모습을 담아 찍었다. 영화에는 하코다테가 숨쉬는 하나의 몸으로 그려졌고, 길들은 실핏줄이 되어 피를 통하게 했다. 바로 '지금의 하코다테'의 모습을 새기는 영화가 됐다.

그리고 거기에 그려진 것은, 일본 또는 전 세계의 지방도시로 통하는 '마을'의 모습과 사람이 살아가는 모습이었다."[14]

2013년에는 사토 야스시 원작의 또 다른 소설 《그곳에서만 빛난다》가 영화화되었다. 하코다테에서 로케이션이 진행되었고, 2014년에 개봉되었다. 이 작품은 몬트리올 세계 영화제에서 오미보 呉美保 감독이 최우수감독상을 받는 등 좋은 평가를 얻으며, 키네마순보사의 순위에 연간 1위에 오르기도 했다. 이러한 영화제작과 관련해서는 기본적인 프로듀서가 있기는 하지만, 시민영화로서의 성격이 크다고 할 수 있다. 앞에서 이야기한 〈카이탄시의 풍경〉 사이트의 글처럼 영화 제작의 배경에는 스가와라를 비롯한 하코다테 시민들의 애정이 담겨 있으며, 그것이 큰 원동력이 되었다.

이 경우 역시 도쿄 등 타 도시와의 네트워크에 의존하는 부분이 있지만, 핵심요인은 어디까지나 하코다테, 지역 그 자체이다. 산업화

---

14 http://www.kaitanshi.com

의 단계까지 발전할 수 있을지는 미지수이지만, 기존의 지역영화와 차별성을 갖는다는 점은 주목할 만하다. 이 영화제작의 경험은 하코다테라는 도시에 새로운 분위기와 자신감을 불러왔다. 2016년에 다시 사토 야스시의 원작으로 〈오버펜스オーバー・フェンス〉가 개봉했다. 2018년에는 역시 사토 야스시 원작의 〈너의 새는 노래할 수 있어君の鳥はうたえる〉가 개봉되었다. 다른 지역에서도 이러한 시도들이 늘어난다면, 지금과는 다른 상황들이 펼쳐질 것으로 기대된다.

하코다테 프로젝트는 기존 지역영화의 콘셉트를 발전시킨 형태이다. 이때 지역 단체의 자구적인 노력에만 집중하기보다 가끔은 도쿄 등 외부의 힘을 활용하는 것도 필요하다. 지역에서 그들의 노하우를 배울 수 있는 기회를 갖는 것 또한 중요하기 때문이다. 협력의 부분 역시 지역 콘텐츠산업의 창출에 있어서 없어서는 안 될 요소이다.

지역출판사의 발전방향 모색

지역에는 그동안 많은 마을소식지 혹은 정보지가 존재했다. 그러나 상당수는 사회의 변화, 특히 인터넷의 보급으로 인해 존재가치를 상실하고 폐간되거나 휴간하는 상황이 초래되었다. 특히, 젊은층을 타깃으로 하는 경우 고전을 면치 못했다. 현재 간행물의 대부분은 중년 이상을 타깃으로 하거나 특정한 장르에 국한된 경우들이다. 젊은층을 대상으로 한 인쇄물은 대부분 인터넷으로 전환이 이루어졌다.

최근 지역 공동체 관련 매체로서 지역잡지가 활발한 움직임을 재개하고 있다. 여기서는 타운지 혹은 정보지의 발전과정을 살펴보고

자 한다. 다무라 노리오田村紀雄는 지역 미디어 연구를 이끌어나간 선두주자이다. 그는 1980년《타운지 출판: 커뮤니티미디어로의 초대タウン誌出版: コミュニティメディアへの招待》를 출간했고, 타운지 연구를 지속해 왔다. 물론, 당시에는 인터넷도 휴대전화도 없던 시대였기 때문에 아날로그 콘텐츠로서 타운지를 다루었다.

다무라는 타운지에 대해서 다음과 같이 정의하고 있다.[15]

> "지역 내 정보지의 역사는 미국에서 1934년 그리리가 창간한 '뉴요커'로 거슬러 올라간다. 일본에서는 다이쇼시대, 고베의《고베토박이神戸っ子》라는 잡지가 있었다. 자세한 내용은 모른다. 타운지가 사회에 정착한 것은 1970년대 전후경이다. 기존의 잡지 저널리즘과 다른 점은 지방도시에 발행소를 두고 그 주변을 취재하며, 광고주나 독자층도 그 영역 안에서 한정되었다는 점이다. 또, 발매, 배포망도 기존 출판방식과는 달랐다. 서점 외에 호텔, 레스토랑, 플레이 가이드, 커피하우스 등 지역의 모든 가게들이 독자와의 만남의 장소가 되었다. 당연히 그곳들을 소개하거나, 독자들의 참여도 내용에 반영되었다. 광고주도 지역 내에서 구해지는 매우 밀착된 지역의 잡지였다. 다만, 내용이 오락을 제외하고 지역에 집중하다 보니 정치·사회 문제와 동떨어지는 경향이 있기는 했다. 대상 지역(주로 도시)의 정보를 게재하였기 때문에 여행객에게 유용한 정보를 제공하고, 구 사회주의국가 등 관광객을 유치하는 사회에서 주로 활성화되었다. 다만, 자본, 경험 등이 미숙하다 보니 빠르게 교체되기도 하였다."

---

15 http://kotobank.jp

기술의 혁신은 타운지의 존재를 위협했다. 출판 불황이 닥친 것이다. 도쿄의 대형 출판사들마저 실적이 떨어지는 상황에서 자본과 경험이 약한 지역의 타운지는 더욱 어려운 상황에 놓이게 되었다. 타운정보 전국네트워크タウン情報全国ネットワーク에 의하면, 1973년에 일본 최초의 타운 정보지 〈나가노정보ながの情報〉가 창간되었고, 1997년에 가입 타운지의 수는 31개가 되었다. 그 당시가 최고 전성기였던 것으로 생각된다. 타운정보 전국네트워크 가맹사는 타운지 중 일부만 가입되어 있기는 했지만, 그럼에도 타운 정보지는 일본 사회 경제의 성숙과 함께 자라고 쇠퇴해갔다고 볼 수 있다.

잡지 등의 검색 사이트를 보면, 2010년 Fujisan(유료 판매의 등록이 많은 사이트)[16]에서 일본 내 지역·타운 정보로 분류된 잡지는 96개 정도 밖에 없다. 타운지 네트워크 'Unyo!'의 800여 개에 육박하는 등록 잡지 중 대부분은 무가지無償紙이다. 무가지 발행자를 중심으로 조직된 일본생활정보지협회JAFNA의 2006년 무가지 실태조사 결과에서 총 950개 사, 1,200개가 있었고, 2009년판은 발행수 등이 115.7%로 천천히 성장세를 보인다고 서술한 바 있다. 그러나 덴츠電通의 발표에 따르면 2016년 무가지, 무가잡지의 광고비 시장규모는 2,267억 엔으로 전년 대비 98.4%였고, 총 2,267억 엔 중 무가지는 721억 엔으로 전년 대비 98.8%, 무가잡지는 1,546억 엔으로 전년 대비 98.3%였다는 조사 결과가 나와 오히려 성장이 둔화했음을 짐작할 수 있다.

---

16 http://www.fujisan.co.jp/

[그림 36] 잡지 《NO!!》

© http://www.no-magazine.com/magazine.html

후쿠오카에는 《NO!!》라는 문화잡지가 있었다. 일본 전체에서도 비교적 희귀한 유료지로 광고에 얽매이지 않는 잡지였다. 발행부수는 공식 8만 부였으며, 매 호마다 500명 이상의 규슈지역 젊은이들이 지면에 등장하는 점이 특징이었다. 그러나 2014년 7월부터 격월간 발간으로 변경되었고, 2015년부터는 무가지로 전환했다. 1996년 구마모토에서도 무가지가 창간되었다. 후쿠오카에서는 2000년 창간되었고 현지의 노포 출판사인 가이쵸사海鳥社가 판매를 맡았다. 2013년에는 타이베이에서 무가지 형태로 타이베이판을 창간했는데, 최근 몇 년 간은 출판 불황의 영향을 받은 듯하다(그림 36). 이미 출판사 홈페이지는 폐쇄됐고, 트위터도 2016년 7월 26일부터 새로운 정보가 올라오고 있지 않다. 아마도 소리 소문 없이 폐간된 것으로 생각된다.

사장이었던 마쓰모토 히로카즈松本浩和는 대학 졸업 후 취직한 전기회사를 4년 만에 퇴사하고 아시아와 전 세계로 배낭여행을 떠났다. 이후 리조트 시설과 계약하고 테니스지도사로 말레이시아와 인도네시아에서 일했다. 1998년에 고향인 구마모토로 돌아와 《NO!!》에 참여했다. 그 후, 2000년에 《NO!!》 후쿠오카판에 합류, 2005년에는 자매지인 《도쿄 그래피티》의 창간에 참여, 2007년에는 매거진 하우스에서 《Hanako》, 《Tarzan》 잡지의 취재, 제작을 담당한 경력을 갖고 있다. 이후, 2010년 3월에 후쿠오카로 돌아와 사장에 취임했다.

필자는 2014년에 그를 취재했다. 당시 그는 후쿠오카의 흥미로움에 대해 이야기했다. 후쿠오카는 일본 내 지역 중에서 비교적 좋은 위치에 있다고 할 수 있다. 인구도 증가하고 있고, 한국이나 중국과도 가까워서 해외시장과의 교류기회도 많은 편이다. 또한, 국가전략특구로 '글로벌 창업·고용창출특구'로 지정되기도 했다. 법인 등기, 세무, 연금 등 창업과 관련된 행정절차가 간소화(원스톱)되고, 고용노동상담센터를 중심으로 인재 매칭이나 정보를 제공받을 수 있다. 또한, 스타트업 법인에 대한 감세 등이 지원된다.

지역 내 청년의 비율이 높다는 점도 주목할 만하다. 2015년의 국세조사에 의하면 후쿠오카시 인구 중 청년 비율은 22.05%(15~29세)이며, 인구 증가율(2010~2015년의 증가율)은 5.12%로 정령시 중에서 최상위권에 해당한다. 이 배경에는 대학의 존재도 중요한 역할을 한다. 즉, 《NO!!》가 발간될 수 있는 환경이 조성된 것이었다.

필자가 《NO!!》를 알게 된 것은 음반사에 근무하던 때였다. 지역 프로모션을 위해서 미디어 활용 방법을 고민하던 중에 우연히 알게 되었다. 당시 매우 참신하다고 느꼈고, 회사에 요청해 정기구독을 신청했다. 특히, 현지 미소녀를 소개하는 '미소녀사진관' 파트는 후쿠오카에서 아티스트를 발굴하는 데 사용되기도 했다. 내용은 도쿄에서도 본 적 없을 정도로 감각적이었고, 지역과의 밀착감도 두드러졌다. 어떤 면에서는 지역잡지였음에도 도쿄에서 출판되는 어떤 잡지보다도 세련된 특징을 갖고 있었던 것으로 기억한다.

즉, 《NO!!》는 도쿄의 잡지에서는 볼 수 없는 무언가가 있었다. 단순히 지역의 독특한 색채만이 아니라 지역도시로서 갖는 후쿠오카만의 센스 넘치는 라이프스타일을 엿볼 수 있었다. 도쿄만이 세련됨을 갖고 있다고 생각하면 오산이다. 지역에 도쿄의 정보가 전해지는 것만큼, 지역의 정보가 도쿄에 전해지지 않는 정보의 비대칭성이 오히려 문제였다. 오히려 지역에는 도쿄에는 없는 독자성이 있다. 《NO!!》는 필자에게 지역, 다시 말해 독특한 '로컬'을 다시 보게 되는 계기를 제공했다.

이 잡지의 특징 중 하나는 독자적으로 운영시스템을 관리한다는 점이었다. 콘텐츠산업의 기본에는 사람이 있다. 출판사업에 있어서도 인재육성과 활용이라는 관점이 중요하다. 이러한 점은 〈미소녀도감〉에서도 공통적인 특성이며, 어쩌면 앞서 설명했던 '오피스 큐'도 비슷하다. 지역에서의 창작자, 아티스트 등의 육성이나 활동의 장소 확보 등은 매우 중요하다. 때문에 지역의 도시 내부 시스템이 어떻게 만들어지는지가 중요하다. 이러한 움직임이 단순한 일시적 현상으로 끝나지 않기 위해 또는 네트워크 확장을 위해 반드시 고려해야 할 사항이다.

도시의 네트워크화는 '점'에서 '면'으로 넓혀 가는 것이다. 이는 역동성의 창출로 이어질 수 있다. 일본 대중문화가 산업화되어 갔던 시기를 살펴보면, 유사한 흐름을 살펴볼 수 있다. 그러나 지금은 여기에 디지털화라는 변수가 더해졌다. 앞에서도 이야기했지만, 타운지, 정보지는 아날로그 시대의 문화적 네트워크 창출에 있어서 중요한 역할을 했다.

오사카에는 1971년 타운 정보지 《플레이 가이드 저널プレイガイド
ジャーナル》이 창간됐다. 이 소식지는 특히 수많은 작가와 만화가를
키워낸 것으로 알려졌다. 오사카·교토·고베 지역의 음악 씬scene에
《Meets》를 비롯한 다양한 소식지, 문화지가 있다는 점도 지역문화
형성에 크게 기여했다. 오사카부립문화센터 편(2008)에서 당시 스태
프였던 하루오카 유지春岡勇二는 "나도 실은, 아메리카무라 플레이 가
이드 저널의 사무소가 있던 시절, 제가 만든 영화연구 책자 등을 가
져가기도 했지요"라고 말했다. 이처럼 정보지는 거리문화와의 관계
성도 갖고 있었다(2008, p.196). 인터넷도, 휴대전화도 없었던 시절,
커뮤니케이션을 위한 수단이 되기도 했다. 즉, 당시의 정보지는 정보
제공 뿐만 아니라 커뮤니케이션 수단으로 중요한 역할을 수행했다.

《NO!!》 역시 이러한 역할을 담당했다. 시정촌에 대한 컨설팅을 진
행했으며, 편집실이 있는 다이묘 지구를 주제로 한 특집도 적절하게
구성했다. 그러나 《NO!!》는 이전의 안정적인 시절과는 달리 미래 방
향에 대해 고민하고 있다. 젊은층의 출판물 이탈은 심각해지고 있고,
기존의 잡지는 웹으로 대체되었다. 종이 기반 미디어의 환경은 상당
부분 변화했다. 실제로 타운지, 정보지는 그 가치가 희미해졌다. 이
러한 변화 가운데 《NO!!》의 부활 여부에 대해 개인적인 애정을 갖고
지켜보고 있다.

타운지, 정보지에는 도시의 기억이 담겨 있다. 예를 들어, 특정 시
대의 문화변화를 살펴볼 때 중요한 자료가 되기도 한다. 특히 대중문
화의 경우, 공식적인 기록으로 남아 있지 않은 채 사람들의 기억 속
에 희미하게 남아 있는 경우가 대부분이다. 타운지, 정보지의 휴간이
나 폐간과 함께 그 기억도 사라져가고 있다. 이들은 지방도시의 대중

문화 논문이나 서적을 집필할 때 귀중한 단서가 된다. 이 점이 중요한데, 기억이 없으면 문화 계승이 어렵기 때문이다.

지역의 문화정책을 살펴보다 보면 때로는 당혹감을 느낄 때가 있다. 지금까지의 문화정책의 변화과정에 대한 이해가 부족하기 때문에 느껴지는 당혹감이다. 그런 의미에서 정보지나 타운지는 지역문화의 생성, 변화 과정을 기록하고 있는 귀중한 자료가 된다.

〈미소녀도감·오키나와美少女図鑑·沖縄〉에서 여배우 니카이도 후미二階堂ふみ가 발굴된 것처럼 도쿄와의 연계도 필요하다.《도쿄 그래피티》의 노하우나 인적 네트워크가 생생하게 전달될 수 있다.《도쿄 그래피티》는《NO!!》의 스태프들이 간행한 도쿄의 지역 정보지다.《NO!!》는 무가지로 남는 길을 선택했지만, 그럼에도 앞으로의 방향에 주목하고 있다.《NO!!》는 후쿠오카라는 로컬의 감각을 가장 잘 구현해 낸 콘텐츠로 기억되기 때문이다.

가게야마影山는 2016년에 당시 주목받는 지역 공동체 미디어로서 여러 지역의 무가지를 소개했다. 기타큐슈《구름 위에雲の上》와 다카마쓰《세토우치 생활せとうち暮らし》 등을 언급하고 있다. 이러한 움직임은 2014년 D&DEPARTMENT가 지역지에 주목한 데서 비롯된다. D&DEPARTMENT PROJECT[17]의 나가오카 켄메이ナガオカケンメイ는 심

---

17 (옮긴이) 'D&DEPARTMENT PROJECT'는 2000년 디자이너 나가오카 켄메이가 창업한 스토어 기반의 활동 그룹이다. 지속가능한 디자인, 유행이나 시대에 좌우되지 않는 보편적인 디자인을 지향하며 물건을 고쳐가며 오래 계속해서 사용한다는 디자인 의식을 강조하고 있다. 현재 일본 내 10개 거점(도쿄 2개소, 사이타마, 홋카이도, 도야마, 아이치, 미에, 교토, 가고시마, 오키나와)과 해외 3곳의 거점(한국 서울, 한국 제주, 중국 황산)을 운영하고 있다. 이들 공간을 거점으로 지역의 전통 공예, 관광을 소개하며 상품의 판매뿐만 아니라 이벤트, 강연 등의 커뮤니티 행사를 개최하거나 지역별 디자인 여행 가이드북《d design travel》의 출판 등 다양한 활동을 전개하고 있다.

포지엄에서 다음과 같이 말했다.

"지금, 일본 전역에서 '현지 문화를 재확인하는 책'이 증가하고 있습니다. 이들은 일본 전역에 배포되고 있고, 현지의 개성과 매력을 재발견하며 발간되고 있습니다. 또, 편집이나 디자인 등의 퀄리티를 높이며 지역의 이미지를 재검토하는 계기가 되었습니다. d47 MUSEUM은 미래지향적으로 '일본의 재발견'을 창의적으로 지속해나가려는 책자들을 '문화지'라고 이름 붙였고, 47개 지역의 콘텐츠들을 모아 보았습니다. 현지인 대상 '타운지'라고 불리는 정보지에서의 생활과 스타일 관련 내용부터, 사진을 포함해 수준 높은 읽을거리로서의 문화지의 특성을 더해서 지금의 일본이 어떤 지역성을 가지고 있는지를 느껴 주셨으면 합니다. PR의 시대라고 불리는 지금, 대표적인 문화지 편집장으로서 심포지엄에 함께하며, 지역발전의 현주소를 살펴보고 앞으로의 매력적인 지역의 다양한 아이디어를 발견하는 기회가 되기를 바랍니다."[18]

그의 말에 의하면 문화지는 시대에 따른 대체 콘텐츠이다. 《NO!!》가 지역정보지로 활약하던 시기부터 '지역문화를 재확인하려는 출판물' 등 새로운 시각이 증가했다. 그러므로 《NO!!》는 결코 의미 없는 작업이 아니다. 당시의 필자에게 매우 자극적이었던 작업을 통해 지역에 대한 눈을 뜨게 해 주었다. 그 연장선상에서 '문화지'라는 새로운 카테고리가 생겨났다. 디지털화가 대세인 요즘이지만, 지역문화를 발견하려는 노력이나 그것을 알리려는 시도는 사라지지 않을 것

---

18 http://www.hikarie8.com/d47museum/2014/03/post-14.shtml

이다. 또한, 이는 지역의 부가적인 콘텐츠 창출과도 연결되어 있다는 사실을 잊어서는 안 된다(그림 37).

[그림 37] 문화지의 종합적 현황

도도부현	잡지명	도도부현	잡지명
홋카이도	カイ / ノーザンクロス	교토	キョースマ / 淡交社
아오모리	在青手帖 / ARTizan	오사카	Meets Regional / 京阪神エルマガジン社
이와테	Tekuri・まちの編集室	효고	弁当と傘 / 弁当と傘編集室
미야기	ふきながし / simez	나라	naranto / エヌ・アイ・プランニング
아키타	Ag・エンカレッジ	와카야마	和-nagomi- / 和歌山県
야마가타	SPOON / コマツ・コーポレーション	돗토리	とっとり NOW / 鳥取県広報連絡協議会
후쿠시마	板木 / 福島市教育委員会	시마네	津和野時間 T-time / 津和野時間制作委員会
이바라키	mitonote / 水戸市	오카야마	暮らしき / 三宅商店
도치기	ミチカケ / 益子町	히로시마	TRANSIT via せとうち / ユーフォリアファクトリー
군마	上州風 / 上毛新聞社	야마구치	くるとん / くるとん
사이타마	小江戸物語 / 川越むかし工房	도쿠시마	あおあお / 徳島県・文化立県とくしま推進会議
지바	0470 - / 0470 - 編集室	가가와	IKUNAS / tao.
도쿄	Tomag / スペースシャワーネットワーク	에히메	暖暖松山 / 松山市産業経済部都市ブランド戦略課
가나가와	フリーペーパーKAMAKURA / 企画制作団体chameleon	고치	とさのかぜ / 高知県
니가타	Niigata Interview Magazine LIFE-mag / エイチ・ケイコネクション	후쿠오카	雲のうえ / 北九州市にぎわいづくり懇話会
도야마	Itona / ワールドリー・デザイン	사가	アリタノヒビキ / 有田観光協会
이시카와	そらあるき / そらあるき編集部	나가사키	樂 / イーズワークス
후쿠이	福楽 / エクシート	구마모토	くまもとくらす / 熊本県
야마나시	晴耕雨読 / サンニチ印刷	오이타	beppu / BEPPU PROJECT
나가노	街並み / ナノグラフィカ	미야자키	綾時間 / 綾町役場産業観光課
기후	飛騨 / 飛騨産業	가고시마	Judd / ジャッド
시즈오카	sizo:ka / 静岡マガジン社	오키나와	モモト / 編集工房東洋企画・モモト編集部
아이치	KELLy / ゲイン		
미에	三小冊子kalas / カラスブックス		
시가	La Collina / たねやグループ		

* www.hikarie8.com/d47 museum/2014 /03/post-14s.html을 필자가 수정함

디자인의 형태

▞ 로컬디자인

최근에는 디자인이라는 단어를 너무 쉽게 사용한다. 커뮤니티 디자인, 커뮤니케이션 디자인 등 지역을 말할 때 중요한 개념이 되었다. 몇 년 전, GRAPH의 아트디렉터인 기타가와 잇세이北川一成를 만났다. 10년에 한 번이나 만날까 하는 사이기는 하나, 디자인과 관련된 이야기들을 종종 전해 들어왔다. 그는 하우스텐보스의 '헨나호텔変なホテル'에 깊이 관여하고 있다고 했다. 이 사업은 많은 이들의 이목을 끌었다. 그의 회사는 효고현兵庫県 가사이시加西市에 있었다. 이에 나는 지역과 관련된 디자인에 관심이 있냐고 물었다. 그는 그다지 염두에 두고 있지는 않다고 했다. 그의 장소에 연연하지 않는다는 생각 역시 자연스럽게 느껴졌고, 호감이 갔다.

분명한 것은 독특한 지역으로서의 '로컬'에서의 고집은 제각각이라는 점이다. 그의 이야기를 듣다가 디자인을 파악하는 방식에서도 새로운 경향이 반영되고 있다는 것을 알게 되었다. 2015년에 출판된 《별책 Discover Japan 지역브랜드 크리에이터 파일別冊 Discover Japan 地域ブランドクリエイターズファイル》에 그가 소개되며 그의 이러한 생각들이 잘 정리되어 있다. 로컬 콘텐츠의 맥락에서 디자인의 요소는 여전히 중요하다. 마을 만들기에서도 디자인적인 것과 디자인을 고려한 방법이 활용되고 있다. 이러한 맥락에서 지역의 도시와 디자인의 관계에 대해 생각해보고자 한다.

이 책은 아무래도 콘텐츠에 초점을 맞추고 있기 때문에, 디자인을 창작자의 시각에서 바라보고자 한다. 지역에도 디자인 회사와 유능한 인재는 존재한다. 그러나 사업이 커지면서 도쿄의 디자인 회사에 의뢰해야 하는 일들이 종종 일어난다. 이러한 경향은 이전에도 있어 왔다. 즉, 지역에서의 대규모 프로젝트는 도쿄가 주도권을 가지고 있는 경우들이 많다. 그러나 최근에는 이마저도 일부 변화가 나타나고 있다. 다만, 기타가와北川가 서술하듯 디자인의 개념 자체가 변하고 있는 것 또한 사실이다.

즉, 커뮤니티 디자인과 커뮤니케이션 디자인에서 볼 수 있듯이 디자인은 그 효용성을 넓혀가고 있다. 과거에는 디자인이라고 하면 로고 디자인 정도로 여겨졌지만, 이제는 종합적인 영역으로 확장되어가고 있는 흐름이다. 엔터테인먼트 역시 디자인의 범주에 포함될 수 있다. 하츠네 미쿠나 구마몬 역시 캐릭터 디자인의 결과로 볼 수 있다. 지역캐릭터 역시 지자체의 예산을 사용한다는 측면에서 비판이 있을 수도 있지만, 지역에서의 인재양성이라는 관점에서 보면 의미 있는 현상이라고 할 수 있다.

고치현의 가미시香美市에는 우메바라 디자인사무소梅原デザイン事務所가 있다. 고치현의 료마공항龍馬空港과는 가까운 거리이지만 고치시와는 은근 거리가 있는 지역이다. 우메바라 디자인사무소는 모노베강物部川을 바라보는 고지대에 위치하고 있다. 디자인 기업은 도심에 위치하는 것이 일반적인데, 이런 목가적인 환경 속에 사무실이 위치하는 것은 매우 특별한 경우이다. 최근에는 낙후지역에 창작자들을 유치하려는 지자체들도 상당수 있지만, 우메바라는 그보다 훨씬 이전인 20년 전에 이전해왔다고 한다. 즉, 우메바라 마코토梅原真 대표는 오랜 시간 지역과 함께 디자인 작업을 진행해왔다는 것을 알 수 있다.

우메바라(2010)는 그의 책 첫머리에 다음과 같이 적고 있다.

'1차 산업이 저물어가고 있구나'는 생각이 들기 시작하며 세상이 이상해져갔다. 그렇다면 나는 무엇을 할 수 있을까? → 새로운 가치가 생겨나고 있다 → 새로운 가치는 경제가 된다 → 경제가 일어나면, 1차 산업은 다시 살아난다 → 그리고 지역의 풍경이 남는다. 1987년의 여름. 가다랑어 낚시꾼이 찾아왔다. 이대로 가다가는 낚시를 하는 배는 사라질 것이라고 했다. 1차 산업에 디자인을 더했더니, 그 상품은 연매출 20억 엔의 산업이 되었다. 토사土佐 지역에 하나의 독특한 풍경이 남았다. '1차 산업 × 디자인 = 풍경'이라는 방정식으로 일본의 풍경을 남겨보자. 그런 생각을 하게 되었다(p.3).

그에게 관련 의견을 요청했을 때, 그는 지역이 까치발을 든 채로 도쿄를 바라보고 있다고 말했다. 정말 그럴지도 모른다. 예를 들면, 보조금이나 지원금 등이 그런 상황을 만들었을지도 모르겠다. 지역의 자립을 이야기하지만, 현실은 도쿄라는 중앙으로부터 자금의 제공과 투자를 기대하면서 시작되는 것이 대부분이다. 물론, 일본의 중앙집권 체제 안에서 지역이 통제되고 있기에 어쩔 수 없는 부분이다. 다만 이에 너무 의지한다는 것이 문제이다.

앞에서 서술했던 마쓰다 히로야의 《지방소멸》은 '선택과 집중'을 강조한다. 이 책에서는 인구문제에 대한 대책의 하나로 '청년 중심의 매력적인 지방중핵도시 형성'을 주장한다. 그는 출산율이 낮은 도쿄 등 대도시권으로의 청년인구 유출을 방지하기 위해 매력 있는 지방도시를 조성하여, 자원과 정책을 집중 투입하겠다는 방안을 밝혔다.

청년들을 지역에서 지켜내겠다는 의미에서 인구를 집중시켜 중핵도시라는 방어막을 만들어내자는 것이다.

이후 야마시타는 헤이세이 합병平成合併[19] 이후 인구 20만 명이 넘는 도시들이 일본 전국 각지에 존재한다고 설명했다. 자본의 집적은 이미 어느 정도 이루어졌고, 전국구 체인점들이 우회도로를 따라 줄지어 생겨났으며, 현지기업의 네트워크는 이를 중심으로 차례로 정리되었다. 선택과 집중을 굳이 이야기하지 않더라도 거시적인 관점에서 이미 그렇게 진행되었고 그 자본들은 지역사회를 해체시키기도 했다.

이것은 미우라 아츠시三浦展가 일찌감치 제창했던 '패스트 풍토화'의 논의와도 일맥상통한다. '패스트 풍토화'란 1980년대 이후 일본에서 도로·철도 등이 정비되면서, 지역이 도시화·공업화·교외화·소비사회화되고, 도로변이 패스트푸드·쇼핑센터·슈퍼마켓·패밀리레스토랑 등의 상업시설들로 즐비하게 가득 찬 현상을 의미한다. 이로 인해 현지의 상권은 막대한 타격을 입고 문을 닫았다. 이러한 변화는 지방도시에서 직주분리를 진행시키고, 생활공간도 폐쇄적으로 변화시키기 때문에 아이들의 노동관 형성이나 인생의 롤모델 확립에 어려움을 가져온다고 주장했다.

물론, 이 논의에 반론이 존재할 수도 있다. 그럼에도 야마시타가 주장한 '선택과 집중'이 이미 이루어져 왔다는 점만은 부인할 수 없다. 그는 버블 붕괴 이후 현재에 이르기까지 일본이 집중화의 노선을 취해왔다고 주장한다. 이에 큰 파탄에 이르기 전에 집중에서 분산으로

---

19 (옮긴이) 1999년부터 6년에 걸쳐 이루어진 일본의 기초 지방자치단체 구조조정 정책으로 1999년 3,232였던 시정촌의 숫자가 2,343개로 감소하는 계기가 되었다.

새로운 전환을 실현해나갈 필요가 있다고 계속해서 강조하고 있다. 즉, '다양성의 공생'을 주요한 가치로 놓고 지방으로의 '분산·회귀'를 추진하고, 다양한 가치관과 함께 살아가면서 도시와 농촌의 관계, 지방과 중앙의 균형적 관계를 구축해나간다면 인구문제의 해소로 이어지지 않겠냐는 의견이다.

가사이시도 가미시도 중핵도시의 규모가 아니다. 그러나 도시에 콘텐츠 기업이 존재함으로 인해 자생력을 만들어내고 U턴 현상뿐만 아니라, I턴 현상도 나타나고 있다. 이것이 중요하다. 마스다가 주장하는 중핵도시의 방어막 논리보다 콘텐츠 기업이 지역으로 '분산·회귀'할 수 있도록 지원하는 것이 실제적인 효용성을 갖는다.

로컬디자인으로 이야기를 바꿔보자. 예술공학회 지역디자인사 특설위원회芸術工学会地域デザイン史特設委員会編는 '그동안의 일본 디자인의 역사는 중앙의 움직임을 기반으로 이들의 논의를 다루는 것이 대부분이었다'고 설명한다. 그러나 각각의 개별 지역에서는 각각의 역사가 존재했다. 아사히카와, 야마가타, 하마마츠, 가나자와, 고베 등이 그러한 도시들이다. 이처럼 각 도시의 디자인 역사가 새롭게 해석되는 것이 다음 세대를 위해 매우 중요한 일이다.

예를 들어보자면, 아사히카와의 경우 현지에서 생산되는 목재를 활용한 가구디자인에 있어 하나의 새로운 흐름을 만들어냈다. 이것이 지역으로서 로컬이 가진 독자성이다. 이때 콘텐츠산업의 미래를 고려하면서, 지역이 가진 토대를 확인하는 작업이 중요하다. 이것은 최근 필자가 연구하고 있는 콘텐츠 투어리즘에 관해서도 마찬가지이다. 생뚱맞은 애니메이션, 만화, 영화, 드라마 촬영 유치에만 몰두해 성공을 평가하는 것이 아니라, 지역의 잠자고 있는 콘텐츠자원을 발굴하고, 정밀 조사하는 작업이 진행되어야 지속적인 콘텐츠 투어리즘이 가능해질 것이다.

■ 디자인 개념의 확장

이 장의 앞부분에서 이야기한 바와 같이 디자인의 영역은 계속해서 확장되고 있다. 커뮤니티 디자인, 도시디자인 등 부분에서 전체로, 하드웨어에서 소프트웨어로 다양한 측면에서 그 영역을 확장해가고 있다. 그 바탕에는 일종의 미학 의식이 담겨 있다. 이와 같은 미에 대한 의식은 지역의 환경에 영향을 받는다. 지역성 역시 여기서 뿌리를 찾을 수 있다. 지금까지 도쿄를 중심으로 균질화, 균등화가 이루어진 것은 분명하지만, 지역이 전부 도쿄화된 것은 아니다. 각각의 지역 도시들의 상업지구를 살펴보면, 도쿄자본의 점포들이 늘어난 것도 사실이지만, 지역 최고의 가게나 노포는 여전히 존재하는 것 또한 사실이다.

지역은 아직 가능성을 갖고 있다. 지역의 독자성이나 지역 고유의 문화자원, 콘텐츠자원에 주목한다면 그 가능성이 보다 뚜렷해질 것이다. 다만, 이러한 문화자원, 콘텐츠자원의 조사가 의외로 제대로 이루어지지 못하고 있다는 점이 문제이다. 콘텐츠 투어리즘 사업의 문제 역시 여기에 있다. 작품의 촬영 유치나 배경으로 선정된 이후, 졸속으로 사업이 진행되는 경우가 많다. 단기적인 사업에 집중하면서, 지속가능성에 대한 고민이 충분히 이루어지지 못한다. 지자체의 문화담당 부서나 도서관 등에서 문화자원이나 콘텐츠자원을 조사하는 경우들이 종종 있기는 하지만, 타 부서 간 연계가 제대로 이루어지지 않거나 제한된 영역 안에서만 진행되고는 한다.

필자는 지바시 상공회의소, 삿포로 상공회의소의 의뢰로 만화지도를 제작한 적이 있다. 2013년에는 요코스카시橫賀市의 의뢰를 받아 《요코스카 문화 가이드》를 작성했다. 보행자 중심의 콘텐츠 투어리즘을 목표로 지역을 작품의 무대로 만들어내는 것이 목적이었다. 요코스카 미술관에서 개최된 1970년대 대중문화에 대한 전시 '70s 바이브레이션'에 맞춰 같은 해 2월 하순 4만 부를 발행했다. 배포 이후 바로 품절되어, 2만 부를 중쇄하고 시내의 관광시설, 기차역 등에서 배포했다(그림 38).

[그림 38] 《요코스카 문화 가이드》

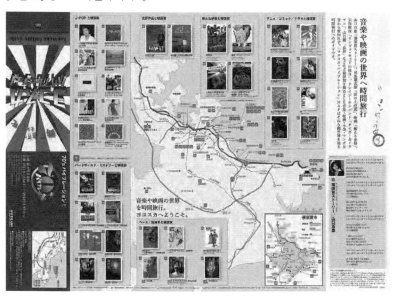

* 2013, 요코스카시

이 지도에는 〈요코스카스토리〉의 노래 가사인 "이것만이, 이것뿐입니까…これっきりこれっきりもうこれっきりですか…"와 연계된 통칭 '이것만 언덕これっきり坂'의 요코스카 중앙 지역 등이 표시되었다. 마츠토야 유미의 〈리프레인이 외치고 있어リフレインが叫んでる〉의 다테이시 해안立石海岸, 크레이지 캔 밴드의 〈타이거 & 드래곤〉, 다운타운 부기부기 밴드의 〈항구의 요코, 요쿄하마, 요코스카港のヨーコ・ヨコハマ・ヨコスカ〉, 와타나베 마치코渡辺真知子의 〈갈매기가 날아든 날かもめが翔んだ日〉, AKB48의 〈요코스카 커브横須賀カーブ〉 등이 또한 채택됐다.

마츠다 유사쿠松田優作가 주연한 영화 〈깨어난 긴로蘇える金狼〉(1979)에 등장한 도부이타거리とぶ板通り와 사루시마猿島, 기타노 다케시北野武 감독의 〈하나비HANA-BI〉(1998)의 비탈길 장면에서 등장하는 노비해안野比海岸, 인기 만화의 실사영화인 〈BECK〉(2010), 모바일 소설을 영화화한 〈연공恋空〉(2007), 〈요코하마 매물기행ヨコハマ買い出し紀行〉, 〈스카이걸스スカイガールズ〉 등의 만화와 애니메이션 화제작들도 담았다. 또, 야하기 토시히코矢作俊彦의 소설 〈링고 키드의 휴일リンゴォ・キッドの休日〉, 〈롱 굿바이ロング・グッドバイ〉, 야마다 에이미山田詠美의 데뷔작 〈베드타임 아이스ベッドタイムアイズ〉의 미군기지, 야마구치 히토미山口瞳의 〈혈족血族〉 중 우에마치上町 등 명작의 배경 장소들이 지도에 표시되었다.

사실 이에 앞서 요코스카시 기획조정부 문화진흥과에서는 시민들로부터 모은 정보를 바탕으로 《재현된 요코스카表現された横須賀》라는 소책자를 발행했다. 웹에도 공개되기는 했지만, 관광정책과 직접 연관성은 없었다. 이것이 지자체 사업의 어려움이다. 《요코스카 문화 가이드》역시 모니터 투어 등과 같은 구체적인 사업으로 연결되지 못해 아쉬움으로 남은 부분이다.

2015년 가을부터 우츠노미야_{宇都宮市}, 미타카시_{三鷹市}의 의뢰로 다시 콘텐츠 지도를 만들었다. 시간과 노력이 많이 드는 작업이기는 하지만 이번에는 시민 강좌 등과 연계해 시민의 정보와 의견을 수렴했다. 콘텐츠산업 진흥, 콘텐츠 투어리즘 진흥, 해당 도시의 문화자원이나 콘텐츠 자원 발굴, 정밀 조사를 실시하여 유효한 사업으로 이끌어내고자 했다. 속된 표현이기는 하지만, 씨름판이 없는 곳에서 씨름을 할 수는 없다. 지역이 가진 특성과 맥락이 없는 정책사업은 실효성을 갖지 못한다.

앞에서 이야기한 로컬디자인과 관련해서도 마찬가지일 것이다. 즉, 지역이 갖는 특성이나 자원을 정확하게 파악하는 것이 전제되어야 한다. 지도화 작업을 통해 이러한 내용들이 가시화될 수 있다. 가능하다면 이러한 작업들은 해당 지역의 디자이너들과 협업하는 것이 필요하다. 사실 디자인 분야에서는 도쿄의 디자이너가 여러 지역에 관여하는 경우들이 많다. 성공한 사례의 경우 이들이 얼마나 지역에 대해 잘 이해하고 있는지가 성공의 기준이 된다. 그러나 우메바라와의 대화 속에서 로컬-지역의 특성을 잘 알아내는 것에 대해서 다시금 생각하게 되었다. 그는 지역경제까지 이해하며, 자신의 '디자인'이라는 일을 진행하고 있었다. 물론 타인의 관점도 로컬에 있어서는 중요한 부분이기는 하다. 그렇지만, 그곳을 살아가는 사람들을 당해낼 수는 없다.

지방도시에 살고 콘텐츠산업에 종사하는 것은 쉽지 않아 보이지만 한편으론 분명한 강점을 갖고 있다. 이를 위해서 지역이 가지는 특성이나 자원의 발굴, 정밀조사에 시간을 투자하여 긴밀한 관계를 맺어야 한다. 또, 디자인에 기초한 발상을 공동체로 연결하는 것이 중요하다. 야마자키 료山崎亮가 주장하는 커뮤니티 디자인의 조건으로서 현대사회는 과거의 사회와 비교해, '연결'이 끊긴 사회라는 점을 고려해야 한다. 사람들은 세금을 내면서 지역과 거리의 일에 동원되는 것으로부터 자유를 얻었다. 그러나 인구감소 사회가 되면 세수가 줄어들기 때문에 다시 동네의 일에 스스로 참여해야만 한다. 현대사회에서 풍요의 기준은 물적 재산을 많이 갖는 것이 아니다. 즉, 사람들의 연결을 디자인하는 커뮤니티 디자인이 필요하게 되었다.

예를 들면, 같은 맥락에서 2001년에《정보디자인 입문: 인터넷 시대의 表現방법情報デザイン入門: インターネット時代の表現術》을 발간한 와타나베 야스시는 '정보디자인'은 다수의 사람들의 지혜와 경험을 모아 공동으로 만들어내는 것이며, 공동체 영역에서 꽃을 피운다고 했다. 그는 더 나아가 공동체와 커뮤니티를 '자신의 일', '다른 사람의 일', '우리의 일'이라는 개념으로 설명한다. 이 행위는 일종의 커뮤니티 디자인이다. 최근에는 이런 사고방식이 하나의 흐름을 형성하고 있다. 특히, 지역 도시의 재생이라는 측면에서 커뮤니티 디자인의 사고방식은 매우 중요한 고려 요인이다.

또, 리노베이션 역시 지역도시에 하나의 '장場'을 만드는 데 있어 중요한 부분을 차지한다. 이전에는 오래된 건물을 허물고 새로 짓겠다는 발상이 많았다. 그러나 이제는 복원을 통해 재활용하려고 한다. 커뮤니티 디자인의 방식으로 이야기해 본다면, 사람들의 '연결'을 새롭게 구축하기 위한 거점을 형성하는 것으로 해석해 볼 수 있다.

2012년에 발표한 필자의 《골목이 문화를 만든다!路地裏が文化を生む！》에서 역시 비슷한 맥락으로 도시 내부의 커뮤니케이션의 '장'에 대한 논의를 시도했다.

예를 들어, 골목은 커뮤니티 공간의 성격을 갖는 동시에 벤야민이 '파사주 이론'[20]에서 주장한 바와 같이 그곳이 예술가나 예비인력들의 인큐베이팅의 '장'이 되었다고 보기도 한다. 분명, 많은 카페와 관련된 논의들에서 이야기 하듯이 독립된 공간 안에서 같은 '장'이 존재하기도 하지만, 이른바 거리 차원의 공간이 그러한 역할을 해 왔다는 해석이다.

즉, 기존의 골목이 가진 이미지와는 다른, 새로운 활력을 가진 골목의 위상에 대해 이해해야 할 것이다. 예술가마을 등에서 볼 수 있듯이, 원래 예술가나 예비인력들은 모여드는 성향을 갖고 있다. 이는 공통의 화제나 의식을 공유하는 하나의 방식이다. 산업집적의 특성에서 지역보다는 사람들의 특성이 우선 반영된 부분이기도 하다. 일본의 대중문화를 보면, 그 생성과정에서 '골목'의 존재가 중요하다. 여기서의 골목이 '뒷골목back street'이라는 점이 중요하다.

---

20 (옮긴이) 파사주(Passage)는 원래 건물과 건물 사이에 놓인 통행로를 보통 철골과 유리로 만든 천장으로 서로 연결하여 사치품과 신상품의 진열 및 거래를 목적으로 활용한 대도시 상점 거리를 가리키며 천장이 덮인 아치형의 건축술을 지칭한다(고지현, 《꿈과 깨어나기》(서울 : 유로서적, 2007), p.47). 이런 맥락에서 벤야민은 지역의 수집 가능한 자료를 최대한 많이 모아 집적함으로써, 대상이 되는 한 시대의 모습을 자료 자체가 그려내는 방식을 채택했는데, 자료를 많이 모으면 그 자료를 관통하는 하나의 통일성이나 유사성이 드러날 것이라는 믿음 때문이었다. 이에 19세기 말 세계의 수도라고 불린 파리의 회랑식 상가(파사쥬-아케이드)를 배회하는 만보객과 다양한 사람들, 그리고 소비와 산업 테크놀로지를 대변하는 백화점과 만국박람회의 인과 속에서 상품의 물신적 성격을 읽어내고, 미시적인 관찰을 통해 다중의 집단 무의식을 독창적으로 분석해내려 했으며, 이와 관련된 프로젝트를 파사주 프로젝트라고 한다.

니가타현의 미나미우오누마시南魚沼市에서 '사토야마주조里山十帖'[21]라는 호텔을 운영하는 이와사(岩佐, 2015)도 비슷한 시각을 갖고 있다. '사토야마주조'는 2014년 5월 문을 연 이후, 불과 3개월 만에 객실 점유율 90%를 넘어섰다. 12실 규모의 숙박시설이기는 하지만 놀라운 수치이다. 또 이 시설은 2014년도 '굿 디자인상 베스트 100'에 선정되었고, '모노즈쿠리디자인상(중소기업청장관상)'도 수상했다. 이와사 토오루岩佐十良는《자유인自遊人》이라는 잡지 출판사를 설립해 본사를 미나미우오누마시로 이전했고, 그 후 오래된 집을 개보수하여 '사토야마주조' 호텔로 재생시켰다.

그는 성공의 비결에 대해 '디자이너적 사고'를 강조한다. 이는 기존의 개념들을 걷어내고 모든 가능한 퍼즐조각들을 맞추어가는 사고방식이라고 설명한다. 잡지 편집을 통해 길러진 디자인적 사고가 그의 사업에도 반영되었다. 즉, 점에서도 면에서도 디자인이라는 개념은 무한히 확장되고 있다. 앞에서 기술한바와 같이 지역의 '로컬도시'가 각각 디자인적인 특성을 갖고 있다면, 그러한 특성을 십분 활용하여 충분한 자립가능성을 키워주는 것이 필요하다.

---

21 https://www.satoyama-jujo.com/

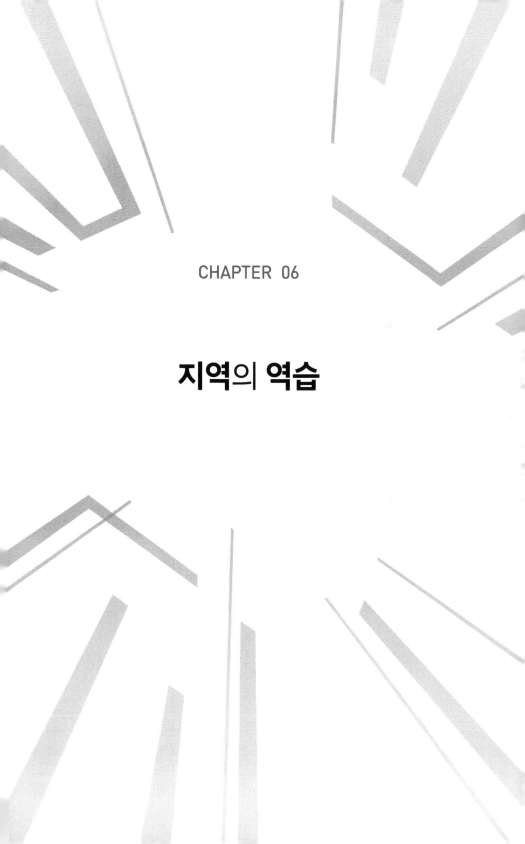

CHAPTER 06

지역의 역습

지역의 역습

삿포로 〈삿포로 아가씨의 식사(札幌乙女ごはん)〉

이번에는 필자가 프로젝트를 통해 경험했던 내용들을 나누어 보고자한다. 필자는 현재 대학에서 학생들을 가르치고 있지만, 이전에는 미디어 및 콘텐츠 비즈니스 업계에서 일한 바 있으며, 지금도 여전히 지역활성화와 관련된 다양한 창의적인 활동들에 참여하고 있다. 개인적인 시간은 대부분 이런 일들을 하며 지내고 있다.

또, 수탁받은 과제를 진행하기도 하지만, 스스로 기획한 연구들을 진행하려고 노력하고 있다. 이러한 연구들은 번거롭고 더 많은 시간이 소요되지만, 그만큼 많은 것을 얻을 수 있기도 하다. 다만 맨땅에 헤딩하듯 시작하는 경우도 적지 않다. 하지만 이러한 시도가 나만의 현장연구의 특징이다. 그 과정에서 좌절을 겪은 적도 많지만, 우직하게 밀고 나가는 것이 필자의 연구방식이다.

먼저, 삿포로의 만화 산업화 과정을 소개하려 한다. 이 사례는 필자의 생각이 바탕되었다. 삿포로는 원래도 많은 만화가를 배출하는 도시였다. 그렇지만, 크게 부각된 적은 없었다. 삿포로 출신의 만화가들을 열거해보면, 호시노 노부星野之宣, 시마모토 카즈히코島本和彦, 사토 슈호佐藤秀峰, 미야케 란조三宅乱丈 등이 있다. 특히, 삿포로의 경우, 여성 만화가들을 배출하고 있다는 점에 주목할 만하다. 야마토 와키大和和紀, 야마기시 료코山岸凉子, 이가라시 유미코いがらしゆみこ, 이쿠에미 료いくえみ綾, 미하라 준三原順 등이 있으며, 시이나 카루호椎名軽穂, 가와하라 카즈네河原和音 등은 삿포로에서 거주하기도 하지만, 잘 알려져 있지는 않다.

콘텐츠산업 중 만화는 지역에서 활동하는 것이 가능한 장르이다. 기본적으로 개인에 의한 창작업에 해당하기 때문이다. 이는 소설가 등도 마찬가지이다. 또한, 창작과정에서 큰 자본을 필요로 하지 않는다. 때문에 지역에서는 만화가에 의존하기도 한다. 하지만 이전에는 만화가들이 생계가 유지될 정도로 어느 정도의 인기를 얻고 나면, 도쿄 출판사의 품으로 떠나가는 것이 일반적이었다.

그러나 코믹마켓에서 볼 수 있듯이, 만화산업은 일본 콘텐츠산업 중 드물게 메이저(대형출판사)와 인디(독립출판)가 공존한다. 이는 소설 영역에서도 마찬가지이다. 다른 콘텐츠산업의 경우, 메이저가 인디를 포섭해나가는 형태가 일반적이다. 간혹, 메이저와 선을 긋는 인디가 나타나면, 메이저회사들은 이들을 자본력으로 흡수해가는 것이 일반적인 상황이다.

최근에는 예전과는 달리 인터넷을 통해 자신의 작품을 발표하는 경우가 많아지고 있다. 코믹마켓은 일본 전역의 만화가 지망생들에게 중요한 존재였지만, 지금은 온라인상의 시장 역시 그들 경력의 중요한 부분을 차지한다. 물론, 이는 다시 대형출판사의 출간이 가능할지도 모른다는 희망을 심어주기도 한다.

최근에는 만화나 애니메이션을 통한 관광 창출과 지역활성화 사례가 확연히 증가되었다. 콘텐츠 투어리즘이 인기를 끄는 현상도 같은 맥락에서 볼 수 있다. 돗토리현의 사카이미나토境港를 시작으로 니가타新潟, 기타큐슈北九州, 고치高知, 이와테岩手 등은 현 단위에서 행정주도로 여러 사업들을 진행하고 있다. 이것이 가능한 이유는 지역 출신의 만화가나 작품이 존재하기 때문이다. 물론, 한 번에 모든 일이 진행되지는 않는다. 그럼에도 지역마다 각각 다양한 방안을 모색하고 있다.

이러한 흐름은 만화를 지역 차원에서 관광자원으로 활용하는 것이 핵심이다. 여기에 산업화 방안까지 고려한다면, 결국 도쿄식의 노하우를 가져와야 한다. 만화에 있어 지방도시의 가장 큰 한계는 편집인력의 부족이다. 도쿄가 만화산업의 주도권을 갖고 있는 것 또한 이러한 이유이기도 하다. 편집자의 역할은 만화가와 소통하며 시장의 수요에 맞는 새로운 작품을 세상에 내놓는 것이다. 이른바 프로듀서의 역할이다.

지역은 관련 산업인력의 층이 두텁지 못하다. 오사카의 예를 살펴보자. 오사카에서는 전쟁 이후, 도서 대여 문화의 유행과 함께 만화출판이 발달했다. 1970년대 오사카, 교토 고베 등지의 정보 플랫폼이었던 《플레이 가이드 저널》은 수많은 작가와 만화가를 양성하기도 했다. 그러나 얼마가지 않아 정체기가 찾아왔다. 1990년대 초반, 독

자적인 문화가 형성되어 있었던 오키나와현의 나하那覇에서 월간지 《코믹 오키나와コミック沖縄》가 출간되었지만, 얼마가지 않아 사라졌다. 이러한 사례들은 대도시 이외의 지방에서 산업적으로 수지타산을 맞추는 것이 쉽지 않음을 보여준다.

산업에서 균형을 이루는 것은 매우 중요하다. 수요가 얼마나 있는지, 소비자의 입장에서 단가의 적정선은 어느 정도인지, 판로 확보와 홍보는 어떻게 할지 등은 시장 규모에 따라 달라지며, 가격적인 측면에서도 확실히 검토해야 하는 부분이기도 하다. 이러한 부분들을 고려할 때 지역과 그 주변만을 대상으로 해서는 수지를 맞추기가 어렵다. 전자출판, 타 지역과 해외시장 등을 고려하지 않는다면, 사업의 유지 자체가 힘들어진다.

필자는 2007년 삿포로를 방문해 만화를 통한 지역진흥의 아이디어를 얻었다. 당시에는 아직 개인적인 노하우도 없었고 아이디어 수준이었다. 먼저, 삿포로시청 공무원들과 관계자를 만나 구상을 설명했지만, 좀처럼 일이 진행되지 않았다. 외지인으로서의 한계였다. 그 후, 평소 안면이 있었던 인터넷업체 대표들과 몇 차례 협의를 거쳐, 1970~1980년대 활약한 삿포로 출신의 만화가 미나토 야유메키치湊谷夢吉의 원화전을 열기 위해 여러 방안을 모색했다. 이 전시는 시내의 카페에서 진행되었다(그림 39). 꽤 멀리 돌아온 셈이었다.

미나토 야유메키치는 1972년부터 1988년까지 삿포로를 거점으로 활약한 만화가이다. 그의 작품은 높은 평가를 받는 동시에 많은 작가들에게 영향을 주었다. 삿포로와 홋카이도는 미나토 야유메키치를 비롯해 많은 만화가들의 활동무대가 되었다. 이 전시는 홋카이도의

[그림 39]
〈미나토 야유메키치와 그 시대전〉 포스터

* 홋카이도 만화연구회

중요 콘텐츠로서 만화의 중요성을 재인식하고, 젊은 만화가들과 만화가를 목표로 하는 젊은 이들에게 미나토 야유메키치를 알리기 위한 목적으로 개최되었다.

미나토 야유메키치의 활동은 만화에 그치지 않았는데, 1973년에 설립한 은하화보사銀河画報社에는 영화, 음악, 연극 등 삿포로의 서브컬처와 관련된 많은 개척자들이 모여들었다. 미나토 야유메키치는 3권의 작품집을 출간했고, 1988년 38세의 나이로 암으로 세상을 떠났다. 전시회는 유족들의 양해 속에 이루어졌고, 미나토 야유메키치의 원화가 전시되었다. 8mm 영상 등을 모니터에 전시하고 작품집 등도 배치해 관람객들이 직접 살펴볼 수 있게 했다. 이와 함께 미나토 야유메키치가 활약했던 '1970~80년대의 삿포로'라고 하는 지역도시의 하위문화 성립과 그 원래의 모습을 재발견하고, 지금의 도시가 맞이하고 있는 문화경제의 발전과제를 모색하는 연속 심포지엄을 개최했다.[1]

이 심포지엄은 지방도시가 갖고 있는 독자적인 문화의 계승을 주

---

1 http://hokkaido-manga.jp/minatoya/?cat=4

요 개념으로 잡았다. 지금 생각해보면 필자의 생각이 너무 앞서, 기획자의 시각에서만 맴돌았다는 반성도 하게 된다. 미나토 야유메키치의 경우, 사실 대중적인 상업 만화가라기보다는 예술성에 바탕을 둔 만화가였는데, 이러한 점은 일반 시민들에게는 다소 다가가기 어려운 부분이었다. 그래도 이후, 홋카이도신문에서 홋카이도 출신 만화가 작품을 단기 연재하거나 삿포로예술촌에서 '대홋카이도만화전大北海道マンガ展'등이 이루어지기도 했고, 지역잡지《호뽀저널北方ジャーナル》에서 미나토 야유메키치를 소개하는 기사가 연재되는 등의 성과가 있었다.[2]

이 사업들의 예산은 '토요타재단トヨタ財団'의 연구지원사업을 통해 마련되었다. 지금 와서 생각해보면, 이런 마니아적인 기획안이 통과된 것 자체가 놀랍기도 하다. 지역에서 일을 함에 있어 재원은 늘 문제가 된다. 왜냐하면 여러 번의 회의를 진행해야 하고, 현지를 방문하기 위한 경비도 필요하다. 마찬가지로 이벤트 등을 열기 위한 사업비 또한 필요하다. 이런 상황에서 당시 이 연구지원을 받을 수 있었던 것은 참 감사한 일이다.

당시 필자는 콘텐츠 투어리즘 연구를 시작하던 시점으로 만화와 관광의 맥락에서 삿포로상공회의소와 일을 시작하게 되었다. 개인적으로는 미나토 야유메키치와 관련된 사업의 연장이라고 생각했다. 사업의 최종성과는 삿포로를 그린 만화지도와 모니터 투어 정도였다. 이 사업은 일본상공회의소의 지원을 받아 진행됐다. 만화지도를

---

2 '꿈의 유메키치, 유메키치의 꿈-알려지지 않은 삿포로의 거인 미나토 야유메키치를 따라서'라는 연재 제목이었다.

제작하면서는 저작권 및 저작인접권 허가를 얻는 과정에서 고생을 많이 했다. 이 과정에서 삿포로에서 《요시오의 하늘義男の空》 등 만화를 제작하는 에어다이브エアーダイブ의 사장 다나카 히로아키田中宏明를 만나게 되었다. 이 계기로 삿포로상공회의소의 계속사업으로 〈삿포로 아가씨의 식사〉가 기획되기 시작했다. 필자는 도쿄에서 JTB 퍼블리싱과 전자출판 지원 등 후

[그림 40] 〈삿포로 아가씨의 식사〉

* 2013, 삿포로상공회의소

방에서 지원하는 형태로 참여했다. 2014년 108엔으로 판매되기 시작한 이 작품은 지역에 대한 요리 관련 만화로 여러 매체에 소개되며 삿포로 만화산업의 가능성을 보여주는 계기가 되었다.

현재 삿포로는 유네스코 창조도시 네트워크에 '미디어아트' 분야로 가입되어 있다. 이에 만화의 위상은 다소 밀려났을지도 모르지만, 만화를 원작으로 하는 애니메이션과 영화, TV드라마 등이 늘어나고 있고, 여전히 해외에서 인지도가 가장 높은 일본의 콘텐츠가 만화·애니메이션임을 생각해본다면, 콘텐츠 중심의 접근방식은 유효하다고 할 수 있다. 지역의 입장에서 만화출판이 지역산업으로 발전할 수 있고, 사람들은 미식과 관련된 콘텐츠에 관심이 매우 높기 때문에, 다양한 장르와의 협업도 가능하다.

〈삿포로 아가씨의 식사〉는 삿포로에 거주하는 마츠모토 아야카松本あやか의 작품이다. 6년 동안 사귄 남자친구에게 차인 서른 줄에 접

어든 하오키早織가 주인공이다. 그녀는 성실하지만 서툴며, 좀처럼 남에게 어리광을 부리지도 못한다. 이 작품은 그녀가 치열하게 사랑에 맞서가는 이야기이다. 동시에 각 권에는 삿포로의 현지 맛집들도 등장한다. 즉, 삿포로의 미식관광 만화라 할 수 있다.

본 사업은 필자가 삿포로 시청으로 간 이후 7년 만에 이루어진 첫 성과였다. 그러나 시의 사업에는 예산이 필요하다. 해당 사업과 관련하여 삿포로 상공회의소의 지원을 받았다. 2015년 12월에는 에어다이브가 지금까지의 작품들을 단행본으로 발매하기 시작했다. 이후 삿포로 파르코PARCO를 시작으로 콜라보레이션 프로젝트가 기획되었으며, 향후 전개가 기대된다.

2017년에는 지역방송국에서 영상으로도 만들어졌다.[3] 영상은 실사와 만화를 함께 구현했다. 그러한 상황이 진행되기까지 꽤 힘들었지만, 그래도 어느 정도 성과를 이룬 듯하다. 포기하지 않고 어떻게든 버티고 지속하는 것이 중요하다는 점을 필자 스스로 배우는 계기가 되었다.

이러한 시도는 아직 넓은 바다에 작은 돌 하나를 겨우 던진 수준일 수도 있다. 하지만 중요한 것은 경험에만 의존하면 자멸을 초래할 수도 있다는 점이다. 필자는 이 점을 미디어·콘텐츠산업 현장에서 충분히 배웠다. 현장에서는 끊임없이 새로운 창작자를 필요로 한다. 그렇기에 젊은 창작자들의 의견에도 귀 기울일 줄 알아야 한다.

앞에서 얘기했던 것처럼 만화산업의 경우 만화가가 지역에 거주하는 경우가 꽤 있지만, 산업 자체는 도쿄를 중심으로 이루어진다.

---

3   https://uhb.jp/program/otomegohan/

또, 만화산업의 시장 규모가 축소되고 있으며, 만화잡지의 경우 어려운 상황이라는 점에 주목해야 한다. 하지만 디지털화와 인터넷 보급으로 지역도 과거에 비해 발전가능성이 높아졌다. 그러나 만화시장의 축소를 겪으면서 새로운 과제들을 만나게 된다. 한 예로, 저출산·고령화로 인한 젊은층의 감소가 만화산업에 미치는 영향이 크다. 그러므로 지역에서는 발전가능성을 타진하는 동시에, 전국단위로 사업구조를 개혁해나갈 필요가 있다.

콘텐츠산업의 핵심은 작품을 제작하는 창작자에 대한 고려와 함께 인적 네트워크 구축이라고 할 수 있다. 사업 기반을 마련해가는 과정에서 창의력을 발휘하는 것이 중요하다. 이와 함께 네트워크를 통한 정보의 수집과 분석 역시 판단과 결정의 근거가 된다. 지역산업에서 당장의 발 밑을 살펴보는 것도 중요하지만, 보다 넓은 시야를 갖는 것도 필요하다. 창작자와 함께 프로듀서의 양성에도 힘을 쏟아야 한다. 젊은 세대와의 교류가 중요한 이유이다.

위 사업의 경우, JTB 종합연구소의 고노(河野, 2015) 칼럼에서 다루어지며 주목을 받기도 했다. 2017년에는 단행본 2권, 2018년에는 지역방송국에서 2편으로 영상화되기도 하였다. 이제는 앞으로의 발전방향에 대해 고민하고 있다.

미나미우오누마(南魚沼) 〈미녀여행(美女旅)〉

우리말로는 얼짱 정도에 해당하는 지역의 미소녀를 모델로 기용하는 예는, 〈니가타 미소녀도감新潟美少女図鑑〉이 그 시초이다. 당시 패션잡지를 중심으로 프로 모델 이외에 스트리트 패션이나 아마추어 독자 모델에 대한 관심이 높아졌다. 대도시에서는 일상 패션을 대상으로 하는 패션쇼가 인기를 얻기도 했다. 〈미소녀도감〉은 이런 분위기 속에서 지역 소녀들에게 독자적인 모델의 가능성을 열어준 창구가 되었다.

글로벌 위기가 극심했던 2008년 리먼사태 이후, 기업은 광고료를 줄였고 아마추어 모델을 기용해 모델료를 줄이고자 했다. 발간 빈도와 발간 부수를 줄이기도 했다. 이러한 상황 속에서 〈미소녀도감〉은 많은 주목을 받았다. 비용 대비 효과로 성공적인 비즈니스 모델로 여겨졌고 일본 전역으로 급속하게 확산되었다.

이전부터 지방도시에는 젊은층을 대상으로 타운 정보지에서 스트리트 패션이 게재되는 코너가 있었다. 《NO!! 구마모토》(1996년 창간) 및 《NO!! 후쿠오카》(2000년 창간)의 '미소녀사진관', 지역 아이돌의 발상지인 도쿠시마현 《아와와》의 'HIME', 오이타현 《CHIME》(2007년 창간)의 'CHIMO' 등이다. 현지에서는 이 같은 코너에 나오는 것이 동경의 대상이 되었다.

아마 가장 오래된 것은 《월간 구루메月刊くるめ》의 '딸기공주 콘테스트いちご姫コンテスト'인 것 같다. 1980년대부터 시작된 이 코너에서는 마츠유키 야스코松雪泰子, 다나카 레나田中麗奈, 아리사카 쿠루메有坂来瞳 등이 연예계로 발탁되기도 했다. 또, 《월간 구루메》 기사 중에는 고등학교 졸업 직후의 마츠다 세이코松田聖子, 구로키 히로미黒木瞳 등을

찾아볼 수도 있다. 이처럼 각 지역에서는 도쿄와는 다른 나름의 독자적인 움직임들이 진행되고 있었다.

〈니가타 미소녀도감〉은 2002년 11월 니가타시에 있는 광고기획사 텍스팜テクスファーム이 창간한 잡지이다. 이 잡지는 현지 옷가게나 미용실 등을 광고주로 했다. 지역의 독자모델이나 카메라맨, 미용사 등 직원을 염두에 둔 지역 한정 패션지와 같은 성격이었다. 무가지로 발행한 것과 일상 패션을 소개하지만 전문 화보집과 같은 지면을 구성했다는 점이 특징이었다. 또 니가타현을 대상으로 하는 무가지였기 때문에 발행 부수가 적고, 발행 빈도가 낮았기 때문에 다른 잡지들과는 차별성을 가질 수 있었다.

2004년에는 텍스팜이 오키나와현 나하시에 오키나와 텍스팜을 설립했고 2005년 〈오키나와 미소녀도감沖縄美少女図鑑〉을 창간했다. 처음으로 니가타현 외의 지역에서 〈미소녀도감〉이 발간됐다. 2006년 이 잡지에 모델로 나왔던 니카이도 후미二階堂ふみ는 소니뮤직 아티스트와 계약했다. 그녀가 《니콜라=ニコラ》 전속모델로 중앙미디어에 등장하게 되면서 〈미소녀도감〉의 인지도 전국적으로 확산되었다. 2008년에는 〈오사카 미소녀도감大阪美少女図鑑〉이 창간됐다. 이는 텍스팜의 그룹사가 아닌 회사가 발행하는 첫 〈미소녀도감〉이었다. 2008년부터는 각 지역에서 〈미소녀도감〉을 발행하는 라이센스 계약을 체결하기 시작해 일본 각지에서 〈미소녀도감〉을 발행하게 되었다. 이때 계약 기업은 각 도부현별로 1개 회사로 한정했다. 도쿄를 벗어나 진행된다는 것이 이 기획의 가장 큰 특징이었다.

그러나 이러한 라이센스 계약방식은 〈미소녀도감〉의 경쟁력을 잃는 결과를 초래했다. 처음의 각 도도부현 1개 사라는 규정이 유명무실해지며, 전국에서 〈미소녀도감〉이 난립하게 되었다. 텍스팜의 조율도 어려워지는 상황에 이르게 되었다. 이 시기 해외진출도 고려하고 있었는데, 이는 급속한 확장 이후 먹구름을 몰고 온 셈이었다. 현재는 다시 〈니가타 미소녀도감〉에 집중하며 현지의 결혼업체나 지역 브랜드 등과의 콜라보레이션 기획, 니가타현 내의 여러 도시들에 특화된 기획 등을 진행하고 있다.

이와 유사한 기획으로 '미인시계美人時計'를 들 수 있다. '미인시계'는 '미인시계로 1분 안에 당신을 사랑에 빠지게 한다'는 콘셉트를 바탕으로 2009년에 탄생한 인터넷 서비스이다. 360명의 '미인'이 손으로 쓴 보드를 들고 시간을 알려준다. 서비스 초기에는 인터넷이나 TV에서 화제가 되었고, 당시 전국 5만 명 이상의 '미인'이 등장하는 서비스로 성장했다. 2011년에는 드완고ドワンゴ와 '비진텐키bijin-tenki'의 공동 운영, 2012년에는 새로운 서비스인 '비진토픽bijin-topic'을 출시하는 등 전국의 미인을 콘텐츠로 활용하며, 사용자가 일상의 도구에 엔터테인먼트 요소를 부가한 서비스를 제공하였다.

'미인시계' 외에도 시간을 쓴 보드를 들고 있는 남성들을 다루는 '미남시계', 한국인 여성을 대상으로 하는 '한국판 미인시계', '갸루'라고 불리는 젊은 여성들을 대상으로 하는 '갸루시계', 레이싱걸을 대상으로 하는 '서킷시계' 등이 등장했다. '미인시계'의 홈페이지에는 '파리판 미소녀시계'가 공개되기도 했다. 〈미소녀도감〉도 인터넷을 활용하기는 하지만, '미소녀시계'의 경우 인터넷에 더욱 특화되어 다양한 방식으로 전개될 수 있었다.

〈미녀여행〉은 2012년에 미나미우오누마 시내에서 지역진흥을 외치던 30~40대 지역 유지가 행정부서에 지역 미인을 기용한 관광 팸플릿 제작을 제안하면서 시작되었다. 미나미우오누마시는 대하드라마 〈천지인天地人〉 이후 다양한 마을진흥사업을 진행했다. 전국시대의 무사게임, 피규어 전시회, 거리에 무사의 상像 설치, B급 맛집 알리기 등이 대표적이다. 행정의 적극적인 지원도 눈

[그림 41] 〈미녀여행(美女旅)〉

★ http://bijotabi.jp/

에 띄는데, 지역에서 일정 수준의 합의가 충분히 이루어지고 있음을 보여준다.

〈미녀여행〉은 관광 팸플릿으로 제작되었다. 취재를 진행한 SUUMO 저널픽업(2013)은 시내 디자인회사를 운영하며 촬영과 책자, HP 등을 담당하는 요시다 코이치吉田宏一와의 인터뷰에서 다음과 같은 이야기를 전했다. "미나미우오누마시를 전국에 알리기 위해서는 완전히 새로운 방식이 필요하다고 생각합니다. '흉내'가 아닌 지역자원을 활용한 새로운 아이디어를 생각했습니다. 그것이 〈미녀여행〉이었죠. 실제로 지역에 살고 있는 젊은 여성들을 소개하는 과정에서 그 배경이 된 시내 관광지나 관광자원에 긍정적인 효과가 나타났고, 이것이 지역의 매력을 부각시킬 수 있겠구나 생각했습니다."[4]

---

4   http://suumo.jp/journal/2013

필자는 드라마 〈천지인〉을 통해 미나미우오누마시와 인연을 맺었다. 사실 대하드라마의 경우, 방영 다음 해만 되어도 관광객이 급격하게 감소하는 것이 일반적이다. 이 문제로 미나미우오누마시의 직원이 필자의 연구실을 찾아온 것이 인연이 되었다. 〈미녀여행〉에 대한 사업기획에 대해서도 자문을 하던 중이었다. 지역에 살고 있는 젊은 여성들을 콘텐츠로 삼는 시도는 책자보다 인터넷을 통해서 알려진 것 같다. 미나미우오누마시는 2013년 사계절 버전과 함께 기획편을 더해 총 여섯 권을 발행했다. 이후, 2014년에는 이와테현의 의뢰로 〈미녀여행 × 이와테〉를 발행했다. 또, JR동일본과의 콜라보레이션으로 〈미녀여행 × 조에츠신칸센上越新幹線〉, JA유자와湯沢·미나미우오누마와의 콜라보레이션으로 〈미녀여행 × vol.1, 2〉 발행, 2016년 〈미녀여행 × 사구리가와댐さぐりがわダム〉, 2017년 〈미녀여행 × 미나미우오누마 고시히카리 × 미나미우오누마산 고시히카리 vol.3〉 등이 계속 발행되었다.

시청에서 발행하는 책자이기 때문에 전국적인 주목을 받기도 했고 관련 문의도 많았다. 퀄리티나 통일성 측면에서 다소 조직적이지 못한 아쉬움도 있다. 그러나 인구 6만 명의 미나미우오누마시에서 이 정도 퀄리티의 책자를 만들 수 있었다는 점이 중요하다. 디지털 기술이 도쿄와 지방도시의 격차를 메워가고 있다. 여기에서 콘텐츠 산업 창출의 계기를 찾을 수 있다. 도쿄 자본력의 절대적인 부분은 여전히 무시할 수 없지만, 이전에 중요하게 여기던 노하우나 기술력의 문제가 이제는 어느 정도 해결되고 있다고 볼 수 있다.

앞에서도 이야기했지만, 필자가 미나미우오누마시의 관계자들과 만나게 된 것은 2009년 대하드라마 〈천지인〉의 방송 이듬해였다. 필자가 콘텐츠 투어리즘을 연구하고 있다는 이야기를 듣고 온 이유였는지 '포스트 대하드라마'에 대한 상담을 원했다. NHK대하드라마가 촬영지에 관광객을 모아 일정한 경제적 효과를 유발한다는 점은 이미 잘 알려진 부분이었다. 그러나 종영 후에는 다시 원점으로 돌아가기 일쑤였다. 즉, 다음 사업으로 연결하지 않으면 일회성 관광 수준에 그치는 것이 문제였다.

콘텐츠 투어리즘에서 관광객 유치의 지속성을 확보하는 것은 어려운 문제이다. 미나미우오누마시는 〈천지인〉 박람회를 진행한 건물을 활용해 애니메이션, 게임 등 전국戰国을 소재로 하는 이벤트인 '센코쿠 EXPO戰国EXPO'를 개최했다. 물론 전년 대비 관광객의 감소는 있었지만, 일종의 대안이 될 수 있었다. 또한, 해당 지역은 민관 협력으로 'B급 미식'을 발굴하기 위해 힘쓰기도 했다. 지역의 '키리자이 돈부리きりざい丼'를 브랜드화하려는 노력이었다. 전국적인 브랜드로 성장하지는 못했지만, 여기서 힌트를 얻은 '진심 돈부리本気丼' 캠페인이 지역사업으로 주목받기도 했다.

미나미우오누마시의 대표적인 지역자원은 고시히카리이다. 〈미녀여행〉에서도 JA유자와·미나미우오누마 콜라보레이션이 있었다. 이뿐만 아니라 시 차원에서 다양한 사업을 전개하고 있다. 현재 미나미우오누마시는 일본판 CCRC [5]로 지정되어 해외의 IT기업 유치에 주력하고 있다. 〈미녀여행〉 자체는 하나의 관광도구에 불과하지만, 시의

---

5 (옮긴이) CCRC(Continuing Care Retirement Community)는 은퇴자를 위한 마을, 은퇴주거단지로 해석할 수 있다.

다른 사업들과 연계한다면 더욱 많은 가능성을 찾아볼 수 있다. 이 지역의 사례는 콘텐츠에만 집중하는 것이 아니라, 보다 폭넓은 지역 사업으로 연계할 수 있음을 보여준다. 삿포로시와 같은 정령시와는 다른 중소도시의 대처 방안에 주목할 필요가 있다. 콘텐츠산업은 이제 도쿄에만 국한되지 않으며, 정령시 규모의 대도시만의 것도 아니다. 도시 규모의 크고 작음과 상관없이 각각의 지역이 그 가능성을 가진 영역으로 발전할 수 있다.

이와미자와(岩見沢)의 '히무로 사에코 청춘문학상'

필자는 이와미자와시와도 인연이 깊다. 이와미자와 커뮤니티FM 개국 당시 한 달여 정도 도와준 적이 있다. 당시 예산이 부족하던 상황에서 하나마키花卷 지역을 참고하여 스테이션 콘셉트를 생각해냈다. 농업학교가 있다는 공통점을 갖고 있었기 때문이다. 그렇지만 이와미자와에는 미야자와 겐지宮沢賢治[6]같은 유명인사가 없었다. 2008년 히무로 사에코氷室冴子 작가의 부고를 전해 들었을 때, 하나의 가능성을 토대로 기획이 시작되었다.

하나마키는 지역 인물들에 대한 적절한 활용을 통해 관광도시의 면모를 갖춰왔다. 이와테현 전체에서도 이러한 지역인물을 알리려는 노력이 활발히 이루어지고 있다. 콘텐츠가 사람을 중심으로 하는 특성이 강조될수록, 선인들을 소중히 여기려는 시각이 존중될 수 있다.

---

6 (옮긴이) 일본의 국민적인 동화작가이자 교육자이다.

다만, 필자가 히무로 사에코를 주목한 계기는 그녀의 대표작《이렇게 멋지게 재패네스크なんて素敵にジャパネスク》나 《클라라백서クララ白書》 등 때문은 아니다. 오히려 잘 알려지지 않은 작품인《여동생 이야기いもうと物語》가 계기가 되었다.

해당 작품은 이와미자와시를 주요 배경으로 한다. 주인공 치즐은 초등학교 4학년이다. 풋풋한 치즐의 눈으로 바라본 가족, 친구, 어른들의 세계를 계절감 넘치게 표현한 연작 단편작품이다. 당시 콘텐츠 투어리즘 연구를 시작하던 필자에게, 작가의 어린 시절을 보여주는 듯한 이 작품은 인상적이었다. 1955년의 이와미자와시가 작품 안에 담겨 있었다. 여기에서부터 구상이 시작되었다. 물론 같은 생각을 가진 사람을 찾는 데까지는 여느 때처럼 다소 시간이 걸렸다. 지자체도 그다지 관심을 보이지 않았다.

개인적으로 여러 사람들을 만나 이야기를 나누며 문학상을 구상

[그림 42] 히무로 사에코 청춘문학상(氷室冴子 青春文学賞)

* 2017, 히무라 사에코 청춘문학상 실행위원회(氷室冴子青春文学 賞実行委員会)

했다. 성명표시권 등 저작권의 허가에서부터 지역유지들의 동의를 얻은 것이 2016년이었다. 이후 히무로 사에코 청춘문학상 실행위원회를 설립하고 전자출판 등을 담당하는 에브리스타와 제휴했다. 심사위원은 작가 이토 아유미伊藤亜由美, 히무로 사에코와 함께 코발트문고コバル文庫에서 활약한 쿠미 사오리久美沙織로 결정되었다. 2017년 12월에 작품모집을 시작하여, 2018년 7월 시상식을 진행하도록 일정을 계획했다. 다음은 설립 취지이다.

> 일본이 제2차 세계대전의 황폐함을 딛고 일어선 1955년 초반 홋카이도의 눈이 많이 내리는 지방도시에서 태어나, 고도 경제성장기에 자라며 이야기를 쓰기 시작했고, 그 성장의 마지막 기간이었던 오일쇼크의 해에 대학을 졸업하며 작가가 되기로 뜻을 품고, 1980~1990년대 수많은 작품을 발표한 히무로 사에코.
> 그녀는 전쟁 이후 민주주의 세상이 도래했음에도 여전히 남성중심의 시대의 현실을 깨우는 매력적이고 감성적인 여성의 이야기를 만들어내며, 동시대 젊은 여성들의 많은 지지를 이끌어냈다. 히무로 사에코가 그린 소설에는 이전의 일본 소설에서는 찾아보기 힘들었던 자유롭고 새로운 여성상이 그려졌고, 이는 다음세대의 작가들에게 많은 영향을 끼쳤다. 그녀가 개척한 이야기의 지평선은 현재 한없이 뻗어나가고 있다.
> 히무로 사에코는 일본소설의 개척자가 되어 신세대를 위한 이야기를 엮어 동시대 독자들의 공감을 얻는 생기 넘치는 여성상을 만들어냈다. 그녀가 그랬듯이 '현재'를 그려낼 수 있는 여성을 주인공으로 젊은 영혼들을 움직일 수 있는 소설을 찾아내어 앞으로의 이야기의 가능성을 넓혀가는 것을 목표로 이 상을 제정한다.[7]

이 기획을 시작한 지 많은 시간이 흐르지는 않았기에 아직 결과를 확인하기는 어렵다. 하지만 새로운 지역 콘텐츠의 첫걸음이라 할 수 있다. 이와미지와는 사실 특별한 자원이 많지 않다. 원래 탄광과 교통 요충지로서 발전해온 지역이며, 많은 지방도시들이 그렇듯 인구가 감소하고 있다. 관광에서도 특별한 요소가 없다. 삿포로 권역 안의 도시이자, 일종의 위성도시이다.

아마도 이런 상황이 계속된다면 쇠퇴의 길을 갈 수밖에 없을 것이다. 이에 인구감소는 피하지 못하더라도, 희망의 씨앗은 남겨두고자 하는 것이 목적이다. 히에로 사무코가 이와미자와시에 뭔가를 남겼다고 믿고 싶기에 그러한 사실을 확인하는 것이 기획의 핵심이었다. 물론, 지속성을 확보하는 것이 전제되어야 한다. 기획의 최대 과제는 재원이며 위기감에 대한 지역 특유의 둔감함도 염려된다. 앞으로, 조성금의 활용 등 관계자들의 노력이 더욱 요구된다.

지역에서 콘텐츠산업을 육성하는 과정에서는 각 도시가 가진 문화적 독자성에 주목해야 한다. 이전의 도쿄를 중심으로 한 계열화는 지방도시들에 일방적으로 정보를 보내 도쿄의 것을 그대로 찍어내는 방식이었다. 즉, 고유문화가 희석되어 왔으며, 다시 말하면, 전국 규모의 균질화, 균등화가 진행되어온 것이다.

지역에서의 콘텐츠산업 기반은 이러한 문화적 독자성과 도시라는 '장場'에서 창작자들의 커뮤니케이션 '장'이 어떻게 작동하는지에 따라 성패가 달려 있다. 그러나 정보사회의 변화로 도시공간도 실제적인 '장'으로만은 설명할 수 없게 되었다. 어느새 가상의 '장'이 웹 공

---

7 '히무로 사에코 청춘문학상'은 http://seisyun-bungakusyo.com를 참고

간 안에 형성되어 있고, 이러한 상황 속에서 커뮤니티 형성과 관련된 사람들의 유대 자체가 본질적으로 변화되고 있다는 점도 간과해서는 안 된다.

다양성이 재능을 길러낸다는 맥락에서 '장'의 개념은 매우 중요하다. 즉, 실제로 활동하는 사람들이나 창작가가 이를 바탕으로 성장하기 때문이다. 논의나 연구에서 다양성은 자극을 주고 새로운 정보와 지식을 얻게 한다. 거리에 창조도시론에서 주장하는 창조의 '장'이 생긴다고 할 수 있다. 근대화 과정에서 균등화, 균질화는 피할 수 없지만, 거슬러 올라가 보면 지방도시들은 모두 각각 창조의 '장'을 갖고 있었다. 즉, 지방도시의 고유문화 생성 과정에서 '장'의 존재는 중요하다.

'히무로 사에코 청춘문학상'이 지역에 어떤 자극을 가져오고, 어떤 성과로 연결될 것인지, 그녀가 지역의 대체할 수 없는 문화자원임을 어떻게 인식시켜줄 수 있을지 작은 물음을 던지기 위해 꽤 많은 시간이 필요했다. 그러나 이러한 '장'을 만들어내는 것이 필자가 가진 장점이다. 이 방법에 대해서는 제한된 지면상 다음을 기약하고자 한다.

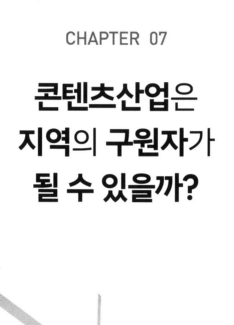

콘텐츠산업은
지역의 구원자가
될 수 있을까?

콘텐츠산업은 지역의 구원자가 될 수 있을까?

이 책은 지역에서의 콘텐츠 투어리즘과 콘텐츠산업 진흥의 가능성을 복합적인 시각에서 기술하고자 했다. 이들에 대한 논의는 통상 개별적으로 이루어지지만, 필자는 함께 고려해야 하는 부분이라고 생각한다. 이것은 많은 사람들을 끌어들이고, 일반 주민들의 개선된 정주환경과 관련하여 지방도시가 꿈꾸는 이상적 미래를 만들기 위해서도 반드시 필요하다. 앞 장에서는 필자가 참여했던 여러 사례들을 들어 설명했다. 이러한 기획들 역시 방문객과 주민 모두의 문제를 고려하면서 접근했다.

여러 차례 언급했듯 2016년은 애니메이션 '성지순례'가 주목받았던 한 해이다. 애니메이션 〈너의 이름은〉의 성공으로 성지순례 관광객이 증가하며, 전국 각지에서 이들을 만날 수 있었다. 2016년의 유행어 대상에 성지순례가 후보로 오르기도 했다. 애니메이션 성지순례를 포함한 콘텐츠 투어리즘의 새로운 움직임을 확인하는 시점이었다. 반면, 점차 쇠퇴해가고 있는 지방도시들의 사람들을 불러 모으기 위한 안이한 사업들이 확인되기도 했다.

이 과정에서 와노시미야, 오아라이와 같이 관광객들을 끌어들이는 데 성공한 지역도 있지만, 사실 이들은 특별한 경우이다. 어떤 움직임조차 만들지 못하고 끝난 곳들이 수두룩하다. 최근 애니메이션 투어리즘 협회가 실시한 '전국 애니메이션 성지 88개소' 선정은 인바운드 관광객의 편의성을 높이기 위한 사업이다. 그러나 본래 애니메이션 성지순례는 작품세계에 대한 몰입을 바탕으로 팬들이 자발적으로 참여하는 데 묘미가 있다. 여기에서 산업과 팬들 사이의 갈등이 발생할 수 있다.

이와 함께 인바운드 관광의 문제도 고민해 보아야 한다. 〈너의 이름은〉을 비롯한 일본 콘텐츠 작품의 해외 공개와 방영은 수많은 해외 팬들을 성지로 불러 모을 것이다. 이 과정에서 외국인 관광객들이 일본의 문화와 예절을 존중할 수 있도록 이해도를 높이는 것이 중요한 과제이다. 십수 년 전에는 콘텐츠 투어리즘의 인지도가 낮았다. 또, 이것이 지역정책으로 활용될 수 있을 것이라고 생각하는 사람은 거의 없었다. 더구나 이처럼 많은 인바운드 관광객들이 일본을 방문할 것이라고 생각하지도 못했다. 지금 여러 문제점들과 과제들이 나타나고 있는 점은 어쩔 수 없지만, 이러한 문제들을 하나하나 해결해 나가야 할 시점임은 분명하다.

콘텐츠 투어리즘이 활기를 띠고 있는 것은 사실이다. 그러나 이는 어디까지나 관광사업의 성격을 갖고 있다. 저출산·고령화와 같은 본질적인 문제에 대처하기 위해서는 한 발자국 더 나아갈 필요가 있다. 즉, 지역에서의 콘텐츠산업 창출이 필요하다. 이전의 일본의 콘텐츠 산업은 도쿄를 중심으로 한 시스템 속에서 발전해왔다. 콘텐츠산업 은 집적을 통해 효과가 발생한다. 때문에 관련 산업과의 근접성, 특 히 미디어와의 근접성이 이러한 생태계를 만든 요인이었다. 그 결과, 대부분의 콘텐츠들은 도쿄에서 만들어졌다.

그러나 이러한 상황은 디지털화와 인터넷의 보급으로 인해 변화 되었다. 지리적인 제약은 거의 찾아보기 힘들어졌고, 지방도시의 진 입가능성이 높아졌다. 지방에서의 콘텐츠산업화는 일본 콘텐츠산업 의 기존 시스템 안에서는 사실상 어려운 부분이었다. 적어도 아날로 그 시대에는 정말 힘든 부분이었다. 콘텐츠산업은 도쿄의 기업들이 독과점하고 있었다고 해도 과언이 아니었다. 필자가 미디어·콘텐츠 업계에서 일하던 당시에는 지방도시의 콘텐츠산업 진입장벽이 너무 나 높았다. 그런데 정신을 차리고 보니 그 흐름이 달라졌다. 점차 지 방도시에서도 콘텐츠산업이 시작되고 있었다. 그러나 아직은 시작에 불과할지도 모른다. 지방도시의 상황을 생각해 본다면, 콘텐츠산업 의 시작은 그들에게 하나의 생명줄이다.

특히, 지역 내 젊은층 유출 방지의 문제는 마스다 히로야의 《지방 소멸》에서도 도시재생을 위한 중요한 전제로 지적된 바 있다. 콘텐 츠산업은 젊은층에게 인기가 있다. 전체 산업구조상에서 본다면 일 자리가 아주 많은 분야는 아니긴 하다. 그렇지만 지방도시에 아예 일 자리가 없는 것과는 차원이 다른 문제이다. 지금까지 지방도시에서 콘텐츠산업을 희망하는 학생들은 도쿄를 목표로 하는 것이 당연하다고 여겨졌다.

젊은이들이 정착하는 도시의 미래는 밝을 것이다. 일본은 이미 저
출산·고령화 시대로 이행하고 있다. 젊은이가 유출된 도시는 노인들
의 도시가 될 것이다. 말 그대로 지방소멸이다. 지방도시의 활성화에
서 젊은층의 존재는 필요조건이 된다.

최근에는 관계인구에 대한 논의도 활발하다. 관계인구란, 지역에
현재 거주하지는 않지만 지역출신이거나 근무경험자 등 지속적인 관
계를 맺는 사람들을 지칭한다. 이들을 지역활성화에 활용하려는 여
러 사업들이 구상되고 있다. 총무성은 이들이 해당 지역에 머무르며,
이벤트나 자원봉사 등에 참여하는 것으로 간주하고 있다. 인구감소
의 시대에 의미있는 결과이다. 지역을 한 방향으로만 이해하면 한쪽
면으로만 보게 된다. 그러나 관광과 정주 사이의 계층을 포함시키면
특정지역과 지속적으로 관계를 맺고 있는 계층이 나타난다. 즉, 외지
인, 청년, 그리고 기발한 발상을 하는 소위 '바보'들이다.

결국 새로운 형태의 '장場'이 만들어진다. 현재 일본 내 각각의 도
시들은 창조도시형 도시를 만들기 위해 노력하고 있다. 침체한 경제
상황에서 대형사업의 유치와 신산업의 창출은 막대한 초기 투자비용
이 필요하다. 때문에 지역자원 활용 측면에서 지역활성화에 접근하
고 있다. 또, 최근에는 축소도시론, 쇠퇴도시론 등이 점차 등장하고 있
다. 이제는 이전의 경제 중심, 성장전략과는 차별화된 새로운 도시전
략들이 모색되고 있다.

창조도시론에 여러 도시가 주목하는 배경에는 해외에서 경쟁력을
갖고 있는 일본 애니메이션, 만화 등의 콘텐츠에 대한 관심과도 관계

가 있다. 이제까지 산업의 중심이 도쿄에 있었지만, 인터넷의 보급으로 지방도시로의 분산 가능성들이 나타났다. 그러나 이러한 산업을 지속하게 하는 것은 창조적인 인재들이다. 때문에 그들을 발굴, 육성하는 것은 각각의 도시가 직면한 문제이다. 그러나 이 논의에서 역시 발전의 '장'을 만드는 것에 대한 이야기를 빼놓을 수 없다.

　콘텐츠산업의 관점에서 생각해 본다면, 오래된 사례로 타바타田端나 마구메馬込의 문인마을, 많은 만화가를 배출한 도키와장 등을 적용할 수 있다. 이들 지역에는 많은 역량을 갖출 수 있고, 정보의 교환과 소통을 가능하게 하는 '장'이 존재하고 있었다. 물론 지금은 실재와 가상이 혼재되는 새로운 시대로 접어들고 있기는 하다. 그러나 본질은 커뮤니케이션과 이러한 관계를 발전, 전개시킬 수 있는 새로운 '장'을 만드는 것이 중요하다는 것이다. 어쩌면 관계인구를 활용하여 새로운 전략을 마련할 수도 있다.

　관계인구를 감안한다고 해도, '장'의 형성에서 중요한 것은 신뢰의 문제이다. 사회적 자본의 중요성이다. 2000년 로버트 퍼트넘R. Putnam의 《나홀로 볼링: 사회적 커뮤니티의 붕괴와 소생》에서는 사회적 자본을 '사람들의 협조를 활발하게 하며 사회의 효율성을 높일 수 있는 '신뢰', '규범', '네트워크'와 같은 사회적 구조의 특징'이라 정의했다. 사회문제에 관여하는 자발적 단체의 다양성과 사회 전체의 인과관계의 풍요로움 등에 대한 논의가 진행되는 과정에서 '장'과 관련된 이야기는 빠질 수 없다. 지역력, 결속력 등에 그것이 반영된다고도 알려져 있다. 그러나 최근의 연구자들은 사회적 자본보다 유동적인 인적관계가 현대사회의 속성과 더 잘 맞아 떨어진다고 주장하기도 한다.

야마우치山内는 "사회적 자본은 지역, 민족, 사회계층 등이 같은 그룹 내에서 결속을 강화하는 결속형Bonding과 다른 그룹과의 수평적이고 자유로운 네트워크를 중개하는 가교형Bridging의 2가지 타입으로 나누어 볼 수 있다(2010, p.12)"라고 설명했다. 대중문화의 형성과정에는 아마도 후자가 영향을 미쳤을 것이다. 관계자 간의 호혜적인 규범이나 상호신뢰, 네트워크의 강화도 물론 필요하다. 그러나 대중문화의 창출을 위해서는 새로운 시각의 유입이나 자극이 중요하다. 관계인구의 논의 역시 후자 쪽에 관련이 있다.

이 논의는 콘텐츠 투어리즘과도 긴밀하게 연결된다. 관계자 또는 주체 간의 관계에 의해 정책이 입안되고 수행되는 프로세스를 고려한다면, 외부의 힘이 필수적이다. 마찬가지로 지역을 기반으로 하지만, '신뢰, 규범, 네트워크'는 중요한 요소임이 분명하다. 다만, 필자의 경험상 현실적으로는 이러한 부분이 그리 잘 이루어진다고는 말하기 어렵다. 한 번 만난다고 신뢰가 조성될 리 없기 때문이다. 물론 시행착오를 반복하며 일정한 시간이 만들어지기도 한다.

또한, 지방도시에서의 콘텐츠 창출 측면에서도 커뮤니티 형성의 '장'은 중요하다. 물론, 현대에는 그 역할의 일부를 웹이 대체하고 있지만, 그럼에도 각각의 지방도시들에서 어떠한 움직임들이 시작되었었는지 이 책의 집필을 위한 조사과정에서 확인할 수 있었다. 쉽게 성과가 나타나는 부분은 아니지만, 그래도 이미 몇몇 지역에서 성공사례가 나타나고 있다는 점은 높게 평가할 만하다.

산업구조의 변화 역시 앞으로의 과제이다. 중대형 산업으로부터의 전환이다. 이러한 맥락에서 본다면, 콘텐츠산업에 이목이 쏠리는 것은 당연하다. 지역에서의 움직임은 아직 초기 수준이지만, 해외시장을 감안한다면 그 가능성은 엄청나다. 지역의 자립이 필요한 지금, 지역의 문화자원이나 특성을 활용한 개별 지역의 성과가 나타난다면, 지방소멸의 위기를 극복할 수 있을지도 모르겠다. 시대는 이제 로컬의 시대로 이행되고 있다. 아니, 이행하지 않으면 안 되는 것이다.

물론 이를 위해서는 AI와 같은 새로운 기술과 해외 온라인쇼핑과 같은 새로운 비즈니스 전략 등을 꼼꼼하게 살펴보아야 한다. 지역의 정책이라고 지역 내부만을 고려하는 시대는 끝났다. 판로나 홍보 같은 세부적인 부분뿐만 아니라, 보다 발 빠른 움직임이나 정보의 수집도 필요하다. 지난 세기에는 생각하지도 못했던 부분이다.

지역에서 새로운 콘텐츠를 활용한 관광정책이나 콘텐츠산업 창출은 다음 단계의 새로운 흐름이 될 것이다. 각각의 기업이나 관련 부서의 시행착오 과정 속에서도 지역에는 일정한 경험치가 축적된다. 콘텐츠 투어리즘의 새로운 가능성 역시 지역의 새로운 콘텐츠 창출에 있다. 콘텐츠를 중심으로 복합적인 정책적 지원이 더욱 강화된다면, 해외로의 판로 개척을 포함해 더 많은 관심을 이끌어낼 수 있을 것이라고 확신한다.

EPILOGUE

에필로그

에필로그

책의 첫 머리에서도 말했듯이, 필자는 2017년 봄부터 가을까지 방콕에 머물고 있었다. 매년 2~3번 정도 해외에 나가기는 하지만, 실제로 살아본 것은 처음이었다. 단기 체류로는 알지 못했던 일본과 태국의 문화 차이를 피부로 느낄 수 있었다. 방콕 시내에 제2의 차이나타운이 형성되어 있었고, 중국 휴대전화, OPPO[1]의 광고가 BTS나 MRT[2] 역에서 화려하게 장식되어 있었다. 해군은 중국에서 잠수함을 구입하는 등 중국의 영향력이 커지고 있음을 실감할 수 있었다.

방콕은 일본인들이 많이 살고 있기도 하고, 일본계 기업의 진출도 눈에 띈다. 애니메이션을 비롯한 일본 콘텐츠의 영향력 또한 막대하다. 그러나 한편으로, 과연 그러한 기세가 지속될 수 있을지 하는

---

1 (옮긴이) 오포 일렉트로닉스는 중국의 휴대전화 제조 및 판매기업이자 BBK 일렉트로닉스의 스마트폰 브랜드이다.

2 (옮긴이) 방콕의 지상철(BTS: Bangkok Mass Transit System)과 지하철(MRT: Metropolitan Rapid Transit)

마음과 중국이 콘텐츠로 공세에 나설 날이 얼마 남지 않았다는 불안 감이 함께 교차하기도 했다. 이 책은 일본 지역에서의 콘텐츠 투어리 즘과 콘텐츠산업 창출의 효용성에 대해서 이야기했다. 일부 인바운 드 관광객에 대해서도 언급하기는 했으나, 일본 콘텐츠가 경쟁력을 유지할 수 있을지는 미지수이다.

본문에서 여러 번 언급했지만, 콘텐츠산업은 사람을 우선적으로 고려해야 한다는 특징이 있다. 즉, 인재를 양성하기 위해 지역입장에 서 효과적인 구조를 만들어내야 한다. 다양한 기술 혁신이 이루어지 면서, AI의 개발도 그 범주에 들어오게 되었다. 바둑이나 장기 같은 분야에서 AI가 인간을 넘어서는 사례들이 나오고 있지만, 콘텐츠 작 품과 같은 감성의 결과물에서는 아직까지 인간의 우위성이 위협받고 있지는 않은 것 같다. 결국 인재양성에 중요한 핵심이 있음이 분명하다.

이 책은 콘텐츠를 중심으로 관광과 산업 진흥을 다루었다. 지역의 미래는 매력적인 콘텐츠의 개발 여부에 달려 있다. 바꾸어 말하면, 관광객을 끌어 모으고 주민들의 삶과 인구의 증가를 위해서 매력적 인 콘텐츠가 중요하다. 이 책에서는 지역활성화를 위해 관광객 증가 를 목적으로 하는 콘텐츠를 활용한 관광 창출과 정주인구의 증가를 목적으로 하는 산업창출을 함께 이야기하기 위해 그 필요성을 설명 했다.

필자는 콘텐츠 업계에서 30여 년간 일해왔다. 필자의 삶에서 콘텐 츠는 빼놓을 수 없다. 지금까지 다양한 접근방식을 통해 연구성과를 출간해왔고, 앞으로도 그러려고 한다. 다만, 최근 주변을 둘러보면 젊은 연구자들의 성과에 깜짝 놀라곤 한다. 곧 후학들에게 양보할 날이 올 것 같다. 그런데 그때 필자는 과연 무엇을 해야 할까, 이런 고민들을 계속 해나갈 것이 분명하다.

이 책의 출판은 취재에 응해 주신 많은 분들과 그 외 다양한 분들의 협력이 없었다면 불가능했을 것이다. 각각의 이름은 본문을 통해 일부 내용을 실었지만, 다시 한번 감사의 마음을 전하는 바이다. 수요사水曜社의 편집부에도 많은 도움을 받았다. 지지부진한 원고를 참을성 있게 기다려주셔서 정말 감사했다. 이 책의 집필을 위해 일본학술진흥회·과학연구지 조성사업 '콘텐츠와 '음식'을 통한 새로운 마케팅 전략 구축コンテンツと「食」による新たなマーケティング戦略の構築'(도전적 맹아 연구, 2016-2017)의 지원을 받아 조사비용을 충당했다.

이제 곧 가을이다. 드디어 무더웠던 여름과도 이별이다. 시원한 바람을 맞으며, 또 다시 이런저런 생각을 해보려고 한다.

자, 다음은 어떤 아이디어가 떠오르려나, 기대해본다.

2018년 초가을
사쿠라다이에서

참고문헌

- 青木深(2013)『めぐりあうものたちの群像―戦後日本の米軍基地と音楽 1945-1958』大月書店
- 明石光則著(1996)『あさひかわ・劇場盛衰史試稿』非売品
- 朝田康禎(2015)「クリエイティブ産業・クリエイティブ職業の地域分布の動向」『東アジアへの視点: 北九州発アジア情報』26巻1号, pp.15-24, アジア成長研究所
- 東浩紀(2001)『動物化するポストモダン オタクから見た日本社会』講談社
- 東浩紀(2017)『ゲンロン0 観光客の哲学』ゲンロン
- 阿部真大(2013)『地方にこもる若者たち 都会と田舎の間に出現した新しい社会』朝日新聞出版
- 井手口彰典(2009)「萌える地域振興の行方―「萌えおこし」の可能性とその課題について―」『地域総合研究』第37巻第1号, 鹿児島国際大学
- 伊奈正人(1999)『サブカルチャーの社会学』世界思想社
- 岩井琢磨, 牧口松二, 内田和成(2016)『物語戦略』日経BP社
- 岩佐十良(2015)『里山を創生する「デザイン的思考」』KADOKAWA/メディアファクトリー
- 岩崎達也(2014)「アイドルのステージを追いかける旅」『コンテンツツーリズム入門』pp.161-179, 古今書院
- 岩間英哲, 川口峻, 瀧澤勇樹, 橋場大剛, 福冨忠和, 瀧澤勇樹他(2013)「コンテ

ンツによる地域振興の研究： アニメツーリズムの成立条件と構造』『専修ネットワーク&インフォメーション』21号, pp.17-26, 専修大学

- 烏賀陽弘道(2005)『Jポップとは何か――巨大化する音楽産業』岩波書店
- NHKスペシャル取材班(2017)『縮小ニッポンの衝撃』講談社
- 梅原真(2010)『ニッポンの風景をつくりなおせ――次産業×デザイン＝風景』羽鳥書店
- 大阪府立文化情報センター編(2008)『「プガジャ」の時代』ブレーンセンター
- 岡本健(2013)『n次創作観光 アニメ聖地巡礼/コンテンツツーリズム/観光社会学の可能性』北海道冒険芸術出版
- 岡本健編著(2015)『コンテンツツーリズム研究――情報社会の観光行動と地域振興』福村出版
- 岡本亮輔(2015)『聖地巡礼――世界遺産からアニメの舞台まで』中央公論新社
- 小津安二郎(1956)「小津安二郎・自作を語る――小津安二郎研究」『キネマ旬報』6月号, pp.30-35
- 加藤幹郎(2006)『映画館と観客の文化史』中央公論新社
- 河合雅司(2017)『未来の年表――人口減少日本でこれから起きること』講談社
- 河島伸子, 生稲史彦編著(2013)『変貌する日本のコンテンツ産業―― 創造性と多様性の模索』ミネルヴァ書房
- 北村洋(2014)『敗戦とハリウッド――占領下日本の文化再建』名古屋大学出版会
- 木下斉(2014)「「地方創生」論議で注目, 増田レポート「地方が消滅する」は本当か?」『THE PAGE』https://thepage.jp/detail/20141027-00000017-wordleaf
- 木村めぐみ(2010)「プロダクト・プレイスメント手法に示唆を得た映画の撮影地における観光現象に関する一考察――広告媒体としての映画の可能性」『広告科学』53号, pp.74-87, 日本広告学会
- 楠木健(2010)『ストーリーとしての競争戦略』東洋経済新報社
- クリエイティブオフィスキュー(2012)『CUEのキセキ――クリエイティブオ

フィスキューの20年』メディアファクトリー

- 芸術工学会地域デザイン史特設委員会編(2013)『日本・地域・デザイン史Ⅰ』美学出版

- 毛受敏浩(2017)『限界国家─人口減少で日本が迫られる最終選択』朝日新聞出版

- 鴻上尚史(2015)『クール・ジャパン!? 外国人が見たニッポン』講談社

- 河野まゆ子「漫画・アニメを活用した地域活性化の可能性」JTB総合研究所, https://www.tourism.jp/tourism-database/column/2015/05/manga-anime/

- 佐々木雅幸(2001)『創造都市への挑戦─産業と文化の息づく街へ』岩波書店

- 佐々木雅幸ほか(2008)『価値を創る都市へ』NTT出版

- 札幌地理サークル編(1980)『北緯43度 札幌というまち…』清水書院

- 柴那典(2014)『初音ミクはなぜ世界を変えたのか?』太田出版

- 塩見譲(1989)『地域活性化と地域経営』学陽書房

- 清水英樹, 福井通(1976)「中心地区空間におけるイメージの構造Ⅲ 業種イメージの属性別研究」『日本建築学会論文報告集』244号51-61, 日本建築学会

- 白石和幸(2017)「バルセロナが「観光客削減」に踏み切る事情 世界屈指の観光都市が抱える悩み」『東洋経済ON LINE』東洋経済新報社, http://toyokeizai.net/articles/-/164660

- SUUMOジャーナル ピックアップ(2013)「美女が続々と登場する観光パンフレット『美女旅』の魅力とは?」『SUUMOジャーナル』http://suumo.jp/journal/2013/07/20/48255/

- 須川亜紀(2016)「2.5次元文化論」『WEB青い弓』http://yomimono.seikyusha.co.jp/jigenbukaron

- 鈴井貴之(2009)『ダメ人間─溜め息ばかりの青春記』メディアファクトリー

- 田所承己(2017)『場所でつながる/場所とつながる─移動する時代のクリエイティブなまちづくり』弘文堂

- 田中輝美, 藤代裕之, 法政大学藤代裕之研究室(2015)『地域ではたらく「風の人」という新しい選択』ハーベスト出版
- 田中輝美, シーズ総合政策研究所(2017)『関係人口をつくる─定住でも交流でもないローカルイノベーション』木楽舎
- 辻村深月(2014)『ハケンアニメ！』マガジンハウス
- 出口弘, 田中秀幸, 小山友介編(2009)『コンテンツ産業論─混淆と伝播の日本型モデル』東京大学出版会
- 東京都産業労働局(2015)「クリエイティブ産業の実態と課題に関する調査」東京都
- 東谷護(2005)『進駐軍クラブから歌謡曲へ─戦後日本ポピュラー音楽の黎明期』みすず書房
- 富沢木実(2006)「創造産業クラスターの展開 札幌」regional-innovation.cocolog-nifty.com/paper/files/sapporo_ideas_city.ppt
- 中屋優大, 橋本竜, 田中慎也(2011)『世界が恋した美人時計─大ヒットサービスが生まれたヒミツ』サンクチュアリ出版
- 長嶋一由(2007)『フィルムコミッションガイド─映画・映像によるまちづくり』WAVE出版
- 難波功士(2012)『人はなぜ〈上京〉するのか』日本経済新聞出版社
- 日本政策投資銀行(2017)『コンテンツと地域活性化〜日本アニメ100年, 聖地巡礼を中心に〜』日本政策投資銀行
- 野村総合研究所(2012)「クリエイティブ産業に係る知的財産権等の侵害実態調査 及び創作環境等の整備のための調査」経済産業省
- 長谷川文雄, 水鳥川和夫(2005)『コンテンツ・ビジネスが地域を変える』NTT出版
- ハフポスト日本版編集部(2016)「宮崎駿監督, ドワンゴ川上量生会長を一喝「生命に対する侮辱」」ハフポスト, https://www.huffingtonpost.jp/2016/11/

13/miyazaki-hayao-dwango_n_12950618.html

- 原田泰(2015)「人口減少は諸悪の根源か」『WEDGE Infinity』http://wedge.ismedia.jp/articles/-/4767/

- 半澤誠司, 高田真也(2007)「テレビ番組制作業の企業経営―番組制作外注と著作権管理」『研究報告』放送文化基金

- 氷室冴子(1994)『いもうと物語』新潮社

- 藤波匠(2016)『人口減が地方を強くする』日本経済新聞出版社

- 風呂本武典(2013)「内発的発展の思考によるコンテンツツーリズム〜広島県内の漫画アニメ地域振興事例の比較検討 たまゆら―竹原・朝霧の巫女―三次〜」『広島商船高等専門学校紀要』vol.35, pp.55-6, 広島商船高等専門学校

- 北海道未来総合研究所(1995)「臨文芸性産業の発展可能性に関する基礎的研究」総合研究開発機構(NIRA)

- 増田寛也(2014)『地方消滅 ―東京一極集中が招く人口急減』中央公論新社

- 増淵敏之(2010)『物語を旅するひとびと―コンテンツツーリズムとは何か』彩流社

- 増淵敏之(2010)『欲望の音楽―「趣味」の産業化プロセス』法政大学出版局

- 増淵敏之(2012)『路地裏が文化を生む!―細街路とその界隈の変容』青弓社

- 三浦展(2004)『ファスト風土化する日本―郊外化とその病理』洋泉社

- 三菱総合研究所政策経済研究センター監修(2009)『手にとるように経済がわかる本』かんき出版

- 三菱UFJリサーチ&コンサルティング(2016)「地方創生のための教育について考える」http://www.murc.jp/thinktank/rc/column/search_now/sn160119

- 南信長(2013)『マンガの食卓』NTT出版

- 藻谷浩介(2010)『デフレの正体―経済は「人口の波」で動く』角川書店

- 森永卓郎(2002)『日本経済50の大疑問』講談社

- 矢作弘(2014)『縮小都市の挑戦』岩波書店
- 山内直人(2010)「コミュニティにおけるソーシャル・キャピタルの役割」『環境情報科学』39巻1号, 10-15, 環境情報科学センター
- 山崎亮(2012)『コミュニティデザインの時代―自分たちで「まち」をつくる』中央公論新社
- 山下祐介(2014)『地方消滅の罠―「増田レポート」と人口減少社会の正体』筑摩書房
- 山田風太郎(2011)『戦中派焼け跡日記』小学館
- 山村高淑(2008)「アニメ聖地の成立とその展開に関する研究: アニメ作品『らき☆すた』による埼玉県鷲宮町の旅客誘致に関する一考察」『国際広報メディア・観光学ジャーナル』No.7, pp. 145-164. 北海道大学大学院
- 山村高淑(2011) 『アニメ・マンガで地域振興―まちのファンを生むコンテンツツーリズム開発法』東京法令出版
- 山村高淑・シートン フィリップ・張慶在・平井健文・鎗水孝太編(2016)「コンテンツツーリズム研究の射程―国際研究の可能性と課題」『CATS叢書』第8号, 北海道大学観光学高等研究センター
- 吉本光宏(2009)「創造産業の潮流(2)」ニッセイ基礎研究所, http://www.nli-research.co.jp/report/detail/id=38300?site=nli
- 四方田犬彦(2000)『日本映画史100年』集英社

- Adorno, T.W., Horkheimer, M.(1997) *Dialektik der Aufklärung. Philosophische Fragmente.*, Suhrkamp.(＝アドルノ, T, W., ホルクハイマー. M, 徳永恂訳(2007)『啓蒙の弁証法―哲学的断想』岩波書店)
- Attali, J.(1977) *Bruits: Essai sur l'économie politique de la musique*, Litt. Gene (＝アタリ, J. 陣野俊史訳(2012)『ノイズ―音楽/貨幣/雑音』みすず書房)
- Becker. H.S., *Outsiders.* Free Press (=ハワード. S.ベッカー, 村上直之訳(1993)

『アウトサイダーズ─ラベリング理論とはなにか』新泉社)

- Benjamin, W.(1974) *"Das Kunstwerk im Zeitalter seiner technischen Reproduzier barkeit"* in Abhandlungen, Gesammelte Schriften, Bd. 1-2. Suhrkamp Verlag. (＝ベンヤミン, W.(1999) 高木久雄ほか訳「複製技術時代の芸術」晶文社)

- Boorstin, D.J.(1962) *The Image: A Guide to Pseudo-events in America*, Vintage (＝ブーアスティン, D, J. 星野郁美, 後藤和彦訳 (1964)『幻影(イメジ)の時代─マスコミが製造する事実』東京創元社

- Hirsh, P.M.(1971) *Sociological Approches to the Pop Music Phenomenon*, American Behavioral Society 14, 371-388.

- Jacobs, J.(1961) *The death and life of great American cities*, Vintage Books. (＝ジェコブス, J. 山形浩生訳(2010)『アメリカ大都市の死と生』鹿島出版会)

- Krugman, H. E.(1972) *Why three exposures may be enough*, Journal of Advertising research, 12(6), pp.11-14, Advertising Research Foundation. Lynch. k, 1960, The Image of the City, The MIT Press.(＝リンチ, K. 丹下健三・富田玲子訳(1968)『都市のイメージ』岩波書店)

- Florida, R.(2002) *The Rise of Creative Class: And How It's Transforming Work, Leisure, Community and Everyday Life*, Basic Books.(＝フロリダ, R. 井口典夫訳(2007)『クリエイティブ・クラスの世紀』,ダイヤモンド社)

- McLuhan, M.(1964) *Understanding Media: The Extensions of Man*. McGraw-Hill. (＝マクルーハン, M. 栗原裕, 河本仲聖訳(1987)『メディア論─人間の拡張の諸相』みすず書房)

- Negus, K.(1996) Popular Music in Theory, Industry Policy Press.

- Nye, J.(2004) *Soft Power: The Means to Success in World Politics*, Perseus Books Group. (＝ナイ, J. 山岡洋一訳(2004)『ソフトパワー──21世紀国際政治を制する見えざる力』日本経済新聞社)

찾아보기

로컬 콘텐츠와 지역재생
지역창생 전략, 콘텐츠산업에서 답을 찾다

초판 발행 2023년 3월 2일
초판 2쇄 2025년 1월 2일

지은이 増淵 敏之(마스부치 토시유키)
옮긴이 정수희, 이병민
펴낸이 김성배

책임편집 최장미
디자인 백정수
제작 김문갑

발행처 도서출판 씨아이알
출판등록 제2-3285호(2001년 3월 19일)
주소 (04626) 서울특별시 중구 필동로8길 43(예장동 1-151)
전화 (02) 2275-8603(대표) | 팩스 (02) 2265-9394
홈페이지 www.circom.co.kr

ISBN 979-11-6856-076-5 (93330)

* 책값은 뒤표지에 있습니다.
* 파본은 구입처에서 교환해드리며, 관련 법령에 따라 환불해드립니다.
* 이 책의 내용을 저작권자의 허가 없이 무단 전재하거나 복제할 경우 저작권법에 의해 처벌받을 수 있습니다.